中华人民共和国
新法规汇编

2016
第2辑

国务院法制办公室 编

中国法制出版社

编辑说明

一、《中华人民共和国新法规汇编》是国家出版的法律、行政法规汇编正式版本，是刊登报国务院备案的部门规章的指定出版物。

二、本汇编收集的内容包括：上一个月内由全国人民代表大会及其常务委员会通过的法律和有关法律问题的决定，国务院公布的行政法规和法规性文件，报国务院备案的部门规章，最高人民法院和最高人民检察院公布的司法解释。另外，还收入了上一个月内报国务院备案的地方性法规和地方政府规章目录。

三、本汇编所收的内容，按下列分类顺序编排：法律，行政法规，法规性文件，国务院部门规章，司法解释。每类中按公布的时间顺序排列。报国务院备案的地方性法规和地方政府规章目录按1987年国务院批准的行政区划顺序排列；同一行政区域报备两件以上者，按公布时间顺序排列。

四、本汇编每年出版12辑，每月出版1辑。本辑为2016年度第2辑，收入2016年1月份内公布的法规性文件6件，报国务院备案的部门规章28件，司法解释1件。补收2015年12月份内公布的法规性文件9件，司法解释6件，共计50件。

五、本汇编在编辑出版过程中，得到了国务院有关部门和有关方面以及广大读者的大力支持和协助，在此谨致谢意。

国务院法制办公室

2016年2月

目　录

法规性文件

国务院部门规章

司法解释

附:

法规性文件

国务院关于支持沿边重点地区开发开放若干政策措施的意见

（2015年12月24日　国发〔2015〕72号）

重点开发开放试验区、沿边国家级口岸、边境城市、边境经济合作区和跨境经济合作区等沿边重点地区是我国深化与周边国家和地区合作的重要平台，是沿边地区经济社会发展的重要支撑，是确保边境和国土安全的重要屏障，正在成为实施“一带一路”战略的先手棋和排头兵，在全国改革发展大局中具有十分重要的地位。为落实党中央、国务院决策部署，牢固树立并切实贯彻创新、协调、绿色、开放、共享的发展理念，支持沿边重点地区开发开放，构筑经济繁荣、社会稳定的祖国边疆，现提出以下意见。

一、深入推进兴边富民行动，实现稳边安边兴边

（一）*支持边民稳边安边兴边*。加大对边境地区民生改善的支持力度，通过扩大就业、发展产业、创新科技、对口支援稳边安边兴边。积极推进大众创业、万众创新，降低创业创新门槛，对于边民自主创业实行“零成本”注册，符合条件的边民可按规定申请10万元以下的创业担保贷款。鼓励边境地区群众搬迁安置到距边境0－3公里范围，省级人民政府可根据实际情况建立动态的边民补助机制，中央财政通过一般性转移支付给予支持。加大对边境回迁村（屯）的扶持力度，提高补助标准，鼓励边民自力更生发展生产。以整村推进为平台，加快改善边境地区贫困村生产生活条件，因人因地施策，对建档立卡贫困人口实施精准扶贫、精准脱贫，对“一方水土养不起一方人”的实施易地扶贫搬迁，对生态特别重要和脆弱的实行生态保护扶贫，使边境地区各族群众与全国人民一道同步进入全面小康社会。对于在沿边重点地区政府部门、国有企事业单位工作满20年以上且无不良记录的工作人员，所在地省级人民政府可探索在其退休时按照国家规定给予表彰。大力引进高层次人才，为流动人才提供短期住房、教育培训、政策咨询、技术服务和法律援助等工作生活保障。加强沿边重点地区基层组织建设，抓好以村级党组织为核心的村级组织建设，充分发挥基层党组织推动发展、服务群众、凝聚人心、促进和谐的战斗堡垒作用，带领沿边各族人民群众紧密团结在党的周围。（人力资源社会保障部、财政部、教育部、国家民委、中央组织部、民政部、扶贫办负责）

（二）提升基本公共服务水平。加大对边境地区居民基本社保体系的支持力度，对于符合条件的边民参加新型农村合作医疗的，由政府代缴参保费用。提高新型农村合作医疗报销比例，按规定将边境地区城镇贫困人口纳入城镇基本医疗保险。以边境中心城市、边境口岸、交通沿线城镇为重点，加大对边境基层医疗卫生服务机构对口支援力度。在具备条件的地方实施12年免费教育政策。实行中等职业教育免学费制度。选派教师驻边支教，支持当地教师队伍建设。加大教育对外开放力度，支持边境城市与国际知名院校开展合作办学。加快完善电信普遍服务，加强通信基础设施建设，提高信息网络覆盖水平，积极培育适合沿边重点地区的信息消费新产品、新业态、新模式。提升政府公共信息服务水平，加快推进电子政务、电子商务、远程教育、远程医疗等信息化建设，为当地居民提供医疗、交通、治安、就业、维权、法律咨询等方面的公共服务信息。深入推进农村社区建设试点工作，提高农村公共服务能力。加强沿边重点地区基层公共文化设施建设，着力增加弘扬社会主义核心价值观的优秀文化产品供给。（卫生计生委、人力资源社会保障部、民政部、教育部、工业和信息化部、财政部、文化部、新闻出版广电总局负责）

（三）提升边境地区国际执法合作水平。推动边境地区公安机关在省（区）、市（州、盟）、县（旗）三级设立国际执法安全合作部门，选强配齐专职人员。建立边境地区国际执法合作联席会议机制，定期研判周边国家和地区安全形势，及时警示和应对边境地区安全风险。加大对边境地区开展执法合作的授权，支持边境地区公安机关与周边国家地方警务、边检（移民）、禁毒、边防等执法部门建立对口合作机制，进一步加强在禁毒禁赌以及防范和打击恐怖主义、非法出入境、拐卖人口、走私等方面的边境执法合作，共同维护边境地区安全稳定。加大边境地区国际执法合作投入。加强文化执法合作，强化文化市场监管，打击非法文化产品流入和非法传教，构筑边疆地区文化安全屏障。（公安部、外交部、文化部、宗教局负责）

二、改革体制机制，促进要素流动便利化

（四）加大简政放权力度。进一步取消和下放涉及沿边国家级口岸通关及进出口环节的行政审批事项，明确审查标准，承诺办理时限，优化内部核批程序，减少审核环节。加快推进联合审批、并联审批。加大沿边口岸开放力度，简化口岸开放和升格的申报、审批、验收程序以及口岸临时开放的审批手续，简化沿边道路、桥梁建设等审批程序，推进边境口岸的对等设立和扩大开放。创新事中事后监管,做到放管结合、优化服务、高效便民。(海关总署、质检总局、公安部、交通运输部、外交部、发展改革委负责)

(五)提高贸易便利化水平。创新口岸监管模式,通过属地管理、前置服务、后续核查等方式将口岸通关现场非必要的执法作业前推后移。优化查验机制,进一步提高非侵入、非干扰式检查检验的比例,提高查验效率。实施分类管理,拓宽企业集中申报、提前申报的范围。按照既有利于人员、货物、交通运输工具进出方便,又有利于加强查验监管的原则,在沿边重点地区有条件的海关特殊监管区域深化"一线放开"、"二线安全高效管住"的监管服务改革,推动货物在各海关特殊监管区域之间自由便捷流转。推动二线监管模式与一线监管模式相衔接。加强沿边、内陆、沿海通关协作,依托电子口岸平台,推进沿边口岸国际贸易"单一窗口"建设,实现监管信息同步传输,推进企业运营信息与监管系统对接。加强与"一带一路"沿线国家口岸执法机构的机制化合作,推进跨境共同监管设施的建设与共享,加强跨境监管合作和协调。(海关总署、商务部、公安部、交通运输部、财政部、税务总局、质检总局、外汇局、工业和信息化部负责)

(六)提高投资便利化水平。扩大投资领域开放,借鉴国际通行规则,支持具备条件的沿边重点地区借鉴上海等自由贸易试验区可复制可推广试点经验,试行准入前国民待遇加负面清单的外商投资管理模式。落实商事制度改革,推进沿边重点地区工商注册制度便利化。鼓励沿边重点地区与东部沿海城市建立对口联系机制,交流借鉴开放经验,探索符合沿边实际的开发开放模式。加强与毗邻国家磋商,建立健全投资合作机制。(发展改革委、商务部、外交部、工商总局负责)

(七)推进人员往来便利化。加强与周边国家出入境管理和边防检查领域合作,积极推动与周边国家就便利人员往来等事宜进行磋商。下放赴周边国家因公出国(境)审批权限,允许重点开发开放试验区自行审批副厅级及以下人员因公赴毗邻国家(地区)执行任务。在符合条件的沿边国家级口岸实施外国人口岸签证政策,委托符合条件的省(区)、市(州、盟)外事办公室开展领事认证代办业务。加强与毗邻国家协商合作,推动允许两国边境居民持双方认可的有效证件依法在两国边境许可范围内自由通行,对常驻沿边市(州、盟)从事商贸活动的非边境地区居民实行与边境居民相同的出入境政策。为涉外重大项目投资合作提供出入境便利,建立周边国家合作项目项下人员出入境绿色通道。结合外方意愿,综合研究推进周边国家在沿边重点地区开放设领城市设立领事机构。探索联合监管,推广旅客在同一地点办理出入境手续的"一地两检"查验模式,推进旅客自助通关。提高对外宣介相关政策的能

力和水平。（外交部、公安部、旅游局、海关总署、质检总局、总参作战部、中央宣传部负责）

（八）促进运输便利化。加强与周边国家协商合作，加快签署中缅双边汽车运输协定以及中朝双边汽车运输协定议定书，修订已有双边汽车运输协定。推进跨境运输车辆牌证互认，为从事跨境运输的车辆办理出入境手续和通行提供便利和保障。授予沿边省（区）及边境城市自驾车出入境旅游审批权限，积极推动签署双边出入境自驾车（八座以下）管理的有关协定，方便自驾车出入境。（交通运输部、旅游局、外交部、商务部、公安部、海关总署、质检总局负责）

三、调整贸易结构，大力推进贸易方式转变

（九）支持对外贸易转型升级。优化边境地区转移支付资金安排的内部结构。有序发展边境贸易，完善边贸政策，支持边境小额贸易向综合性多元化贸易转变，探索发展离岸贸易。支持沿边重点地区开展加工贸易，扩大具有较高技术含量和较强市场竞争力的产品出口，创建出口商品质量安全示范区。对开展加工贸易涉及配额及进口许可证管理的资源类商品，在配额分配和有关许可证办理方面给予适当倾斜。支持具有比较优势的粮食、棉花、果蔬、橡胶等加工贸易发展，对以边贸方式进口、符合国家《鼓励进口技术和产品目录》的资源类商品给予进口贴息支持。支持沿边重点地区发挥地缘优势，推广电子商务应用，发展跨境电子商务。（商务部、发展改革委、财政部、工业和信息化部、海关总署、质检总局负责）

（十）引导服务贸易加快发展。发挥财政资金的杠杆作用，引导社会资金加大投入，支持沿边重点地区结合区位优势和特色产业，做大做强旅游、运输、建筑等传统服务贸易。逐步扩大中医药、服务外包、文化创意、电子商务等新兴服务领域出口，培育特色服务贸易企业加快发展。推进沿边重点地区金融、教育、文化、医疗等服务业领域有序开放，逐步实现高水平对内对外开放；有序放开育幼养老、建筑设计、会计审计、商贸物流、电子商务等服务业领域外资准入限制。外经贸发展专项资金安排向沿边重点地区服务业企业倾斜，支持各类服务业企业通过新设、并购、合作等方式，在境外开展投资合作，加快建设境外营销网络，增加在境外的商业存在。支持沿边重点地区服务业企业参与投资、建设和管理境外经贸合作区。（商务部、财政部、海关总署、发展改革委、工业和信息化部、卫生计生委、人民银行、银监会、质检总局负责）

（十一）完善边民互市贸易。加强边民互市点建设，修订完善《边民互市贸易管理办法》和《边民互市进口商品不予免税清单》，严格落实国家规定范围内的免征进口关税和进口环节增值税政策。清理地方各级政府自行颁布或

实施的与中央政策相冲突的有关边民互市贸易的政策和行政规章。（商务部、财政部、海关总署、税务总局负责）

四、实施差异化扶持政策，促进特色优势产业发展

（十二）实行有差别的产业政策。支持沿边重点地区大力发展特色优势产业，对符合产业政策、对当地经济发展带动作用强的项目，在项目审批、核准、备案等方面加大支持力度。支持在沿边重点地区优先布局进口能源资源加工转化利用项目和进口资源落地加工项目，发展外向型产业集群，形成各有侧重的对外开放基地，鼓励优势产能、装备、技术走出去。支持沿边重点地区发展风电、光电等新能源产业，在风光电建设规模指标分配上给予倾斜。推动移动互联网、云计算、大数据、物联网等与制造业紧密结合。适时修订《西部地区鼓励类产业目录》，对沿边重点地区产业发展特点予以充分考虑。（发展改革委、财政部、能源局、工业和信息化部、商务部、税务总局负责）

（十三）研究设立沿边重点地区产业发展（创业投资）基金。研究整合现有支持产业发展方面的资金，设立沿边重点地区产业发展（创业投资）基金，吸引投资机构和民间资本参与基金设立，专门投资于沿边重点地区具备资源和市场优势的特色农业、加工制造业、高技术产业、服务业和旅游业，支持沿边重点地区承接国内外产业转移。（发展改革委、财政部、工业和信息化部、商务部、证监会负责）

（十四）加强产业项目用地和劳动力保障。对符合国家产业政策的重大基础设施和产业项目，在建设用地计划指标安排上予以倾斜。对入驻沿边重点地区的加工物流、文化旅游等项目的建设用地加快审批。允许按规定招用外籍人员。（国土资源部、财政部、人力资源社会保障部负责）

五、提升旅游开放水平，促进边境旅游繁荣发展

（十五）改革边境旅游管理制度。修订《边境旅游暂行管理办法》，放宽边境旅游管制。将边境旅游管理权限下放到省（区），放宽非边境地区居民参加边境旅游的条件，允许边境旅游团队灵活选择出入境口岸。鼓励沿边重点地区积极创新管理方式，在游客出入境比较集中的口岸实施“一站式”通关模式，设置团队游客绿色通道。（旅游局、公安部、外交部、交通运输部、海关总署、质检总局负责）

（十六）研究发展跨境旅游合作区。按照提高层级、打造平台、完善机制的原则，深化与周边国家的旅游合作，支持满洲里、绥芬河、二连浩特、黑河、延边、丹东、西双版纳、瑞丽、东兴、崇左、阿勒泰等有条件的地区研究设立跨境旅游合作区。通过与对方国家签订合作协议的形式，允许游客或车辆凭双方认可的证件灵活进入合作区游览。支持跨境旅游合作区利用国家旅游宣传推广平台开展旅游宣传工作，支持省（区）人民政府与对方国家联合举办旅游推广和节庆活动。鼓励省（区）人民政府采取更加灵活的管理方式和施行更加特殊的政策，与对方国家就跨境旅游合作区内旅游资源整体开发、旅游产品建设、旅游服务标准推广、旅游市场监管、旅游安全保障等方面深化合作，共同打造游客往来便利、服务优良、管理协调、吸引力强的重要国际旅游目的地。（旅游局、交通运输部、公安部、外交部、海关总署、质检总局负责）

（十七）探索建设边境旅游试验区。依托边境城市，强化政策集成和制度创新，研究设立边境旅游试验区（以下简称试验区）。鼓励试验区积极探索“全域旅游”发展模式。允许符合条件的试验区实施口岸签证政策，为到试验区的境外游客签发一年多次往返出入境证件。推行在有条件的边境口岸设立交通管理服务站点，便捷办理临时入境机动车牌证。鼓励发展特色旅游主题酒店和特色旅游餐饮，打造一批民族风情浓郁的少数民族特色村镇。新增建设用地指标适当向旅游项目倾斜，对重大旅游项目可向国家主管部门申请办理先行用地手续。积极发展体育旅游、旅游演艺，允许外资参股由中方控股的演出经纪机构。（旅游局、财政部、公安部、外交部、国家民委、交通运输部、国土资源部、体育总局、海关总署、质检总局负责）

（十八）加强旅游支撑能力建设。加强沿边重点地区旅游景区道路、标识标牌、应急救援等旅游基础设施和服务设施建设。支持旅游职业教育发展，支持内地相关院校在沿边重点地区开设分校或与当地院校合作开设旅游相关专业，培养旅游人才。（旅游局、交通运输部、教育部负责）

六、加强基础设施建设，提高支撑保障水平

（十九）加快推动互联互通境外段项目建设。加强政府间磋商，充分利用国际国内援助资金、优惠性质贷款、区域性投资基金和国内企业力量，加快推进我国与周边国家基础设施互联互通建设。积极发挥丝路基金在投融资方面的支持作用，推动亚洲基础设施投资银行为互联互通建设提供支持。重点推动中南半岛通道、中缅陆水联运通道、孟中印缅国际大通道、东北亚多式联运通道以及新亚欧大陆桥、中蒙俄跨境运输通道、中巴国际运输通道建设。（发展改革委、商务部、外交部、财政部、人民银行、工业和信息化部、交通运输部、公安部、中国铁路总公司、铁路局、总后军交运输部负责）

（二十）加快推进互联互通境内段项目建设。将我国与周边国家基础设施互联互通境内段项目优先纳入国家相关规划，进一步加大国家对项目建设的投资补助力度，加快推进项目建设进度。铁路方面，实施长春－白城铁路扩能改造，重点推进四平－松江河、敦化－白河、松江河－漫江等铁路建设，推动川藏铁路建设，统筹研究雅安－林芝铁路剩余段建设，适时启动滇藏、新藏铁路以及日喀则－亚东、日喀则－樟木等铁路建设。公路水运方面，加快推进百色－龙邦高速公路、喀什－红其拉甫公路等重点口岸公路，以及中越、中朝、中俄跨境桥梁、界河码头等项目建设。加快完善沿边重点地区公路网络。（发展改革委、交通运输部、中国铁路总公司、铁路局、商务部、公安部、外交部、财政部、工业和信息化部、总后军交运输部负责）

（二十一）加强边境城市航空口岸能力建设。支持边境城市合理发展支线机场和通用机场，提升军民双向保障能力和客货机兼容能力；推进边境城市机场改扩建工程，提升既有机场容量；加强边境城市机场空管设施建设，完善和提高机场保障能力。支持开通“一带一路”沿线国际旅游城市间航线；支持开通和增加国内主要城市与沿边旅游目的地城市间的直飞航线航班或旅游包机。（发展改革委、民航局、交通运输部、财政部、公安部、外交部、旅游局、总参作战部、总后军交运输部负责）

（二十二）加强口岸基础设施建设。支持沿边重点地区完善口岸功能，有序推动口岸对等设立与扩大开放，加快建设“一带一路”重要开放门户和跨境通道。支持在沿边国家级口岸建设多式联运物流监管中心，进一步加大资金投入力度，加强口岸查验设施建设，改善口岸通行条件。统筹使用援外资金，优先安排基础设施互联互通涉及的口岸基础设施、查验场地和设施建设。以共享共用为目标，整合现有监管设施资源，推动口岸监管设施、查验场地和转运设施集中建设。尽快制定口岸查验场地和设施建设标准，建立口岸通关便利化设施设备运行维护保障机制，支持国家级口岸检验检疫、边防检查、海关监管等查验设施升级改造，建立公安边防检查站口岸快速查验通关系统，开设进出边境管理区绿色通道。按照适度超前、保障重点、分步实施的建设理念，建立和完善、更新边境监控系统，实现边检执勤现场、口岸限定区域和重点边境地段全覆盖，打造“智慧边境线”。（发展改革委、海关总署、公安部、商务部、质检总局、交通运输部、外交部、财政部、中国铁路总公司负责）

七、加大财税等支持力度，促进经济社会跨越式发展

（二十三）增加中央财政转移支付规模。加大中央财政转移支付支持力度，逐步缩小沿边重点地区地方标准财政收支缺口，推进地区间基本公共服务均等化。建立边境地区转移支付的稳定增长机制，完善转移支付资金管理办法，支持边境小额贸易企业能力建设，促进边境地区贸易发展。（财政部、海关总署、商务部负责）

（二十四）强化中央专项资金支持。中央财政加大对沿边重点地区基础设施、城镇建设、产业发展等方面的支持力度。提高国家有关部门专项建设资金投入沿边重点地区的比重，提高对公路、铁路、民航、通信等建设项目投资补助标准和资本金注入比例。国家专项扶持资金向沿边重点地区倾斜。(财政部、发展改革委、工业和信息化部、交通运输部、外交部、旅游局、民航局、中国铁路总公司负责)

(二十五)实行差别化补助政策。中央安排的公益性建设项目,取消县以下(含县)以及集中连片特殊困难地区市级配套资金。中央财政对重点开发开放试验区在一定期限内给予适当补助。继续对边境经济合作区以及重点开发开放试验区符合条件的公共基础设施项目贷款给予贴息支持。(财政部、发展改革委、商务部负责)

(二十六)加大税收优惠力度。国家在沿边重点地区鼓励发展的内外资投资项目,进口国内不能生产的自用设备及配套件、备件,继续在规定范围内免征关税。根据跨境经济合作区运行模式和未来发展状况,适时研究适用的税收政策。加强与相关国家磋商,积极稳妥推进避免双重征税协定的谈签和修订工作。(财政部、税务总局、海关总署负责)

(二十七)比照执行西部大开发相关政策。非西部省份的边境地区以县为单位,在投资、金融、产业、土地、价格、生态补偿、人才开发和帮扶等方面,享受党中央、国务院确定的深入实施西部大开发战略相关政策,实施期限暂定到2020年。(财政部、发展改革委负责)

八、鼓励金融创新与开放,提升金融服务水平

(二十八)拓宽融资方式和渠道。鼓励金融机构加大对沿边重点地区的信贷支持力度,在遵循商业原则及风险可控前提下,对沿边重点地区分支机构适度调整授信审批权限。引导沿边重点地区金融机构将吸收的存款主要用于服务当地经济社会发展,对将新增存款一定比例用于当地并达到有关要求的农村金融机构,继续实行优惠的支农再贷款和存款准备金政策。培育发展多层次资本市场,支持符合条件的企业在全国中小企业股份转让系统挂牌;规范发展服务中小微企业的区域性股权市场,引导产业发展(创业投资)基金投资于区域性股权市场挂牌企业;支持期货交易所研究在沿边重点地区设立商品期货交割仓库;支持沿边重点地区利用本地区和周边国家丰富的矿产、农业、生物和生态资源,规范发展符合法律法规和国家政策的矿产权、林权、碳汇权和文化产品等交易市场。(人民银行、银监会、证监会负责)

(二十九)完善金融组织体系。支持符合条件的外资金融机构到沿边重点地区设立分支机构。支持大型银行根据自身发展战略,在风险可控、商业可持续前提下,以法人名义到周边国家设立机构。支持沿边重点地区具备条件的民间资本依法发起设立民营银行,探索由符合条件的民间资本发起设立金融租赁公司等金融机构。支持银行业金融机构在风险可控、商业可持续前提

下，为跨境并购提供金融服务。（银监会、人民银行、外汇局负责）

（三十）鼓励金融产品和服务创新。研究将人民币与周边国家货币的特许兑换业务范围扩大到边境贸易，并提高相应兑换额度，提升兑换服务水平。探索发展沿边重点地区与周边国家人民币双向贷款业务。支持资质良好的信托公司和金融租赁公司在沿边重点地区开展业务，鼓励开展知识产权、收益权、收费权、应收账款质押融资和林权抵押贷款业务，扶持符合当地产业发展规划的行业和企业发展。依法探索扩大沿边重点地区可用于担保的财产范围，创新农村互助担保机制和信贷风险分担机制，逐步扩大农业保险覆盖范围，积极开展双边及多边跨境保险业务合作。加快推进沿边重点地区中小企业信用体系建设和农村信用体系建设。完善沿边重点地区信用服务市场，推动征信产品的应用。（人民银行、银监会、保监会、财政部、发展改革委负责）

（三十一）防范金融风险。在沿边重点地区建立贴近市场、促进创新、信息共享、风险可控的金融监管平台和协调机制。进一步加强沿边重点地区金融管理部门、反洗钱行政主管部门、海关和司法机关在反洗钱和反恐怖融资领域的政策协调与信息沟通。加强跨境外汇和人民币资金流动监测工作，完善反洗钱的资金监测和分析，督促金融机构严格履行反洗钱和反恐怖融资义务，密切关注跨境资金异常流动，防范洗钱和恐怖融资犯罪活动的发生，确保跨境资金流动风险可控、监管有序。（人民银行、银监会、外汇局负责）

沿边重点地区开发开放事关全国改革发展大局，对于推进“一带一路”建设和构筑繁荣稳定的祖国边疆意义重大。各地区、各部门要坚持扩大对外开放和加强对内监管同步推进，在禁毒、禁赌、防范打击恐怖主义等方面常抓不懈，坚决打击非法出入境、拐卖人口、走私贩私，避免盲目圈地占地、炒作房地产和破坏生态环境，抓好发展和安全两件大事，不断提高沿边开发开放水平。国务院有关部门要高度重视、各司其职、各负其责，按照本意见要求，制定具体实施方案；密切配合、通力协作，抓紧修订完善有关规章制度；建立动态反馈机制，深入实地开展督查调研，及时发现问题，研究提出整改建议，不断加大对沿边重点地区开发开放的支持力度。对重点建设项目，发展改革、国土资源、环境保护、财政、金融等有关部门要给予重点支持。沿边省（区）和沿边重点地区要充分发挥主体作用，强化组织领导，周密安排部署，确保促进开发开放的各项工作落到实处。

附件

沿边重点地区名录

一、重点开发开放试验区(5个)

广西东兴重点开发开放试验区,云南勐腊(磨憨)重点开发开放试验区、瑞丽重点开发开放试验区,内蒙古二连浩特重点开发开放试验区、满洲里重点开发开放试验区。

二、沿边国家级口岸(72个)

铁路口岸(11个):广西凭祥,云南河口,新疆霍尔果斯、阿拉山口,内蒙古二连浩特、满洲里,黑龙江绥芬河,吉林珲春、图们、集安,辽宁丹东。

公路口岸(61个):广西东兴、爱店、友谊关、水口、龙邦、平孟,云南天保、都龙、河口、金水河、勐康、磨憨、打洛、孟定、畹町、瑞丽、腾冲,西藏樟木、吉隆、普兰,新疆红其拉甫、卡拉苏、伊尔克什坦、吐尔尕特、木扎尔特、都拉塔、霍尔果斯、巴克图、吉木乃、阿黑土别克、红山嘴、塔克什肯、乌拉斯台、老爷庙,甘肃马鬃山,内蒙古策克、甘其毛都、满都拉、二连浩特、珠恩嘎达布其、阿尔山、额布都格、阿日哈沙特、满洲里、黑山头、室韦,黑龙江虎林、密山、绥芬河、东宁,吉林珲春、圈河、沙坨子、开山屯、三合、南坪、古城里、长白、临江、集安,辽宁丹东。

三、边境城市(28个)

广西东兴市、凭祥市,云南景洪市、芒市、瑞丽市,新疆阿图什市、伊宁市、博乐市、塔城市、阿勒泰市、哈密市,内蒙古二连浩特市、阿尔山市、满洲里市、额尔古纳市,黑龙江黑河市、同江市、虎林市、密山市、穆棱市、绥芬河市,吉林珲春市、图们市、龙井市、和龙市、临江市、集安市,辽宁丹东市。

四、边境经济合作区(17个)

广西东兴边境经济合作区、凭祥边境经济合作区,云南河口边境经济合作区、临沧边境经济合作区、畹町边境经济合作区、瑞丽边境经济合作区,新疆伊宁边境经济合作区、博乐边境经济合作区、塔城边境经济合作区、吉木乃边境经济合作区,内蒙古二连浩特边境经济合作区、满洲里边境经济合作区,黑龙江黑河边境经济合作区、绥芬河边境经济合作区,吉林珲春边境经济合作区、和龙边境经济合作区,辽宁丹东边境经济合作区。

五、跨境经济合作区(1个)

中哈霍尔果斯国际边境合作中心。

注:国家今后批准设立的重点开发开放试验区、沿边国家级口岸、边境城市、边境经济合作区和跨境经济合作区自动进入本名录。

国务院办公厅关于印发国务院部门权力和责任清单编制试点方案的通知

（2015年12月28日　国办发〔2015〕92号）

《国务院部门权力和责任清单编制试点方案》已经党中央、国务院同意，现印发给你们，请认真贯彻执行。

国务院部门权力和责任清单编制试点方案

推行政府部门权力和责任清单制度是党的十八届三中、四中全会部署的重要改革任务，是国家治理体系和治理能力现代化建设的重要举措，对于深化行政体制改革，建设法治政府、创新政府、廉洁政府和服务型政府具有重要意义。根据党中央、国务院的部署和要求，现就开展国务院部门权力和责任清单编制试点工作，制定以下方案。

一、基本要求

（一）工作目标。

按照简政放权、放管结合、优化服务和转变政府职能要求，以清单形式列明试点部门的行政权责及其依据、行使主体、运行流程等，推进行政权责依法公开，强化行政权力监督和制约，防止出现权力真空和监管缺失，加快形成边界清晰、分工合理、权责一致、运转高效、依法保障的政府职能体系。要把加强党的领导、依法全面正确履行政府职能作为试点工作的基本遵循。通过开展试点，为全面推进国务院部门权力和责任清单编制工作探索经验。

（二）试点范围。

根据部门职责特点，确定在国家发展改革委、民政部、司法部、文化部、海关总署、税务总局、证监会开展试点。未列入试点范围的部门，可参照本方案先行做好本部门权责事项梳理，为下一步开展权责清单编制工作做好准备。

二、试点任务

（三）全面梳理部门现有权责事项。

各试点部门可将权力和责任事项结合起来，并参照行政许可、行政处罚、行政强制、行政征收、行政给付、行政检查、行政确认、行政奖励、行政裁决和其他类别的分类方式，对行政权责事项进行全面梳理并逐项列明设定依据；可根据实际履职情况，将规划制定等宏观管理职责及标准拟订等权责事项一并进行梳理分类汇总。

（四）清理规范权责事项。

在全面梳理基础上，对权责事项逐项提出取消、下放和保留的意见，需要对有关法律、行政法规进行立改废的，同时提出建议。对没有法定依据的，原则上予以取消，确有必要保留的，按程序办理。试点部门在依法审核清理规范基础上，形成部门基础权责清单，列明权责事项名称、类型、设定依据、调整意见以及追责情形等内容，于2016年6月底前报送中央编办。

（五）审核权责清单。

中央编办、国务院法制办会同有关方面对部门基础权责清单进行研究审核。审核过程中，对于拟取消和下放的权责事项，要建立第三方评估机制，并充分听取有关部门、地方党委和政府的意见。要逐项确认审核结果，需要对有关法律、行政法规进行立改废的，依照法定程序办理。

（六）优化权力运行流程。

对保留的行政权责事项，试点部门要按照透明、高效、便捷的原则，制定行政权力运行流程图，切实减少工作环节，规范行政裁量权，明确每个环节的承办主体、办理标准、办理程序、办理时限、监督方式等，提高行政权力运行的科学化、规范化水平。

根据研究审核情况，对于社会关注度高、群众反映强烈、能够很快显现效果的重点领域或事项，可优先编制专项权责清单。

三、组织实施

（七）加强组织领导。

各部门要认真贯彻落实党中央、国务院关于建立权力和责任清单制度的各项决策部署和要求，积极稳妥有序开展试点工作。中央编办、国务院法制办要会同有关方面加强对试点工作的组织指导，及时研究解决试点中的困难和问题，重大事项按程序请示报告。

（八）强化部门责任。

试点部门要切实负起本单位试点工作的领导责任，周密部署、扎实推进。对于试点中出现的新情况、新问题，要创新思路、积极探索，创造性开展工作，重大问题及时报告。试点部门设在地方具有行政职权的机构，其权力和责任清单由试点部门进行合法性、合理性和必要性审核确认，明确标准规范，并做好本系统各地机构清单之间的衔接。

（九）加强统筹协调。

试点工作要与简政放权、放管结合、优化服务和推动政府职能转变等相关改革任务结合起来，统筹考虑、协调推进，着力解决社会反映强烈的突出问题，让公众切身感受到改革成效。

（十）做好总结评估。

试点工作要在2016年12月底前完成。中央编办、国务院法制办会同有关方面组织对试点情况进行跟踪和评估，总结经验，在此基础上研究提出全面开展国务院部门权力和责任清单编制工作的意见。

国务院办公厅关于优化学术环境的指导意见

（2015年12月29日　国办发〔2015〕94号）

良好的学术环境是培养优秀科技人才、激发科技工作者创新活力的重要基础。近年来，我国学术环境不断改善，为推动产出重大创新成果，促进经济社会发展发挥了积极作用。但目前我国支持创新的学术氛围还不够浓厚，仍然存在科学研究自律规范不足、学术不端行为时有发生、学术活动受外部干预过多、学术评价体系和导向机制不完善等问题。为进一步优化学术环境，更好调动广大科技工作者的积极性，深入实施创新驱动发展战略，推动大众创业万众创新，经国务院同意，现提出以下意见。

一、总体要求

（一）指导思想。全面贯彻党的十八大和十八届二中、三中、四中、五中全会精神，按照党中央、国务院决策部署，强化问题导向，坚持改革驱动，全面推进人才使用、吸引、培养的体制机制创新，加快实现政府职能从研发管理向创新服务转变，着力构建符合学术发展规律的科研管理、宏观政策、学术民主、学术诚信和人才成长环境，引导科技工作者自觉践行社会主义核心价值观，促进我国创新文化建设，为科技事业持续健康发展提供有力保障。

（二）基本原则。

坚持创新导向。紧紧围绕创新驱动发展、推动大众创业万众创新、提高自主创新能力的要求，破除制约创新的观念和体制障碍，支持有利于激活创新要素的探索和实践，鼓励科技工作者增强创新自信，创立新学说，开发新技术，开拓新领域，创造新价值。

坚持学术自主。维护科技工作者在科研活动中的主体地位，激发科技工作者研究探索的主观能动性，充分发挥科学共同体在学术活动中的自主作用，建立科学、规范的学术自治制度，健全激励创新的学术评价体系和导向机制。

坚持自律为本。引导科技工作者发扬爱国奉献、创新求实、淡泊名利、追求卓越的优良传统，坚守学术诚信，完善学术人格，遵守学术规范，维护学术尊严，正确行使学术权力，履行社会责任，倡导崇实、唯实、求实的良好学风。

坚持依法治学。建立保障学术自由的法治基础，强化知识产权保护，依法保障科技工作者开展学术活动的权利，引导科技工作者自觉遵守宪法和法律法规，抵制学术不端行为，确保科研活动造福人民、服务国家。

坚持宽松包容。坚持人才是第一资源的理念，营造宽松的学术环境和敢为人先、宽容失败的学术氛围，尊重科技工作者个性，倡导科学面前人人平等，鼓励学术争鸣和质疑批判，培育竞争共生的学术生态。

（三）主要目标。到 2020 年，在影响学术创新的科技体制机制改革关键环节和重点领域取得突破性进展，与实施创新驱动发展战略的要求相适应的科研管理、人才培养等制度体系进一步完善，学术自治理念全面落实，学术评价更加科学规范，学术生态环境明显改善，创新人才竞相涌现，科技工作者探索研究的积极性显著提升。

二、任务要求

（四）优化科研管理环境，落实扩大科研机构自主权。推动政府职能从研发管理向创新服务转变，更好发挥政府顶层设计和公共政策保障功能，尊重科技工作者科研创新的主体地位，不以行政决策代替学术决策。优化科研管理流程，避免让科技工作者陷入各类不必要的检查论证评估等事务中，确保科技工作者把更多时间和精力用在科研上。改革科研院所组织机构设置和管理运行机制，消除科研院所管理中存在的“行政化”和“官本位”弊端，实行有利于开放、协同、高效创新的扁平化管理结构，建立健全有利于激励创新、人尽其才、繁荣学术的现代科研管理制度。在国家政策制度框架下，扩大高校和科研院所在科研立项、人财物管理、科研方向和技术路线选择、国际科技交流等方面的自主权，逐步推广以项目负责人制为核心的科研组织管理模式，赋予创新型领军人才更大的人财物支配权、技术路线决策权。打破科技工作者流动的体制机制障碍，鼓励高校和科研院所采用更加开放的用人制度，自主决定聘用流动人员。搭建学术交流和合作平台，推动科研团队开展多种形式的学术研讨、交流活动。放宽对学术性会议规模、数量等方面的限制，为科技工作者参加更多的国际学术交流提供政策保障和往返便利。

（五）优化宏观政策环境，减少对科研创新和学术活动的直接干预。完善稳定支持和竞争性支持相协调的机制，改变科技资源配置竞争性项目过多的局面，对国家实验室等重大科研基地以稳定支持为主，鼓励其围绕重大科技前沿和国家目标开展持续稳定的研究。充分发挥国家科技计划在促进学科交叉、跨界融合中的平台作用，推动跨团队、跨机构、跨学科、跨领域协同创新。推动科研基础设施等科技资源开放共享，克服科研资源配置的碎片化和孤岛现象。率先在国家实验室等重大科研基地开展人事制度改革试点，建立具有国际竞争力的人才管理制度，增强对高端人才的吸引力。实行以增加知识价值为导向的分配政策，提高科研人员成果转化收益分享比例，以科技成果使用处置收益权管理改革为突破口，全面激发高校、科研院所科技工作者创新创业的积极性。改革科技评价制度，对从事基础和前沿技术研究、应用研究、成果转化等不同活动的人员实行分类评价，对以国家使命为导向的科研基地建立中长期绩效评价体系，拓宽科技社团、企业和公众参与评价的渠道，切实避免评价过多过繁、评价指标重数量轻质量和“一刀切”的现象。

（六）优化学术民主环境，营造浓厚学术氛围。倡导学术研究百花齐放、百家争鸣，鼓励科技工作者打破定式思维和守成束缚，勇于提出新观点、创立新学说、开辟新途径、建立新学派。不得以“出成果”名义干涉科学家研究工作，不得动辄用行政化“参公管理”约束科学家，不得以过多的社会事务干扰学术活动，不得用“官本位”、“等级制”等压制学术民主。允许科学家采用弹性工作方式从事科学研究，确保用于科研和学术的时间不少于工作时间的六分之五。鼓励开展健康的学术批评，发挥小同行评议和第三方评价的作用。科学合理使用评价结果，不能以各类学术排名代替学术评价，避免学术评价结果与利益分配过度关联。

（七）优化学术诚信环境，树立良好学风。坚持道德自律和制度规范并举，建设集教育、防范、监督、惩治于一体的学术诚信体系。完善科研机构学术道德和学风监督机制，实行严格的科研信用制度，建立学术诚信档案，加大对学术不端行为的查处力度，将严重学术不端行为向社会公布，并在项目申报、职位晋升、奖励评定等方面采取限制措施。教育引导科技工作者强化诚信自律，严守学术道德，不准在科学研究中弄虚作假，严禁计算、试验等数据资料造假；不准以任何形式抄袭盗用他人的论文等科研成果；不准为追求论文发表数量和引用量粗制滥造、投机取巧；不准利用中介机构或其他第三方代写或变相代写论文，或通过金钱交易在国内外刊物上发表论文；不准违反有关规定，在论文、科研项目、奖励、人才评价等学术评审中拉关系、送人情，亵渎学术尊严。广泛开展学术道德和学风建设宣讲工作，引导科技工作者严谨治学、诚实做人，秉持奉献、创新、求实、协作的科学精神，在践行社会主义核心价值观、引领社会良好风尚中率先垂范。

（八）优化人才成长环境，促进优秀科研人才脱颖而出。坚决破除论资排辈、求全责备等传统人才观念，以更广阔的视野选拔人才、不拘一格使用人才，创造人尽其才、才尽其用、优秀人才脱颖而出的人才成长环境。重视发挥青年人才在科研工作中的生力军作用，支持更多年轻科学家担任项目负责人、组建团队承担重点课题、成长为学术带头人。鼓励青年科技工作者平等开展学术讨论和争鸣，发表学术上的新观点、新学说。健全全国优秀青年科学家的奖励制度，引导社会力量加大对优秀青年科研人才的奖励力度，通过国家奖励、高级职称聘任、院士推荐等使一批有真才实学、成就突出的青年科研人才脱颖而出。进一步发挥青年科学基金的育苗功能，增加对青年科技工作者的资助强度并扩大覆盖面，支持其开展原始性创新研究。深入实施国家千人计划特别是青年项目，吸引更多海外人才回国工作。高度重视以领军人才为核心的科研团队建设，促进科研人员协作创新。

三、保障措施

（九）发挥政府部门的引导促进职能。把优化学术环境作为深化科技体制改革的重要方面，强化顶层设计和宏观指导，不断完善促进学术繁荣发展的法律法规和政策体系。在制定科技发展规划、部署重大专项等重大决策中，广泛征求专家意见，支持科技工作者参与科技决策、充分自由表达意见建议。推进简政放权，减少对学术活动的直接干预，依法保护科技工作者正常开展学术交流的权利，维护学术秩序。建立应对潜在技术风险的合理程序，制定管理计划与伦理规范，明确科技工作者对涉及社会利益与风险的科学争论应负的社会责任。研究建立引导社会资源支持公益性科研与学术活动的相关制度。支持科技社团依法依章独立自主开展活动、有序承接政府转移职能，加大向科技社团购买服务力度，提高其创新和服务能力。

（十）强化高校和科研院所的保障作用。坚持把优化学术环境作为高校和科研院所事业发展和管理创新的重要内容，加大推进科技管理改革力度，建立健全内部治理体系，构建科学合理的激励约束和评价机制，发挥理事会、学术委员会在学术环境建设中的重要作用。更加注重科研成果的质量水平、创新性和社会价值，推动各类公共资金资助的科研成果优先在我国中英文期刊上发表，推进已发表科研成果在一定期限内存储到开放的公共知识库，实现公共利益最大化。遵循科技发展规律与人才成长规律，促进学术与行政适度分开，最大限度发挥好科技工作者在科技布局与规划、学科建设、资源配置、人才培养与管理、科技评价等方面的重要作用。

（十一）增强科技社团的自律功能。支持科技社团组织开展学术活动，搭建自由表达学术观点、开展学术交流的平台，营造维护保障学术自由的良好环境。强化学会人才举荐和科技奖励功能，发挥好同行评议的基础性作用。及时研究更新相关专业领域的章程规范，加大对学术诚信、学术道德和学术伦理的监督力度，引导科技工作者加强自我约束、自我管理，维护科技工作者学术权益。发挥科技社团第三方评估作用，组织动员科技工作者为科技发展规划、项目指南、项目后评估、资质认证等方面提供支撑。

（十二）引导企业积极承担社会责任。要正确处理技术创新与市场需求的关系，支持企业开展公益性、探索性、创新性学术活动，激励大胆创造发明，鼓励提出新观点、新方案和新途径，积极开展研究开发和科技成果转移转化。支持企业科技工作者参与学术活动，提高学术水平和技术技能，依法保障其在知识产权、技术转让等方面的权益。

（十三）突出科技工作者的主体地位。加大对优秀科技工作者和创新团队的宣传力度，在全社会营造尊崇创新、鼓励探索、宽容失败、多元包容的良好学术舆论。号召广大科技工作者坚持从自身做起，恪守科学精神，树立底线思维，坚守学术操守和道德理念，推进学术环境不断优化。支持科技工作者参加学术争鸣，尊重同行发现的优先权，客观公正评价他人的学术成果，尊重他人理性怀疑的权利，不干扰和破坏他人的学术自由，自觉杜绝并坚决抵制学术不端行为。引导科技工作者正确行使学术权力，不打着学术旗号参与商业营利性活动。鼓励科技工作者积极参与国家和社会公共事务，为重大决策提供专业支持，面向社会关切主动释疑解惑，引导公众全面、正确地理解科学技术。引导科技工作者进一步规范科研行为，遵守科学伦理准则，谨慎评估科学技术风险，避免对科学技术的不当应用。

各地区和有关部门要增强大局意识、责任意识，把优化学术环境作为重要内容纳入工作日程，加强组织领导，强化协同合作，狠抓任务落实，以更好的学术环境，激励广大科技工作者投身创新实践，为建设创新型国家、实现中华民族伟大复兴中国梦作出更大贡献。

国务院办公厅关于推进农村一二三产业融合发展的指导意见

（2015 年 12 月 30 日　国办发〔2015〕93 号）

推进农村一二三产业（以下简称农村产业）融合发展，是拓宽农民增收渠道、构建现代农业产业体系的重要举措，是加快转变农业发展方式、探索中国

特色农业现代化道路的必然要求。经国务院同意,现提出如下意见:

一、总体要求

(一)指导思想。全面贯彻落实党的十八大和十八届二中、三中、四中、五中全会精神,按照党中央、国务院决策部署,坚持“四个全面”战略布局,牢固树立创新、协调、绿色、开放、共享的发展理念,主动适应经济发展新常态,用工业理念发展农业,以市场需求为导向,以完善利益联结机制为核心,以制度、技术和商业模式创新为动力,以新型城镇化为依托,推进农业供给侧结构性改革,着力构建农业与二三产业交叉融合的现代产业体系,形成城乡一体化的农村发展新格局,促进农业增效、农民增收和农村繁荣,为国民经济持续健康发展和全面建成小康社会提供重要支撑。

(二)基本原则。坚持和完善农村基本经营制度,严守耕地保护红线,提高农业综合生产能力,确保国家粮食安全。坚持因地制宜,分类指导,探索不同地区、不同产业融合模式。坚持尊重农民意愿,强化利益联结,保障农民获得合理的产业链增值收益。坚持市场导向,充分发挥市场配置资源的决定性作用,更好发挥政府作用,营造良好市场环境,加快培育市场主体。坚持改革创新,打破要素瓶颈制约和体制机制障碍,激发融合发展活力。坚持农业现代化与新型城镇化相衔接,与新农村建设协调推进,引导农村产业集聚发展。

(三)主要目标。到2020年,农村产业融合发展总体水平明显提升,产业链条完整、功能多样、业态丰富、利益联结紧密、产城融合更加协调的新格局基本形成,农业竞争力明显提高,农民收入持续增加,农村活力显著增强。

二、发展多类型农村产业融合方式

(四)着力推进新型城镇化。将农村产业融合发展与新型城镇化建设有机结合,引导农村二三产业向县城、重点乡镇及产业园区等集中。加强规划引导和市场开发,培育农产品加工、商贸物流等专业特色小城镇。强化产业支撑,实施差别化落户政策,努力实现城镇基本公共服务常住人口全覆盖,稳定吸纳农业转移人口。(发展改革委、农业部、商务部等负责)

(五)加快农业结构调整。以农牧结合、农林结合、循环发展为导向,调整优化农业种植养殖结构,加快发展绿色农业。建设现代饲草料产业体系,推广优质饲草料种植,促进粮食、经济作物、饲草料三元种植结构协调发展。大力发展种养结合循环农业,合理布局规模化养殖场。加强海洋牧场建设。积极发展林下经济,推进农林复合经营。推广适合精深加工、休闲采摘的作物新品种。加强农业标准体系建设,严格生产全过程管理。(农业部、林业局、科技部等负责)

(六)延伸农业产业链。发展农业生产性服务业,鼓励开展代耕代种代收、大田托管、统防统治、烘干储藏等市场化和专业化服务。完善农产品产地初加工补助政策，扩大实施区域和品种范围，初加工用电享受农用电政策。加强政策引导，支持农产品深加工发展，促进其向优势产区和关键物流节点集中，加快消化粮棉油库存。支持农村特色加工业发展。加快农产品冷链物流体系建设，支持优势产区产地批发市场建设，推进市场流通体系与储运加工布局有机衔接。在各省（区、市）年度建设用地指标中单列一定比例，专门用于新型农业经营主体进行农产品加工、仓储物流、产地批发市场等辅助设施建设。健全农产品产地营销体系，推广农超、农企等形式的产销对接，鼓励在城市社区设立鲜活农产品直销网点。（农业部、发展改革委、财政部、工业和信息化部、国土资源部、商务部、供销合作总社等负责）

（七）拓展农业多种功能。加强统筹规划，推进农业与旅游、教育、文化、健康养老等产业深度融合。积极发展多种形式的农家乐，提升管理水平和服务质量。建设一批具有历史、地域、民族特点的特色旅游村镇和乡村旅游示范村，有序发展新型乡村旅游休闲产品。鼓励有条件的地区发展智慧乡村游，提高在线营销能力。加强农村传统文化保护，合理开发农业文化遗产，大力推进农耕文化教育进校园，统筹利用现有资源建设农业教育和社会实践基地，引导公众特别是中小学生参与农业科普和农事体验。（农业部、旅游局、发展改革委、财政部、教育部、文化部、民政部、林业局等负责）

（八）大力发展农业新型业态。实施“互联网＋现代农业”行动，推进现代信息技术应用于农业生产、经营、管理和服务，鼓励对大田种植、畜禽养殖、渔业生产等进行物联网改造。采用大数据、云计算等技术，改进监测统计、分析预警、信息发布等手段，健全农业信息监测预警体系。大力发展农产品电子商务，完善配送及综合服务网络。推动科技、人文等元素融入农业，发展农田艺术景观、阳台农艺等创意农业。鼓励在大城市郊区发展工厂化、立体化等高科技农业，提高本地鲜活农产品供应保障能力。鼓励发展农业生产租赁业务，积极探索农产品个性化定制服务、会展农业、农业众筹等新型业态。（农业部、发展改革委、科技部、工业和信息化部、财政部、商务部、林业局等负责）

（九）引导产业集聚发展。加强农村产业融合发展与城乡规划、土地利用总体规划有效衔接，完善县域产业空间布局和功能定位。通过农村闲置宅基地整理、土地整治等新增的耕地和建设用地，优先用于农村产业融合发展。创建农业产业化示范基地和现代农业示范区，完善配套服务体系，形成农产品集散中心、物流配送中心和展销中心。扶持发展一乡（县）一业、一村一品，加快培育乡村手工艺品和农村土特产品品牌，推进农产品品牌建设。依托国家农业科技园区、农业科研院校和“星创天地”，培育农业科技创新应用企业集群。

（发展改革委、农业部、国土资源部、科技部、工业和信息化部、教育部、财政部、商务部、工商总局等负责）

三、培育多元化农村产业融合主体

（十）强化农民合作社和家庭农场基础作用。鼓励农民合作社发展农产品加工、销售，拓展合作领域和服务内容。鼓励家庭农场开展农产品直销。引导大中专毕业生、新型职业农民、务工经商返乡人员领办农民合作社、兴办家庭农场、开展乡村旅游等经营活动。支持符合条件的农民合作社、家庭农场优先承担政府涉农项目，落实财政项目资金直接投向农民合作社、形成资产转交合作社成员持有和管护政策。开展农民合作社创新试点，引导发展农民合作社联合社。引导土地流向农民合作社和家庭农场。（农业部牵头负责）

（十一）支持龙头企业发挥引领示范作用。培育壮大农业产业化龙头企业和林业重点龙头企业，引导其重点发展农产品加工流通、电子商务和农业社会化服务，并通过直接投资、参股经营、签订长期合同等方式，建设标准化和规模化的原料生产基地，带动农户和农民合作社发展适度规模经营。龙头企业要优化要素资源配置，加强产业链建设和供应链管理，提高产品附加值。鼓励龙头企业建设现代物流体系，健全农产品营销网络。充分发挥农垦企业资金、技术、品牌和管理优势，培育具有国际竞争力的大型现代农业企业集团，推进垦地合作共建，示范带动农村产业融合发展。（农业部、林业局牵头负责）

（十二）发挥供销合作社综合服务优势。推动供销合作社与新型农业经营主体有效对接，培育大型农产品加工、流通企业。健全供销合作社经营网络，支持流通方式和业态创新，搭建全国性和区域性电子商务平台。拓展供销合作社经营领域，由主要从事流通服务向全程农业社会化服务延伸、向全方位城乡社区服务拓展，在农资供应、农产品流通、农村服务等重点领域和环节为农民提供便利实惠、安全优质的服务。（供销合作总社牵头负责）

（十三）积极发展行业协会和产业联盟。充分发挥行业协会自律、教育培训和品牌营销作用，开展标准制订、商业模式推介等工作。在质量检测、信用评估等领域，将适合行业协会承担的职能移交行业协会。鼓励龙头企业、农民合作社、涉农院校和科研院所成立产业联盟，支持联盟成员通过共同研发、科技成果产业化、融资拆借、共有品牌、统一营销等方式，实现信息互通、优势互补。（农业部牵头负责）

（十四）鼓励社会资本投入。优化农村市场环境，鼓励各类社会资本投向农业农村，发展适合企业化经营的现代种养业，利用农村“四荒”（荒山、荒沟、荒丘、荒滩）资源发展多种经营，开展农业环境治理、农田水利建设和生态修复。国家相关扶持政策对各类社会资本投资项目同等对待。对社会资本投资建设连片面积达到一定规模的高标准农田、生态公益林等，允许在符合土地管理法律法规和土地利用总体规划、依法办理建设用地审批手续、坚持节约集约用地的前提下，利用一定比例的土地开展观光和休闲度假旅游、加工流通等经营活动。能够商业化运营的农村服务业，要向社会资本全面开放。积极引导外商投资农村产业融合发展。（发展改革委、财政部、国土资源部、水利部、农业部、商务部、林业局、旅游局等负责）

四、建立多形式利益联结机制

（十五）创新发展订单农业。引导龙头企业在平等互利基础上，与农户、家庭农场、农民合作社签订农产品购销合同，合理确定收购价格，形成稳定购销关系。支持龙头企业为农户、家庭农场、农民合作社提供贷款担保，资助订单农户参加农业保险。鼓励农产品产销合作，建立技术开发、生产标准和质量追溯体系，设立共同营销基金，打造联合品牌，实现利益共享。（农业部、发展改革委、商务部、工商总局、银监会、保监会等负责）

（十六）鼓励发展股份合作。加快推进农村集体产权制度改革，将土地承包经营权确权登记颁证到户、集体经营性资产折股量化到户。地方人民政府可探索制订发布本行政区域内农用地基准地价，为农户土地入股或流转提供参考依据。以土地、林地为基础的各种形式合作，凡是享受财政投入或政策支持的承包经营者均应成为股东方，并采取“保底收益 + 按股分红”等形式，让农户分享加工、销售环节收益。探索形成以农户承包土地经营权入股的股份合作社、股份合作制企业利润分配机制，切实保障土地经营权入股部分的收益。（农业部、发展改革委、财政部、国土资源部、林业局等负责）

（十七）强化工商企业社会责任。鼓励从事农村产业融合发展的工商企业优先聘用流转出土地的农民，为其提供技能培训、就业岗位和社会保障。引导工商企业发挥自身优势，辐射带动农户扩大生产经营规模、提高管理水平。完善龙头企业认定监测制度，实行动态管理，逐步建立社会责任报告制度。强化龙头企业联农带农激励机制，国家相关扶持政策与利益联结机制相挂钩。（农业部、发展改革委、财政部等负责）

（十八）健全风险防范机制。稳定土地流转关系，推广实物计租货币结算、租金动态调整等计价方式。规范工商资本租赁农地行为，建立农户承包土地经营权流转分级备案制度。引导各地建立土地流转、订单农业等风险保障金制度，并探索与农业保险、担保相结合，提高风险防范能力。增强新型农业经营主体契约意识，鼓励制定适合农村特点的信用评级方法体系。制定和推行涉农合同示范文本，依法打击涉农合同欺诈违法行为。加强土地流转、订单等合同履约监督，建立健全纠纷调解仲裁体系，保护双方合法权益。（农业

部、发展改革委、财政部、人民银行、工商总局等负责）

五、完善多渠道农村产业融合服务

（十九）搭建公共服务平台。以县（市、区）为基础，搭建农村综合性信息化服务平台，提供电子商务、乡村旅游、农业物联网、价格信息、公共营销等服务。优化农村创业孵化平台，建立在线技术支持体系，提供设计、创意、技术、市场、融资等定制化解决方案及其他创业服务。建设农村产权流转交易市场，引导其健康发展。采取政府购买、资助、奖励等形式，引导科研机构、行业协会、龙头企业等提供公共服务。（农业部、发展改革委、科技部、工业和信息化部、商务部等负责）

（二十）创新农村金融服务。发展农村普惠金融，优化县域金融机构网点布局，推动农村基础金融服务全覆盖。综合运用奖励、补助、税收优惠等政策，鼓励金融机构与新型农业经营主体建立紧密合作关系，推广产业链金融模式，加大对农村产业融合发展的信贷支持。推进粮食生产规模经营主体营销贷款试点，稳妥有序开展农村承包土地的经营权、农民住房财产权抵押贷款试点。坚持社员制、封闭性、民主管理原则，发展新型农村合作金融，稳妥开展农民合作社内部资金互助试点。鼓励发展政府支持的“三农”融资担保和再担保机构，为农业经营主体提供担保服务。鼓励开展支持农村产业融合发展的融资租赁业务。积极推动涉农企业对接多层次资本市场，支持符合条件的涉农企业通过发行债券、资产证券化等方式融资。加强涉农信贷与保险合作，拓宽农业保险保单质押范围。（人民银行、财政部、银监会、证监会、保监会、农业部、发展改革委、税务总局等负责）

（二十一）强化人才和科技支撑。加快发展农村教育特别是职业教育，加大农村实用人才和新型职业农民培育力度。加大政策扶持力度，引导各类科技人员、大中专毕业生等到农村创业，实施鼓励农民工等人员返乡创业三年行动计划和现代青年农场主计划，开展百万乡村旅游创客行动。鼓励科研人员到农村合作社、农业企业任职兼职，完善知识产权入股、参与分红等激励机制。支持农业企业、科研机构等开展产业融合发展的科技创新，积极开发农产品加工贮藏、分级包装等新技术。（教育部、科技部、农业部、人力资源社会保障部、发展改革委、旅游局等负责）

（二十二）改善农业农村基础设施条件。统筹实施全国高标准农田建设总体规划，继续加强农村土地整治和农田水利基础设施建设，改造提升中低产田。加快完善农村水、电、路、通信等基础设施。加强农村环境整治和生态保护，建设持续健康和环境友好的新农村。统筹规划建设农村物流设施，逐步健全以县、乡、村三级物流节点为支撑的农村物流网络体系。完善休闲农业和乡村旅游道路、供电、供水、停车场、观景台、游客接待中心等配套设施。(发展改革委、财政部、国土资源部、水利部、交通运输部、工业和信息化部、农业部、商务部、旅游局、能源局等负责)

(二十三)支持贫困地区农村产业融合发展。支持贫困地区立足当地资源优势,发展特色种养业、农产品加工业和乡村旅游、电子商务等农村服务业,实施符合当地条件、适应市场需求的农村产业融合项目,推进精准扶贫、精准脱贫,相关扶持资金向贫困地区倾斜。鼓励经济发达地区与贫困地区开展农村产业融合发展合作,支持企事业单位、社会组织和个人投资贫困地区农村产业融合项目。(发展改革委、扶贫办、农业部、商务部、旅游局等负责)

六、健全农村产业融合推进机制

(二十四)加大财税支持力度。支持地方扩大农产品加工企业进项税额核定扣除试点行业范围,完善农产品初加工所得税优惠目录。落实小微企业税收扶持政策,积极支持"互联网+现代农业"等新型业态和商业模式发展。统筹安排财政涉农资金,加大对农村产业融合投入,中央财政在现有资金渠道内安排一部分资金支持农村产业融合发展试点,中央预算内投资、农业综合开发资金等向农村产业融合发展项目倾斜。创新政府涉农资金使用和管理方式,研究通过政府和社会资本合作、设立基金、贷款贴息等方式,带动社会资本投向农村产业融合领域。(财政部、发展改革委、税务总局等负责)

(二十五)开展试点示范。围绕产业融合模式、主体培育、政策创新和投融资机制,开展农村产业融合发展试点示范,积极探索和总结成功的做法,形成可复制、可推广的经验,促进农村产业融合加快发展。(发展改革委、财政部、农业部、工业和信息化部、商务部、旅游局等负责)

(二十六)落实地方责任。地方各级人民政府要切实加强组织领导,把推进农村产业融合发展摆上重要议事日程,纳入经济社会发展总体规划和年度计划;要创新和完善乡村治理机制,加强分类指导,因地制宜探索融合发展模式。县级人民政府要强化主体责任,制定具体实施方案,引导资金、技术、人才等要素向农村产业融合集聚。(地方人民政府负责)

(二十七)强化部门协作。各有关部门要根据本意见精神,抓紧制定和完善相关规划、政策措施,密切协作配合,确保各项任务落实到位。发展改革委要会同有关部门对本意见落实情况进行跟踪分析和评估,每年将工作进展情况报告国务院。(发展改革委牵头负责)

国务院办公厅关于加快推进重要产品追溯体系建设的意见

（2015 年 12 月 30 日　国办发〔2015〕95 号）

追溯体系建设是采集记录产品生产、流通、消费等环节信息，实现来源可查、去向可追、责任可究，强化全过程质量安全管理与风险控制的有效措施。近年来，各地区和有关部门围绕食用农产品、食品、药品、稀土产品等重要产品，积极推动应用物联网、云计算等现代信息技术建设追溯体系，在提升企业质量管理能力、促进监管方式创新、保障消费安全等方面取得了积极成效。但是，也存在统筹规划滞后、制度标准不健全、推进机制不完善等问题。为加快应用现代信息技术建设重要产品追溯体系，经国务院同意，现提出以下意见：

一、总体要求

（一）指导思想。贯彻落实党的十八大和十八届二中、三中、四中、五中全会精神，按照国务院决策部署，坚持以落实企业追溯管理责任为基础，以推进信息化追溯为方向，加强统筹规划，健全标准规范，创新推进模式，强化互通共享，加快建设覆盖全国、先进适用的重要产品追溯体系，促进质量安全综合治理，提升产品质量安全与公共安全水平，更好地满足人民群众生活和经济社会发展需要。

（二）基本原则。坚持政府引导与市场化运作相结合，发挥企业主体作用，调动各方面积极性；坚持统筹规划与属地管理相结合，加强指导协调，层层落实责任；坚持形式多样与互联互通相结合，促进开放共享，提高运行效率；坚持政府监管与社会共治相结合，创新治理模式，保障消费安全和公共安全。

（三）主要目标。到 2020 年，追溯体系建设的规划标准体系得到完善，法规制度进一步健全；全国追溯数据统一共享交换机制基本形成，初步实现有关部门、地区和企业追溯信息互通共享；食用农产品、食品、药品、农业生产资料、特种设备、危险品、稀土产品等重要产品生产经营企业追溯意识显著增强，采用信息技术建设追溯体系的企业比例大幅提高；社会公众对追溯产品的认知度和接受度逐步提升，追溯体系建设市场环境明显改善。

二、统一规划，分类推进

（四）做好统筹规划。按照食品安全法、农产品质量安全法、药品管理法、特种设备安全法和民用爆炸物品安全管理条例等法律法规规定，围绕对人民群众生命财产安全和公共安全有重大影响的产品，统筹规划全国重要产品追溯体系建设。当前及今后一个时期，要将食用农产品、食品、药品、农业生产资料、特种设备、危险品、稀土产品等作为重点，分类指导、分步实施，推动生产经营企业加快建设追溯体系。各地要结合实际制定实施规划，确定追溯体系建设的重要产品名录，明确建设目标、工作任务和政策措施。

（五）推进食用农产品追溯体系建设。建立食用农产品质量安全全程追溯协作机制，以责任主体和流向管理为核心、以追溯码为载体，推动追溯管理与市场准入相衔接，实现食用农产品“从农田到餐桌”全过程追溯管理。推动农产品生产经营者积极参与国家农产品质量安全追溯管理信息平台运行。中央财政资金支持开展肉类、蔬菜、中药材等产品追溯体系建设的地区，要大力创新建设管理模式，加快建立保障追溯体系高效运行的长效机制。

（六）推进食品追溯体系建设。围绕婴幼儿配方食品、肉制品、乳制品、食用植物油、白酒等食品，督促和指导生产企业依法建立质量安全追溯体系，切实落实质量安全主体责任。推动追溯链条向食品原料供应环节延伸，实行全产业链可追溯管理。鼓励自由贸易试验区开展进口乳粉、红酒等产品追溯体系建设。

（七）推进药品追溯体系建设。以推进药品全品种、全过程追溯与监管为主要内容，建设完善药品追溯体系。在完成药品制剂类品种电子监管的基础上，逐步推广到原料药（材）、饮片等类别药品。抓好经营环节电子监管全覆盖工作，推进医疗信息系统与国家药品电子监管系统对接，形成全品种、全过程完整追溯与监管链条。

（八）推进主要农业生产资料追溯体系建设。以农药、兽药、饲料、肥料、种子等主要农业生产资料登记、生产、经营、使用环节全程追溯监管为主要内容，建立农业生产资料电子追溯码标识制度，建设主要农业生产资料追溯体系，实施全程追溯管理，保障农业生产安全、农产品质量安全、生态环境安全和人民生命安全。

（九）开展特种设备和危险品追溯体系建设。以电梯、气瓶等产品为重点，严格落实特种设备安全技术档案管理制度，推动企业对电梯产品的制造、安装、维护保养、检验以及气瓶产品的制造、充装、检验等过程信息进行记录，建立特种设备安全管理追溯体系。以民用爆炸物品、烟花爆竹、易制爆危险化学品、剧毒化学品等产品为重点，开展生产、经营、储存、运输、使用和销毁全过程信息化追溯体系建设。

（十）开展稀土产品追溯体系建设。以稀土矿产品、稀土冶炼分离产品为重点，以生产经营台账、产品包装标识等为主要内容，加快推进稀土产品追溯体系建设，实现稀土产品从开采、冶炼分离到流通、出口全过程追溯管理。

三、统一标准，互联互通

（十一）完善标准规范。结合追溯体系建设实际需要，科学规划食用农产品、食品、药品、农业生产资料、特种设备、危险品、稀土产品追溯标准体系。针对不同产品生产流通特性，制订相应的建设规范，明确基本要求，采用简便适用的追溯方式。以确保不同环节信息互联互通、产品全过程通查通识为目标，抓紧制定实施一批关键共性标准，统一数据采集指标、传输格式、接口规范及编码规则。加强标准制定工作统筹，确保不同层级、不同类别的标准相协调。

（十二）发挥认证作用。探索以认证认可加强追溯体系建设，鼓励有关机构将追溯管理作为重要评价要求，纳入现有的质量管理体系、食品安全管理体系、药品生产质量管理规范、药品经营质量管理规范、良好农业操作规范、良好生产规范、危害分析与关键控制点体系、有机产品等认证，为广大生产经营企业提供市场化认证服务。适时支持专业的第三方认证机构探索建立追溯管理体系专门认证制度。相关部门可在管理工作中积极采信第三方认证结果，带动生产经营企业积极通过认证手段提升产品追溯管理水平。

（十三）推进互联互通。建立完善政府追溯数据统一共享交换机制，积极探索政府与社会合作模式，推进各类追溯信息互通共享。有关部门和地区可根据需要，依托已有设施建设行业或地区追溯管理信息平台。鼓励生产经营企业、协会和第三方平台接入行业或地区追溯管理信息平台，实现上下游信息互联互通。开通统一的公共服务窗口，创新查询方式，面向社会公众提供追溯信息一站式查询服务。

四、多方参与，合力推进

（十四）强化企业主体责任。生产经营企业要严格遵守有关法律法规规定，建立健全追溯管理制度，切实履行主体责任。鼓励采用物联网等技术手段采集、留存信息，建立信息化的追溯体系。批发、零售、物流配送等流通企业要发挥供应链枢纽作用，带动生产企业共同打造全过程信息化追溯链条。企业间要探索建立多样化的协作机制，通过联营、合作、交叉持股等方式建立信息化追溯联合体。电子商务企业要与线下企业紧密融合，建设基于统一编码技术、线上线下一体的信息化追溯体系。外贸企业要兼顾国内外市场需求，建设内外一体的进出口信息化追溯体系。

（十五）发挥政府督促引导作用。有关部门要加强对生产经营企业的监督检查，督促企业严格遵守追溯管理制度，建立健全追溯体系。围绕追溯体系建设的重点、难点和薄弱环节，开展形式多样的示范创建活动。已列入有关部门开展的农产品质量安全、食品药品安全、质量强市、质量提升等创建活动的地区，尤其要加大示范创建力度，创造可复制可推广的经验。有条件的地方可针对部分安全风险隐患大、社会反映强烈的产品，在本行政区域内依法强制要求生产经营企业采用信息化手段建设追溯体系。

（十六）支持协会积极参与。行业协会要深入开展有关法律法规和标准宣传贯彻活动，创新自律手段和机制，推动会员企业提高积极性，主动建设追溯体系，形成有效的自律推进机制。有条件的行业协会可投资建设追溯信息平台，采用市场化方式引导会员企业建设追溯体系，形成行业性示范品牌。支持有条件的行业协会提升服务功能，为会员企业建设追溯体系提供专业化服务。

（十七）发展追溯服务产业。支持社会力量和资本投入追溯体系建设，培育创新创业新领域。支持有关机构建设第三方追溯平台，采用市场化方式吸引企业加盟，打造追溯体系建设的众创空间。探索通过政府和社会资本合作（PPP）模式建立追溯体系云服务平台，为广大中小微企业提供信息化追溯管理云服务。支持技术研发、系统集成、咨询、监理、测试及大数据分析应用等机构积极参与，为企业追溯体系建设及日常运行管理提供专业服务，形成完善的配套服务产业链。

五、挖掘价值，扩大应用

（十八）促进质量安全综合治理。推进追溯体系与检验检测体系、企业内部质量管理体系对接，打造严密的全过程质量安全管控链条。发挥追溯信息共享交换机制作用，创新质量安全和公共安全监管模式，探索实施产品全过程智能化“云监管”。构建大数据监管模型，完善预测预警机制，严防重要产品发生区域性、系统性安全风险。充分挖掘追溯数据在企业质量信用评价中的应用价值，完善质量诚信自律机制。建立智能化的产品质量安全投诉、责任主体定位、销售范围及影响评估、问题产品召回及应急处置等机制，调动公众参与质量安全和公共安全治理的积极性。

（十九）促进消费转型升级。加大宣传力度，传播追溯理念，培育追溯文化，推动形成关心追溯、支持追溯的社会氛围。逐步建立与认证认可相适应的标识标记制度，方便消费者识别。探索建立产品质量安全档案和质量失信“黑名单”，适时发布消费提示，引导消费者理性消费。加大可追溯产品推广力度，推动大型连锁超市、医院和团体消费单位等主动采购可追溯产品，营造有利于可追溯产品消费的市场环境。

（二十）促进产业创新发展。加强追溯大数据分析与成果应用，为经济调节和产业发展提供决策支持。在依法加强安全保障和商业秘密保护的前提下，逐步推动追溯数据资源向社会有序开放，鼓励商业化增值应用。鼓励生产经营企业以追溯体系建设带动品牌创建和商业模式创新。鼓励生产经营企业利用追溯体系进行市场预测与精准营销，更好地开拓国内外市场。推动农产品批发市场、集贸市场、菜市场等集中交易场所结合追溯体系建设，发展电子结算、智慧物流和电子商务，实现创新发展。

六、完善制度，强化保障

（二十一）完善法规制度。制修订有关法律法规和规章，进一步完善追溯管理制度，细化明确生产经营者责任和义务。研究制定农产品质量安全追溯管理办法，细化农产品追溯管理和市场准入工作机制。针对建立信息化追溯体系的企业，研究建立健全相应的随机抽查与监管制度，提高监管效率。研究制定追溯数据共享、开放、保护等管理办法，加强对数据采集、传输、存储、交换、利用、开放的规范管理。

（二十二）加强政策支持。推动建立多元化的投资建设机制，加大政策支持力度，带动社会资本投入。鼓励金融机构加强和改进金融服务，为开展追溯体系建设的企业提供信贷支持和产品责任保险。政府采购在同等条件下优先采购可追溯产品。完善追溯技术研发与相关产业促进政策。

（二十三）落实工作责任。地方各级人民政府要将重要产品追溯体系建设作为一项重要的民生工程和公益性事业，结合实际研究制定具体实施方案，明确任务目标及工作重点，出台有针对性的政策措施，落实部门职责分工及进度安排，确保各项任务落到实处。有关部门要按照职责分工，加强协调，密切配合，共同推进。商务部要会同有关部门加强对地方工作的检查指导。

中共中央、国务院关于落实发展新理念加快农业现代化实现全面小康目标的若干意见

（2015年12月31日）

党的十八届五中全会通过的《中共中央关于制定国民经济和社会发展第十三个五年规划的建议》，对做好新时期农业农村工作作出了重要部署。各地区各部门要牢固树立和深入贯彻落实创新、协调、绿色、开放、共享的发展理念，大力推进农业现代化，确保亿万农民与全国人民一道迈入全面小康社会。

"十二五"时期,是农业农村发展的又一个黄金期。粮食连年高位增产,实现了农业综合生产能力质的飞跃;农民收入持续较快增长,扭转了城乡居民收入差距扩大的态势;农村基础设施和公共服务明显改善,提高了农民群众的民生保障水平;农村社会和谐稳定,夯实了党在农村的执政基础。实践证明,党的"三农"政策是完全正确的,亿万农民是衷心拥护的。

当前,我国农业农村发展环境发生重大变化,既面临诸多有利条件,又必须加快破解各种难题。一方面,加快补齐农业农村短板成为全党共识,为开创"三农"工作新局面汇聚强大推动力;新型城镇化加快推进,为以工促农、以城带乡带来持续牵引力;城乡居民消费结构加快升级,为拓展农业农村发展空间增添巨大带动力;新一轮科技革命和产业变革正在孕育兴起,为农业转型升级注入强劲驱动力;农村各项改革全面展开,为农业农村现代化提供不竭源动力。另一方面,在经济发展新常态背景下,如何促进农民收入稳定较快增长,加快缩小城乡差距,确保如期实现全面小康,是必须完成的历史任务;在资源环境约束趋紧背景下,如何加快转变农业发展方式,确保粮食等重要农产品有效供给,实现绿色发展和资源永续利用,是必须破解的现实难题;在受国际农产品市场影响加深背景下,如何统筹利用国际国内两个市场、两种资源,提升我国农业竞争力,赢得参与国际市场竞争的主动权,是必须应对的重大挑战。农业是全面建成小康社会、实现现代化的基础。我们一定要切实增强做好"三农"工作的责任感、使命感、紧迫感,任何时候都不能忽视农业、忘记农民、淡漠农村,在认识的高度、重视的程度、投入的力度上保持好势头,始终把解决好"三农"问题作为全党工作重中之重,坚持强农惠农富农政策不减弱,推进农村全面小康建设不松劲,加快发展现代农业,加快促进农民增收,加快建设社会主义新农村,不断巩固和发展农业农村好形势。

"十三五"时期推进农村改革发展,要高举中国特色社会主义伟大旗帜,全面贯彻党的十八大和十八届三中、四中、五中全会精神,以邓小平理论、"三个代表"重要思想、科学发展观为指导,深入贯彻习近平总书记系列重要讲话精神,坚持全面建成小康社会、全面深化改革、全面依法治国、全面从严治党的战略布局,把坚持农民主体地位、增进农民福祉作为农村一切工作的出发点和落脚点,用发展新理念破解"三农"新难题,厚植农业农村发展优势,加大创新驱动力度,推进农业供给侧结构性改革,加快转变农业发展方式,保持农业稳定发展和农民持续增收,走产出高效、产品安全、资源节约、环境友好的农业现代化道路,推动新型城镇化与新农村建设双轮驱动、互促共进,让广大农民平等参与现代化进程、共同分享现代化成果。

到 2020 年,现代农业建设取得明显进展,粮食产能进一步巩固提升,国家粮食安全和重要农产品供给得到有效保障，农产品供给体系的质量和效率显著提高；农民生活达到全面小康水平，农村居民人均收入比2010年翻一番，城乡居民收入差距继续缩小；我国现行标准下农村贫困人口实现脱贫，贫困县全部摘帽，解决区域性整体贫困；农民素质和农村社会文明程度显著提升，社会主义新农村建设水平进一步提高；农村基本经济制度、农业支持保护制度、农村社会治理制度、城乡发展一体化体制机制进一步完善。

一、持续夯实现代农业基础，提高农业质量效益和竞争力

大力推进农业现代化，必须着力强化物质装备和技术支撑，着力构建现代农业产业体系、生产体系、经营体系，实施藏粮于地、藏粮于技战略，推动粮经饲统筹、农林牧渔结合、种养加一体、一二三产业融合发展，让农业成为充满希望的朝阳产业。

1. *大规模推进高标准农田建设。*加大投入力度，整合建设资金，创新投融资机制，加快建设步伐，到2020年确保建成8亿亩、力争建成10亿亩集中连片、旱涝保收、稳产高产、生态友好的高标准农田。整合完善建设规划，统一建设标准、统一监管考核、统一上图入库。提高建设标准，充实建设内容，完善配套设施。优化建设布局，优先在粮食主产区建设确保口粮安全的高标准农田。健全管护监督机制，明确管护责任主体。将高标准农田划为永久基本农田，实行特殊保护。将高标准农田建设情况纳入地方各级政府耕地保护责任目标考核内容。

2. *大规模推进农田水利建设。*把农田水利作为农业基础设施建设的重点，到2020年农田有效灌溉面积达到10亿亩以上，农田灌溉水有效利用系数提高到0.55以上。加快重大水利工程建设。积极推进江河湖库水系连通工程建设，优化水资源空间格局，增加水环境容量。加快大中型灌区建设及续建配套与节水改造、大型灌排泵站更新改造。完善小型农田水利设施，加强农村河塘清淤整治、山丘区“五小水利”、田间渠系配套、雨水集蓄利用、牧区节水灌溉饲草料地建设。大力开展区域规模化高效节水灌溉行动，积极推广先进适用节水灌溉技术。继续实施中小河流治理和山洪、地质灾害防治。扩大开发性金融支持水利工程建设的规模和范围。稳步推进农业水价综合改革，实行农业用水总量控制和定额管理，合理确定农业水价，建立节水奖励和精准补贴机制，提高农业用水效率。完善用水权初始分配制度，培育水权交易市场。深化小型农田水利工程产权制度改革，创新运行管护机制。鼓励社会资本参与小型农田水利工程建设与管护。

3. *强化现代农业科技创新推广体系建设。*农业科技创新能力总体上达到发展中国家领先水平，力争在农业重大基础理论、前沿核心技术方面取得一批达到世界先进水平的成果。统筹协调各类农业科技资源,建设现代农业产业科技创新中心,实施农业科技创新重点专项和工程,重点突破生物育种、农机装备、智能农业、生态环保等领域关键技术。强化现代农业产业技术体系建设。加强农业转基因技术研发和监管,在确保安全的基础上慎重推广。加快研发高端农机装备及关键核心零部件,提升主要农作物生产全程机械化水平,推进林业装备现代化。大力推进"互联网+"现代农业,应用物联网、云计算、大数据、移动互联等现代信息技术,推动农业全产业链改造升级。大力发展智慧气象和农业遥感技术应用。深化农业科技体制改革,完善成果转化激励机制,制定促进协同创新的人才流动政策。加强农业知识产权保护,严厉打击侵权行为。深入开展粮食绿色高产高效创建。健全适应现代农业发展要求的农业科技推广体系,对基层农技推广公益性与经营性服务机构提供精准支持,引导高等学校、科研院所开展农技服务。推行科技特派员制度,鼓励支持科技特派员深入一线创新创业。发挥农村专业技术协会的作用。鼓励发展农业高新技术企业。深化国家现代农业示范区、国家农业科技园区建设。

4. 加快推进现代种业发展。大力推进育繁推一体化,提升种业自主创新能力,保障国家种业安全。深入推进种业领域科研成果权益分配改革,探索成果权益分享、转移转化和科研人员分类管理机制。实施现代种业建设工程和种业自主创新重大工程。全面推进良种重大科研联合攻关,培育和推广适应机械化生产、优质高产多抗广适新品种,加快主要粮食作物新一轮品种更新换代。加快推进海南、甘肃、四川国家级育种制种基地和区域性良种繁育基地建设。强化企业育种创新主体地位,加快培育具有国际竞争力的现代种业企业。实施畜禽遗传改良计划,加快培育优异畜禽新品种。开展种质资源普查,加大保护利用力度。贯彻落实种子法,全面推进依法治种。加大种子打假护权力度。

5. 发挥多种形式农业适度规模经营引领作用。坚持以农户家庭经营为基础,支持新型农业经营主体和新型农业服务主体成为建设现代农业的骨干力量,充分发挥多种形式适度规模经营在农业机械和科技成果应用、绿色发展、市场开拓等方面的引领功能。完善财税、信贷保险、用地用电、项目支持等政策,加快形成培育新型农业经营主体的政策体系,进一步发挥财政资金引导作用,撬动规模化经营主体增加生产性投入。适应新型农业经营主体和服务主体发展需要,允许将集中连片整治后新增加的部分耕地,按规定用于完善农田配套设施。探索开展粮食生产规模经营主体营销贷款改革试点。积极培育家庭农场、专业大户、农民合作社、农业产业化龙头企业等新型农业经营主体。支持多种类型的新型农业服务主体开展代耕代种、联耕联种、土地托管等专业化规模化服务。加强气象为农服务体系建设。实施农业社会化服务支撑工程,扩大政府购买农业公益性服务机制创新试点。加快发展农业生产性服务业。完善工商资本租赁农地准入、监管和风险防范机制。健全县乡农村经营管理体系,加强对土地流转和规模经营的管理服务。

6. 加快培育新型职业农民。将职业农民培育纳入国家教育培训发展规划,基本形成职业农民教育培训体系,把职业农民培养成建设现代农业的主导力量。办好农业职业教育,将全日制农业中等职业教育纳入国家资助政策范围。依托高等教育、中等职业教育资源,鼓励农民通过"半农半读"等方式就地就近接受职业教育。开展新型农业经营主体带头人培育行动,通过5年努力使他们基本得到培训。加强涉农专业全日制学历教育,支持农业院校办好涉农专业,健全农业广播电视学校体系,定向培养职业农民。引导有志投身现代农业建设的农村青年、返乡农民工、农技推广人员、农村大中专毕业生和退役军人等加入职业农民队伍。优化财政支农资金使用,把一部分资金用于培养职业农民。总结各地经验,建立健全职业农民扶持制度,相关政策向符合条件的职业农民倾斜。鼓励有条件的地方探索职业农民养老保险办法。

7. 优化农业生产结构和区域布局。树立大食物观,面向整个国土资源,全方位、多途径开发食物资源,满足日益多元化的食物消费需求。在确保谷物基本自给、口粮绝对安全的前提下,基本形成与市场需求相适应、与资源禀赋相匹配的现代农业生产结构和区域布局,提高农业综合效益。启动实施种植业结构调整规划,稳定水稻和小麦生产,适当调减非优势区玉米种植。支持粮食主产区建设粮食生产核心区。扩大粮改饲试点,加快建设现代饲草料产业体系。合理调整粮食统计口径。制定划定粮食生产功能区和大豆、棉花、油料、糖料蔗等重要农产品生产保护区的指导意见。积极推进马铃薯主食开发。加快现代畜牧业建设,根据环境容量调整区域养殖布局,优化畜禽养殖结构,发展草食畜牧业,形成规模化生产、集约化经营为主导的产业发展格局。启动实施种养结合循环农业示范工程,推动种养结合、农牧循环发展。加强渔政渔港建设。大力发展旱作农业、热作农业、优质特色杂粮、特色经济林、木本油料、竹藤花卉、林下经济。

8. 统筹用好国际国内两个市场、两种资源。完善农业对外开放战略布局,统筹农产品进出口,加快形成农业对外贸易与国内农业发展相互促进的政策体系,实现补充国内市场需求、促进结构调整、保护国内产业和农民利益的有机统一。加大对农产品出口支持力度,巩固农产品出口传统优势,培育新的竞争优势,扩大特色和高附加值农产品出口。确保口粮绝对安全,利用国际资源和市场,优化国内农业结构,缓解资源环境压力。优化重要农产品进口的全球布局，推进进口来源多元化，加快形成互利共赢的稳定经贸关系。健全贸易救济和产业损害补偿机制。强化边境管理，深入开展综合治理，打击农产品走私。统筹制定和实施农业对外合作规划。加强与“一带一路”沿线国家和地区及周边国家和地区的农业投资、贸易、科技、动植物检疫合作。支持我国企业开展多种形式的跨国经营，加强农产品加工、储运、贸易等环节合作，培育具有国际竞争力的粮商和农业企业集团。

二、加强资源保护和生态修复，推动农业绿色发展

推动农业可持续发展，必须确立发展绿色农业就是保护生态的观念，加快形成资源利用高效、生态系统稳定、产地环境良好、产品质量安全的农业发展新格局。

9. *加强农业资源保护和高效利用。*基本建立农业资源有效保护、高效利用的政策和技术支撑体系，从根本上改变开发强度过大、利用方式粗放的状况。坚持最严格的耕地保护制度，坚守耕地红线，全面划定永久基本农田，大力实施农村土地整治，推进耕地数量、质量、生态“三位一体”保护。落实和完善耕地占补平衡制度，坚决防止占多补少、占优补劣、占水田补旱地，严禁毁林开垦。全面推进建设占用耕地耕作层剥离再利用。实行建设用地总量和强度双控行动，严格控制农村集体建设用地规模。完善耕地保护补偿机制。实施耕地质量保护与提升行动，加强耕地质量调查评价与监测，扩大东北黑土地保护利用试点规模。实施渤海粮仓科技示范工程，加大科技支撑力度，加快改造盐碱地。创建农业可持续发展试验示范区。划定农业空间和生态空间保护红线。落实最严格的水资源管理制度，强化水资源管理“三条红线”刚性约束，实行水资源消耗总量和强度双控行动。加强地下水监测，开展超采区综合治理。落实河湖水域岸线用途管制制度。加强自然保护区建设与管理，对重要生态系统和物种资源实行强制性保护。实施濒危野生动植物抢救性保护工程，建设救护繁育中心和基因库。强化野生动植物进出口管理，严厉打击象牙等濒危野生动植物及其制品非法交易。

10. *加快农业环境突出问题治理。*基本形成改善农业环境的政策法规制度和技术路径，确保农业生态环境恶化趋势总体得到遏制，治理明显见到成效。实施并完善农业环境突出问题治理总体规划。加大农业面源污染防治力度，实施化肥农药零增长行动，实施种养业废弃物资源化利用、无害化处理区域示范工程。积极推广高效生态循环农业模式。探索实行耕地轮作休耕制度试点，通过轮作、休耕、退耕、替代种植等多种方式，对地下水漏斗区、重金属污染区、生态严重退化地区开展综合治理。实施全国水土保持规划。推进荒漠化、石漠化、水土流失综合治理。

11. 加强农业生态保护和修复。实施山水林田湖生态保护和修复工程，进行整体保护、系统修复、综合治理。到2020年森林覆盖率提高到23%以上，湿地面积不低于8亿亩。扩大新一轮退耕还林还草规模。扩大退牧还草工程实施范围。实施新一轮草原生态保护补助奖励政策，适当提高补奖标准。实施湿地保护与恢复工程，开展退耕还湿。建立沙化土地封禁保护制度。加强历史遗留工矿废弃和自然灾害损毁土地复垦利用。开展大规模国土绿化行动，增加森林面积和蓄积量。加强三北、长江、珠江、沿海防护林体系等林业重点工程建设。继续推进京津风沙源治理。完善天然林保护制度，全面停止天然林商业性采伐。完善海洋渔业资源总量管理制度，严格实行休渔禁渔制度，开展近海捕捞限额管理试点，按规划实行退养还滩。加快推进水生态修复工程建设。建立健全生态保护补偿机制，开展跨地区跨流域生态保护补偿试点。编制实施耕地、草原、河湖休养生息规划。

12. 实施食品安全战略。加快完善食品安全国家标准，到2020年农兽药残留限量指标基本与国际食品法典标准接轨。加强产地环境保护和源头治理，实行严格的农业投入品使用管理制度。推广高效低毒低残留农药，实施兽用抗菌药治理行动。创建优质农产品和食品品牌。继续推进农业标准化示范区、园艺作物标准园、标准化规模养殖场（小区）、水产健康养殖场建设。实施动植物保护能力提升工程。加快健全从农田到餐桌的农产品质量和食品安全监管体系，建立全程可追溯、互联共享的信息平台，加强标准体系建设，健全风险监测评估和检验检测体系。落实生产经营主体责任，严惩各类食品安全违法犯罪。实施食品安全创新工程。加强基层监管机构能力建设，培育职业化检查员，扩大抽检覆盖面，加强日常检查。加快推进病死畜禽无害化处理与养殖业保险联动机制建设。规范畜禽屠宰管理，加强人畜共患传染病防治。强化动植物疫情疫病监测防控和边境、口岸及主要物流通道检验检疫能力建设，严防外来有害物种入侵。深入开展食品安全城市和农产品质量安全县创建，开展农村食品安全治理行动。强化食品安全责任制，把保障农产品质量和食品安全作为衡量党政领导班子政绩的重要考核指标。

三、推进农村产业融合，促进农民收入持续较快增长

大力推进农民奔小康，必须充分发挥农村的独特优势，深度挖掘农业的多种功能，培育壮大农村新产业新业态，推动产业融合发展成为农民增收的重要支撑，让农村成为可以大有作为的广阔天地。

13. 推动农产品加工业转型升级。加强农产品加工技术创新，促进农产品初加工、精深加工及综合利用加工协调发展，提高农产品加工转化率和附加值，增强对农民增收的带动能力。加强规划和政策引导，促进主产区农产品加

工业加快发展，支持粮食主产区发展粮食深加工，形成一批优势产业集群。开发拥有自主知识产权的技术装备，支持农产品加工设备改造提升，建设农产品加工技术集成基地。培育一批农产品精深加工领军企业和国内外知名品牌。强化环保、能耗、质量、安全等标准作用，促进农产品加工企业优胜劣汰。完善农产品产地初加工补助政策。研究制定促进农产品加工业发展的意见。

14. *加强农产品流通设施和市场建设*。健全统一开放、布局合理、竞争有序的现代农产品市场体系，在搞活流通中促进农民增收。加快农产品批发市场升级改造，完善流通骨干网络，加强粮食等重要农产品仓储物流设施建设。完善跨区域农产品冷链物流体系，开展冷链标准化示范，实施特色农产品产区预冷工程。推动公益性农产品市场建设。支持农产品营销公共服务平台建设。开展降低农产品物流成本行动。促进农村电子商务加快发展，形成线上线下融合、农产品进城与农资和消费品下乡双向流通格局。加快实现行政村宽带全覆盖，创新电信普遍服务补偿机制，推进农村互联网提速降费。加强商贸流通、供销、邮政等系统物流服务网络和设施建设与衔接，加快完善县乡村物流体系。实施"快递下乡"工程。鼓励大型电商平台企业开展农村电商服务，支持地方和行业健全农村电商服务体系。建立健全适应农村电商发展的农产品质量分级、采后处理、包装配送等标准体系。深入开展电子商务进农村综合示范。加大信息进村入户试点力度。

15. *大力发展休闲农业和乡村旅游*。依托农村绿水青山、田园风光、乡土文化等资源，大力发展休闲度假、旅游观光、养生养老、创意农业、农耕体验、乡村手工艺等，使之成为繁荣农村、富裕农民的新兴支柱产业。强化规划引导，采取以奖代补、先建后补、财政贴息、设立产业投资基金等方式扶持休闲农业与乡村旅游业发展，着力改善休闲旅游重点村进村道路、宽带、停车场、厕所、垃圾污水处理等基础服务设施。积极扶持农民发展休闲旅游业合作社。引导和支持社会资本开发农民参与度高、受益面广的休闲旅游项目。加强乡村生态环境和文化遗存保护，发展具有历史记忆、地域特点、民族风情的特色小镇，建设一村一品、一村一景、一村一韵的魅力村庄和宜游宜养的森林景区。依据各地具体条件，有规划地开发休闲农庄、乡村酒店、特色民宿、自驾露营、户外运动等乡村休闲度假产品。实施休闲农业和乡村旅游提升工程、振兴中国传统手工艺计划。开展农业文化遗产普查与保护。支持有条件的地方通过盘活农村闲置房屋、集体建设用地、"四荒地"、可用林场和水面等资产资源发展休闲农业和乡村旅游。将休闲农业和乡村旅游项目建设用地纳入土地利用总体规划和年度计划合理安排。

16. *完善农业产业链与农民的利益联结机制*。促进农业产加销紧密衔接、农村一二三产业深度融合，推进农业产业链整合和价值链提升，让农民共享产业融合发展的增值收益，培育农民增收新模式。支持供销合作社创办领办农民合作社，引领农民参与农村产业融合发展、分享产业链收益。创新发展订单农业，支持农业产业化龙头企业建设稳定的原料生产基地、为农户提供贷款担保和资助订单农户参加农业保险。鼓励发展股份合作，引导农户自愿以土地经营权等入股龙头企业和农民合作社，采取"保底收益＋按股分红"等方式，让农户分享加工销售环节收益，建立健全风险防范机制。加强农民合作社示范社建设，支持合作社发展农产品加工流通和直供直销。通过政府与社会资本合作、贴息、设立基金等方式，带动社会资本投向农村新产业新业态。实施农村产业融合发展试点示范工程。财政支农资金使用要与建立农民分享产业链利益机制相联系。巩固和完善"合同帮农"机制，为农民和涉农企业提供法律咨询、合同示范文本、纠纷调处等服务。

四、推动城乡协调发展，提高新农村建设水平

加快补齐农业农村短板，必须坚持工业反哺农业、城市支持农村，促进城乡公共资源均衡配置、城乡要素平等交换，稳步提高城乡基本公共服务均等化水平。

17. 加快农村基础设施建设。把国家财政支持的基础设施建设重点放在农村，建好、管好、护好、运营好农村基础设施，实现城乡差距显著缩小。健全农村基础设施投入长效机制，促进城乡基础设施互联互通、共建共享。强化农村饮用水水源保护。实施农村饮水安全巩固提升工程。推动城镇供水设施向周边农村延伸。加快实施农村电网改造升级工程，开展农村"低电压"综合治理，发展绿色小水电。加快实现所有具备条件的乡镇和建制村通硬化路、通班车，推动一定人口规模的自然村通公路。创造条件推进城乡客运一体化。加快国有林区防火应急道路建设。将农村公路养护资金逐步纳入地方财政预算。发展农村规模化沼气。加大农村危房改造力度，统筹搞好农房抗震改造，通过贷款贴息、集中建设公租房等方式，加快解决农村困难家庭的住房安全问题。加强农村防灾减灾体系建设。研究出台创新农村基础设施投融资体制机制的政策意见。

18. 提高农村公共服务水平。把社会事业发展的重点放在农村和接纳农业转移人口较多的城镇，加快推动城镇公共服务向农村延伸。加快发展农村学前教育，坚持公办民办并举，扩大农村普惠性学前教育资源。建立城乡统一、重在农村的义务教育经费保障机制。全面改善贫困地区义务教育薄弱学校基本办学条件，改善农村学校寄宿条件，办好乡村小规模学校，推进学校标准化建设。加快普及高中阶段教育，逐步分类推进中等职业教育免除学杂费，

率先从建档立卡的家庭经济困难学生实施普通高中免除学杂费，实现家庭经济困难学生资助全覆盖。深入实施农村贫困地区定向招生等专项计划，对民族自治县实现全覆盖。加强乡村教师队伍建设，拓展教师补充渠道，推动城镇优秀教师向乡村学校流动。办好农村特殊教育。整合城乡居民基本医疗保险制度，适当提高政府补助标准、个人缴费和受益水平。全面实施城乡居民大病保险制度。健全城乡医疗救助制度。完善城乡居民养老保险参保缴费激励约束机制，引导参保人员选择较高档次缴费。改进农村低保申请家庭经济状况核查机制，实现农村低保制度与扶贫开发政策有效衔接。建立健全农村留守儿童和妇女、老人关爱服务体系。建立健全农村困境儿童福利保障和未成年人社会保护制度。积极发展农村社会工作和志愿服务。切实维护农村妇女在财产分配、婚姻生育、政治参与等方面的合法权益，让女性获得公平的教育机会、就业机会、财产性收入、金融资源。加强农村养老服务体系、残疾人康复和供养托养设施建设。深化农村殡葬改革，依法管理、改进服务。推进农村基层综合公共服务资源优化整合。全面加强农村公共文化服务体系建设，继续实施文化惠民项目。在农村建设基层综合性文化服务中心，整合基层宣传文化、党员教育、科学普及、体育健身等设施，整合文化信息资源共享、农村电影放映、农家书屋等项目，发挥基层文化公共设施整体效应。

19. *开展农村人居环境整治行动和美丽宜居乡村建设*。遵循乡村自身发展规律，体现农村特点，注重乡土味道，保留乡村风貌，努力建设农民幸福家园。科学编制县域乡村建设规划和村庄规划，提升民居设计水平，强化乡村建设规划许可管理。继续推进农村环境综合整治，完善以奖促治政策，扩大连片整治范围。实施农村生活垃圾治理 5 年专项行动。采取城镇管网延伸、集中处理和分散处理等多种方式，加快农村生活污水治理和改厕。全面启动村庄绿化工程，开展生态乡村建设，推广绿色建材，建设节能农房。开展农村宜居水环境建设，实施农村清洁河道行动，建设生态清洁型小流域。发挥好村级公益事业一事一议财政奖补资金作用，支持改善村内公共设施和人居环境。普遍建立村庄保洁制度。坚持城乡环境治理并重，逐步把农村环境整治支出纳入地方财政预算，中央财政给予差异化奖补，政策性金融机构提供长期低息贷款，探索政府购买服务、专业公司一体化建设运营机制。加大传统村落、民居和历史文化名村名镇保护力度。开展生态文明示范村镇建设。鼓励各地因地制宜探索各具特色的美丽宜居乡村建设模式。

20. *推进农村劳动力转移就业创业和农民工市民化*。健全农村劳动力转移就业服务体系，大力促进就地就近转移就业创业，稳定并扩大外出农民工规模，支持农民工返乡创业。大力发展特色县域经济和农村服务业，加快培育中小城市和特色小城镇，增强吸纳农业转移人口能力。加大对农村灵活就业、新就业形态的支持。鼓励各地设立农村妇女就业创业基金，加大妇女小额担保贷款实施力度，加强妇女技能培训，支持农村妇女发展家庭手工业。实施新生代农民工职业技能提升计划，开展农村贫困家庭子女、未升学初高中毕业生、农民工、退役军人免费接受职业培训行动。依法维护农民工合法劳动权益，完善城乡劳动者平等就业制度，建立健全农民工工资支付保障长效机制。进一步推进户籍制度改革，落实1亿左右农民工和其他常住人口在城镇定居落户的目标，保障进城落户农民工与城镇居民有同等权利和义务，加快提高户籍人口城镇化率。全面实施居住证制度，建立健全与居住年限等条件相挂钩的基本公共服务提供机制，努力实现基本公共服务常住人口全覆盖。落实和完善农民工随迁子女在当地参加中考、高考政策。将符合条件的农民工纳入城镇社会保障和城镇住房保障实施范围。健全财政转移支付同农业转移人口市民化挂钩机制，建立城镇建设用地增加规模同吸纳农业转移人口落户数量挂钩机制。维护进城落户农民土地承包权、宅基地使用权、集体收益分配权，支持引导其依法自愿有偿转让上述权益。

21. *实施脱贫攻坚工程*。实施精准扶贫、精准脱贫，因人因地施策，分类扶持贫困家庭，坚决打赢脱贫攻坚战。通过产业扶持、转移就业、易地搬迁等措施解决5000万左右贫困人口脱贫；对完全或部分丧失劳动能力的2000多万贫困人口，全部纳入低保覆盖范围，实行社保政策兜底脱贫。实行脱贫工作责任制，进一步完善中央统筹、省（自治区、直辖市）负总责、市（地）县抓落实的工作机制。各级党委和政府要把脱贫攻坚作为重大政治任务扛在肩上，各部门要步调一致、协同作战、履职尽责，切实把民生项目、惠民政策最大限度向贫困地区倾斜。广泛动员社会各方面力量积极参与扶贫开发。实行最严格的脱贫攻坚考核督查问责。

五、深入推进农村改革，增强农村发展内生动力

破解“三农”难题，必须坚持不懈推进体制机制创新，着力破除城乡二元结构的体制障碍，激发亿万农民创新创业活力，释放农业农村发展新动能。

22. *改革完善粮食等重要农产品价格形成机制和收储制度*。坚持市场化改革取向与保护农民利益并重，采取“分品种施策、渐进式推进”的办法，完善农产品市场调控制度。继续执行并完善稻谷、小麦最低收购价政策。深入推进新疆棉花、东北地区大豆目标价格改革试点。按照市场定价、价补分离的原则，积极稳妥推进玉米收储制度改革，在使玉米价格反映市场供求关系的同时，综合考虑农民合理收益、财政承受能力、产业链协调发展等因素，建立玉米生产者补贴制度。按照政策性职能和经营性职能分离的原则，改革完善中央储备粮管理体制。深化国有粮食企业改革，发展多元化市场购销主体。科学确定粮食等重要农产品国家储备规模，完善吞吐调节机制。

23. 健全农业农村投入持续增长机制。优先保障财政对农业农村的投入，坚持将农业农村作为国家固定资产投资的重点领域，确保力度不减弱、总量有增加。充分发挥财政政策导向功能和财政资金杠杆作用，鼓励和引导金融资本、工商资本更多投向农业农村。加大专项建设基金对扶贫、水利、农村产业融合、农产品批发市场等"三农"领域重点项目和工程支持力度。发挥规划引领作用，完善资金使用和项目管理办法，多层级深入推进涉农资金整合统筹，实施省级涉农资金管理改革和市县涉农资金整合试点，改进资金使用绩效考核办法。将种粮农民直接补贴、良种补贴、农资综合补贴合并为农业支持保护补贴，重点支持耕地地力保护和粮食产能提升。完善农机购置补贴政策。用3年左右时间建立健全全国农业信贷担保体系，2016年推动省级农业信贷担保机构正式建立并开始运营。加大对农产品主产区和重点生态功能区的转移支付力度。完善主产区利益补偿机制。逐步将农垦系统纳入国家农业支持和民生改善政策覆盖范围。研究出台完善农民收入增长支持政策体系的指导意见。

24. 推动金融资源更多向农村倾斜。加快构建多层次、广覆盖、可持续的农村金融服务体系，发展农村普惠金融，降低融资成本，全面激活农村金融服务链条。进一步改善存取款、支付等基本金融服务。稳定农村信用社县域法人地位，提高治理水平和服务能力。开展农村信用社省联社改革试点，逐步淡出行政管理，强化服务职能。鼓励国有和股份制金融机构拓展"三农"业务。深化中国农业银行三农金融事业部改革，加大"三农"金融产品创新和重点领域信贷投入力度。发挥国家开发银行优势和作用，加强服务"三农"融资模式创新。强化中国农业发展银行政策性职能，加大中长期"三农"信贷投放力度。支持中国邮政储蓄银行建立三农金融事业部，打造专业化为农服务体系。创新村镇银行设立模式，扩大覆盖面。引导互联网金融、移动金融在农村规范发展。扩大在农民合作社内部开展信用合作试点的范围，健全风险防范化解机制，落实地方政府监管责任。开展农村金融综合改革试验，探索创新农村金融组织和服务。发展农村金融租赁业务。在风险可控前提下，稳妥有序推进农村承包土地的经营权和农民住房财产权抵押贷款试点。积极发展林权抵押贷款。创设农产品期货品种，开展农产品期权试点。支持涉农企业依托多层次资本市场融资，加大债券市场服务"三农"力度。全面推进农村信用体系建设。加快建立"三农"融资担保体系。完善中央与地方双层金融监管机制，切实防范农村金融风险。强化农村金融消费者风险教育和保护。完善"三农"

贷款统计，突出农户贷款、新型农业经营主体贷款、扶贫贴息贷款等。

25. *完善农业保险制度*。把农业保险作为支持农业的重要手段，扩大农业保险覆盖面、增加保险品种、提高风险保障水平。积极开发适应新型农业经营主体需求的保险品种。探索开展重要农产品目标价格保险，以及收入保险、天气指数保险试点。支持地方发展特色优势农产品保险、渔业保险、设施农业保险。完善森林保险制度。探索建立农业补贴、涉农信贷、农产品期货和农业保险联动机制。积极探索农业保险保单质押贷款和农户信用保证保险。稳步扩大“保险+期货”试点。鼓励和支持保险资金开展支农融资业务创新试点。进一步完善农业保险大灾风险分散机制。

26. *深化农村集体产权制度改革*。到2020年基本完成土地等农村集体资源性资产确权登记颁证、经营性资产折股量化到本集体经济组织成员，健全非经营性资产集体统一运营管理机制。稳定农村土地承包关系，落实集体所有权，稳定农户承包权，放活土地经营权，完善“三权分置”办法，明确农村土地承包关系长久不变的具体规定。继续扩大农村承包地确权登记颁证整省推进试点。依法推进土地经营权有序流转，鼓励和引导农户自愿互换承包地块实现连片耕种。研究制定稳定和完善农村基本经营制度的指导意见。加快推进房地一体的农村集体建设用地和宅基地使用权确权登记颁证，所需工作经费纳入地方财政预算。推进农村土地征收、集体经营性建设用地入市、宅基地制度改革试点。完善宅基地权益保障和取得方式，探索农民住房保障新机制。总结农村集体经营性建设用地入市改革试点经验，适当提高农民集体和个人分享的增值收益，抓紧出台土地增值收益调节金征管办法。完善和拓展城乡建设用地增减挂钩试点，将指标交易收益用于改善农民生产生活条件。探索将通过土地整治增加的耕地作为占补平衡补充耕地的指标，按照谁投入、谁受益的原则返还指标交易收益。研究国家重大工程建设补充耕地由国家统筹的具体办法。加快编制村级土地利用规划。探索将财政资金投入农业农村形成的经营性资产，通过股权量化到户，让集体组织成员长期分享资产收益。制定促进农村集体产权制度改革的税收优惠政策。开展扶持村级集体经济发展试点。深入推进供销合作社综合改革，提升为农服务能力。完善集体林权制度，引导林权规范有序流转，鼓励发展家庭林场、股份合作林场。完善草原承包经营制度。

六、加强和改善党对“三农”工作领导

加快农业现代化和农民奔小康，必须坚持党总揽全局、协调各方的领导核心作用，改进农村工作体制机制和方式方法，不断强化政治和组织保障。

27. *提高党领导农村工作水平*。坚持把解决好“三农”问题作为全党工作重中之重不动摇，以更大的决心、下更大的气力加快补齐农业农村这块全面小康的短板。不断健全党委统一领导、党政齐抓共管、党委农村工作综合部门统筹协调、各部门各负其责的农村工作领导体制和工作机制。注重选派熟悉“三农”工作的干部进省市县党委和政府领导班子。各级党委和政府要把握好“三农”战略地位、农业农村发展新特点，顺应农民新期盼，关心群众诉求，解决突出问题，提高做好“三农”工作本领。巩固和拓展党的群众路线教育实践活动和“三严三实”专题教育成果。进一步减少和下放涉农行政审批事项。加强“三农”前瞻性、全局性、储备性政策研究，健全决策咨询机制。扎实推进农村各项改革，鼓励和允许不同地方实行差别化探索。对批准开展的农村改革试点，要不断总结可复制、可推广的经验，推动相关政策出台和法律法规立改废释。深入推进农村改革试验区工作。全面提升农村经济社会发展调查统计水平，扎实做好第三次全国农业普查。加快建立全球农业数据调查分析系统。加强农村法治建设，完善农村产权保护、农业市场规范运行、农业支持保护、农业资源环境等方面的法律法规。

28. *加强农村基层党组织建设。*始终坚持农村基层党组织领导核心地位不动摇，充分发挥农村基层党组织的战斗堡垒作用和党员的先锋模范作用，不断夯实党在农村基层执政的组织基础。严格落实各级党委抓农村基层党建工作责任制，发挥县级党委“一线指挥部”作用，实现整乡推进、整县提升。建立市县乡党委书记抓农村基层党建问题清单、任务清单、责任清单，坚持开展市县乡党委书记抓基层党建述职评议考核。选优配强乡镇领导班子尤其是党委书记，切实加强乡镇党委思想、作风、能力建设。选好用好管好农村基层党组织带头人，从严加强农村党员队伍建设，持续整顿软弱涣散村党组织，认真抓好选派“第一书记”工作。创新完善基层党组织设置，确保党的组织和党的工作全面覆盖、有效覆盖。健全以财政投入为主的经费保障制度，落实村级组织运转经费和村干部报酬待遇。进一步加强和改进大学生村官工作。各级党委特别是县级党委要切实履行农村基层党风廉政建设的主体责任，纪委要履行好监督责任，将全面从严治党的要求落实到农村基层，对责任不落实和不履行监管职责的要严肃问责。着力转变基层干部作风，解决不作为、乱作为问题，加大对农民群众身边腐败问题的监督审查力度，重点查处土地征收、涉农资金、扶贫开发、“三资”管理等领域虚报冒领、截留私分、贪污挪用等侵犯农民群众权益的问题。加强农民负担监管工作。

29. *创新和完善乡村治理机制。*加强乡镇服务型政府建设。研究提出深化经济发达镇行政管理体制改革指导意见。依法开展村民自治实践，探索村党组织领导的村民自治有效实现形式。深化农村社区建设试点工作，完善多元共治的农村社区治理结构。在有实际需要的地方开展以村民小组或自然村为基本单元的村民自治试点。建立健全务实管用的村务监督委员会或其他形式的村务监督机构。发挥好村规民约在乡村治理中的积极作用。深入开展涉农信访突出问题专项治理。加强农村法律服务和法律援助。推进县乡村三级综治中心建设,完善农村治安防控体系。开展农村不良风气专项治理,整治农村黄赌毒、非法宗教活动等突出问题。依法打击扰乱农村生产生活秩序、危害农民生命财产安全的犯罪活动。

30. 深化农村精神文明建设。深入开展中国特色社会主义和中国梦宣传教育,加强农村思想道德建设,大力培育和弘扬社会主义核心价值观,增强农民的国家意识、法治意识、社会责任意识,加强诚信教育,倡导契约精神、科学精神,提高农民文明素质和农村社会文明程度。深入开展文明村镇、"星级文明户"、"五好文明家庭"创建,培育文明乡风、优良家风、新乡贤文化。广泛宣传优秀基层干部、道德模范、身边好人等先进事迹。弘扬优秀传统文化,抓好移风易俗,树立健康文明新风尚。

让我们更加紧密地团结在以习近平同志为总书记的党中央周围,艰苦奋斗,真抓实干,攻坚克难,努力开创农业农村工作新局面,为夺取全面建成小康社会决胜阶段的伟大胜利作出更大贡献!

中共中央、国务院关于实施全面两孩政策改革完善计划生育服务管理的决定

(2015年12月31日)

实行计划生育是我国的一项基本国策,事关亿万家庭的幸福安康,事关全面建成小康社会和"两个一百年"奋斗目标的实现。为贯彻落实党的十八大和十八届二中、三中、四中、五中全会精神,适应人口和经济社会发展新形势,促进人口长期均衡发展,现就全面实施一对夫妇可生育两个孩子政策(以下简称全面两孩政策),进一步改革完善计划生育服务管理,作出如下决定。

一、充分认识实施全面两孩政策、改革完善计划生育服务管理的重大意义

(一)计划生育工作取得了举世瞩目的伟大成就。20世纪五六十年代,随着经济恢复、社会安定、人民生活改善和医疗卫生保障水平的提高,我国总人口从新中国成立初期的5.4亿人迅速增加到1970年的8.3亿人,给经济社会发展带来了巨大压力。为控制人口过快增长,国家从七十年代开始在城乡推

行计划生育。1980年,党中央发表《关于控制我国人口增长问题致全体共产党员、共青团员的公开信》,提倡一对夫妇生育一个孩子。1982年,计划生育被确定为基本国策。40多年来,我国实施人口与发展综合决策,不断完善计划生育政策,走出了一条中国特色统筹解决人口问题的道路。人口过快增长的势头得到有效控制,资源、环境压力有效缓解,妇女儿童发展状况极大改善,人口素质明显提高,促进了经济快速发展和社会进步,有力支撑了改革开放和社会主义现代化事业,为全面建成小康社会奠定了坚实基础。我国实行计划生育也为世界人口发展和减贫作出了重大贡献,树立了负责任大国的良好形象。在此过程中,亿万人民群众积极响应党和国家号召,自觉实行计划生育,作出了巨大贡献;广大人口和计划生育工作者付出了心血和汗水。实践证明,实行计划生育符合我国国情,是正确的,得到了广大人民群众的理解和支持,是强国富民安天下的伟大事业。

(二)我国人口发展呈现出重大转折性变化。人口问题始终是人类社会共同面对的基础性、全局性和战略性问题。人口的趋势性变化,将对经济社会发展产生全面、深刻、长远的影响。进入21世纪特别是"十二五"时期以来,我国人口发展的内在动力和外部条件发生了显著变化。人口总量增长势头明显减弱,劳动年龄人口和育龄妇女开始减少,老龄化程度不断加深;群众生育观念发生重大转变,少生优生已成为社会生育观念的主流;家庭规模趋向小型化,养老抚幼功能弱化;人口红利减弱,以人力资本为核心的国际竞争优势有待进一步加强。这些变化对人口安全和经济社会发展带来新的挑战。同时还应清醒地看到,到本世纪中叶,我国人口总量仍将保持在13亿以上,人口众多的基本国情不会根本改变,人口对经济社会发展的压力不会根本改变,人口与资源环境的紧张关系不会根本改变。当前,我国正处于人口大国向人力资本强国转变的关键时期。必须从全局和战略高度出发,充分认识坚持计划生育基本国策的重要性和长期性,立足国情,遵循规律,正确处理当前与长远、总量与结构、人口与资源环境的关系,逐步调整完善生育政策,促进人口长期均衡发展,最大限度发挥人口对经济社会发展的能动作用,牢牢把握战略主动权。

(三)实施全面两孩政策、改革完善计划生育服务管理是新形势下坚持计划生育基本国策的重大战略部署。党的十八届三中全会作出了坚持计划生育基本国策、启动实施单独两孩政策的重大决策。单独两孩政策稳妥扎实有序实施,为进一步调整完善生育政策积累了经验,当前启动实施全面两孩政策条件具备、时机成熟。实施全面两孩政策、改革完善计划生育服务管理,是促进人口长期均衡发展的重大举措,有利于优化人口结构,增加劳动力供给,减缓人口老龄化压力;有利于促进经济社会持续健康发展,实现全面建成小康社会的奋斗目标;有利于更好地落实计划生育基本国策,促进家庭幸福与社会和谐。各级党委和政府要充分认识实施全面两孩政策、改革完善计划生育服务管理的重要性,增强责任感和使命感,用法治的思维、创新的精神和务实的作风,不断探索新形势下落实计划生育基本国策的体制机制和方式方法,使计划生育成为惠及亿万家庭的甜蜜事业。

二、指导思想、基本原则和主要目标

(四)指导思想

高举中国特色社会主义伟大旗帜,全面贯彻党的十八大和十八届二中、三中、四中、五中全会精神,以邓小平理论、"三个代表"重要思想、科学发展观为指导,深入贯彻习近平总书记系列重要讲话精神,坚持"四个全面"战略布局,以增进家庭和谐幸福、促进人口长期均衡发展为主线,坚持计划生育基本国策,统筹推进生育政策、服务管理制度、家庭发展支持体系和治理机制综合改革,努力实现规模适度、素质较高、结构优化、分布合理的人口均衡发展,促进人口与经济社会、资源环境协调可持续发展,为实现中华民族伟大复兴的中国梦提供坚实基础和持久动力。

(五)基本原则

——以人为本。尊重家庭在计划生育中的主体地位,坚持权利与义务对等,寓管理于服务之中,引导群众负责任、有计划地生育。

——创新发展。推动人口和计划生育工作由控制人口数量为主向调控总量、提升素质和优化结构并举转变,由管理为主向更加注重服务家庭转变,由主要依靠政府力量向政府、社会和公民多元共治转变。

——法治引领。充分发挥立法对完善生育政策和服务管理改革的引领、规范、保障作用,坚持严格、规范、公正、文明执法,不断提高计划生育法治水平。

——统筹推进。注重改革措施的系统性、整体性、协同性,做到调整完善生育政策与服务管理改革同步推进、配套政策措施同步制定。

(六)主要目标

到2020年,计划生育服务管理制度和家庭发展支持体系较为完善,政府依法履行职责、社会广泛参与、群众诚信自律的多元共治格局基本形成,计划生育治理能力全面提高;覆盖城乡、布局合理、功能完备、便捷高效的妇幼保健计划生育服务体系更加完善,基本实现人人享有计划生育优质服务,推动联合国2030年可持续发展议程的落实;保持适度生育水平,人口总量控制在规划目标之内。

三、稳妥扎实有序实施全面两孩政策

(七)依法组织实施全面两孩政策。贯彻落实新修改的《中华人民共和国人口与计划生育法》,完善相关行政法规以及地方性法规。从2016年开始实施全面两孩政策。各省(自治区、直辖市)政府综合评估本地人口发展形势、计划生育工作基础和政策实施风险,科学制定实施方案,报国务院主管部门备案,确保政策平稳落地,生育水平不出现大幅波动。

(八)改革生育服务管理制度。实行生育登记服务制度,对生育两个以内(含两个)孩子的,不实行审批,由家庭自主安排生育。改进再婚等情形再生育管理。优化办事流程,简化办理手续,全面推行网上办事,进一步简政便民。依法依规查处政策外多孩生育。

(九)加强出生人口监测预测。加强人口变动情况调查,科学预测出生人口变动趋势,建立出生人口监测和预警机制。加快推进国家人口基础信息库和人口健康信息化建设,实现国家与省级人口和计划生育信息互联互通,实现户籍管理、婚姻、人口健康、教育、社会保障等信息共享。

(十)合理配置公共服务资源。根据生育服务需求和人口变动情况,合理配置妇幼保健、儿童照料、学前和中小学教育、社会保障等资源,满足新增公共服务需求。引导和鼓励社会力量举办非营利性妇女儿童医院、普惠性托儿所和幼儿园等服务机构。

四、大力提升计划生育服务管理水平

(十一)加强妇幼健康计划生育服务。推进优生优育全程服务,落实孕前优生健康检查,加强孕产期保健服务和出生缺陷综合防治,提高出生人口素质。向不孕不育等生育困难人员提供必要的辅助生殖技术服务。推进妇幼保健计划生育服务机构标准化建设和规范化管理,加强孕产妇与新生儿危急重症救治能力建设。加快产科和儿科医师、助产士及护士人才培养,合理确定服务价格,在薪酬分配等方面加大政策倾斜力度。全面推进知情选择,向育龄人群提供安全、有效、适宜的避孕节育服务,提高服务的公平性和可及性。加强基础研究和科技创新,开发推广避孕节育、优生优育、生殖保健的新技术新产品。

(十二)推进流动人口基本公共卫生计生服务均等化。按照常住人口配置服务资源,将流动人口纳入城镇基本公共卫生和计划生育服务范围。巩固完善流动人口信息互通、服务互补、管理互动的全国"一盘棋"工作机制。推进网上信息核查和共享,做好流动人口在居住地的生育登记服务。广泛开展生殖健康科普宣传,增强流动人口等人群自我保健意识和防护能力。关怀关爱流动人口和留守人群,促进社会融合。

(十三)强化基层基础工作。完善宣传倡导、依法管理、优质服务、政策推动、综合治理的计划生育长效工作机制。深入开展计划生育优质服务先进单位创建活动。建立健全卫生和计划生育综合监督行政执法体系,加强计划生育服务管理能力建设。稳定和加强县、乡级计划生育工作力量,妥善解决好村级计划生育专干的报酬待遇、养老保障等问题。

(十四)充分发挥社会组织作用。加强政府与社会协同治理,广泛动员工会、共青团、妇联等群团组织和其他社会组织共同做好计划生育工作。充分发挥计划生育协会的生力军作用,切实加强县、乡级计划生育协会的组织和能力建设,更好地承担宣传教育、生殖健康咨询服务、优生优育指导、计划生育家庭帮扶、权益维护和流动人口服务等工作。鼓励社会组织依法开展人口和计划生育公益慈善与帮扶救助活动。在城乡社区和企事业单位,引导群众广泛开展计划生育自我管理、自我服务、自我教育、自我监督。

五、构建有利于计划生育的家庭发展支持体系

(十五)加大对计划生育家庭扶助力度。切实保障计划生育家庭合法权益,使他们优先分享改革发展的成果。对政策调整前的独生子女家庭和农村计划生育双女家庭,继续实行现行各项奖励扶助政策,在社会保障、集体收益分配、就业创业、新农村建设等方面予以倾斜。完善计划生育家庭奖励扶助制度和特别扶助制度,实行扶助标准动态调整。帮扶存在特殊困难的计划生育家庭,妥善解决他们的生活照料、养老保障、大病治疗和精神慰藉等问题。推进计划生育与扶贫开发相结合,继续实施"少生快富"工程。对政策调整后自愿只生育一个子女的夫妻,不再实行独生子女父母奖励优惠等政策。

(十六)增强家庭抚幼和养老功能。建立完善包括生育支持、幼儿养育、青少年发展、老人赡养、病残照料等在内的家庭发展政策,鼓励按政策生育。完善计划生育奖励假制度。增强社区幼儿照料、托老日间照料和居家养老等服务功能。推进医疗卫生与养老服务相结合,探索建立长期护理保险制度。加大对残疾人家庭、贫困家庭和独居老人的帮扶支持力度。广泛开展创建幸福家庭活动和新家庭计划。

(十七)促进社会性别平等。深入开展关爱女孩行动,创造有利于女孩成长成才的社会环境。综合治理出生人口性别比偏高问题,依法严厉打击非医学需要的胎儿性别鉴定和选择性别人工终止妊娠行为。依法保障妇女的宅基地、房屋等财产继承权和土地承包权。依法保障女性就业、休假等合法权益,支持女性生育后重返工作岗位,鼓励用人单位制定有利于职工平衡工作与家庭关系的措施。

六、切实加强组织领导

(十八)落实党政责任。各级党委和政府要坚持计划生育党政一把手亲自抓、负总责,将实施全面两孩政策、改革完善计划生育服务管理作为全面深化改革的重要任务，加强统筹规划、政策协调和工作落实。坚持和完善计划生育目标管理责任制，确保责任到位、措施到位、投入到位。对人口和计划生育工作主要目标任务未完成、严重弄虚作假、违法行政造成恶劣影响等情形，实行"一票否决"。

（十九）加强部门协作。进一步完善计划生育兼职委员和领导小组制度。建立健全重大经济社会政策人口发展影响评估机制，促进相关经济社会政策与计划生育政策有效衔接。各有关部门要认真履行职责，重点解决好政策配套、公共服务保障、执法协调、信息互通等问题，加强对各地工作的指导。

（二十）深化人口发展战略研究。深入研究新形势下人口与经济、社会、资源、环境之间的互动关系以及人口数量、素质、结构和分布的变动趋势，加强前瞻性研究，完善人口发展战略，编制中长期规划。科学评估经济增长和社会发展对生育行为的影响，准确研判生育水平变动态势，做好政策储备。加强人口发展的国际比较研究，促进国际交流与合作。

（二十一）做好宣传和舆论引导。各地区各部门要把思想和行动统一到中央的决策部署上来，大力宣传计划生育取得的伟大成就，做好实施全面两孩政策解读。加强人口基本国情和计划生育基本国策教育，不断增强全社会的国情和国策意识。总结推广计划生育服务管理改革的好经验、好做法，表彰先进典型。正确引导社会舆论，营造支持政策落实和改革创新的良好氛围。

（二十二）强化督导落实。各地区各有关部门要按照本决定要求，制定实施方案，细化改革任务，明确实施步骤。加强对各项改革措施的跟踪评估，及时发现和解决改革中的苗头性、倾向性问题。各省（自治区、直辖市）党委和政府每年要向中央专题报告本地区计划生育工作情况，中央将定期开展督查。

国务院关于印发推进普惠金融发展规划（2016—2020年）的通知

（2015年12月31日　国发〔2015〕74号）

《推进普惠金融发展规划（2016—2020年）》已经党中央、国务院同意，现印发给你们，请认真贯彻执行。

推进普惠金融发展规划(2016—2020年)

普惠金融是指立足机会平等要求和商业可持续原则,以可负担的成本为有金融服务需求的社会各阶层和群体提供适当、有效的金融服务。小微企业、农民、城镇低收入人群、贫困人群和残疾人、老年人等特殊群体是当前我国普惠金融重点服务对象。大力发展普惠金融,是我国全面建成小康社会的必然要求,有利于促进金融业可持续均衡发展,推动大众创业、万众创新,助推经济发展方式转型升级,增进社会公平和社会和谐。

党中央、国务院高度重视发展普惠金融。党的十八届三中全会明确提出发展普惠金融。2015年《政府工作报告》提出,要大力发展普惠金融,让所有市场主体都能分享金融服务的雨露甘霖。为推进普惠金融发展,提高金融服务的覆盖率、可得性和满意度,增强所有市场主体和广大人民群众对金融服务的获得感,特制订本规划。

一、总体思路

(一)发展现状。

近年来,我国普惠金融发展呈现出服务主体多元、服务覆盖面较广、移动互联网支付使用率较高的特点,人均持有银行账户数量、银行网点密度等基础金融服务水平已达到国际中上游水平,但仍面临诸多问题与挑战:普惠金融服务不均衡,普惠金融体系不健全,法律法规体系不完善,金融基础设施建设有待加强,商业可持续性有待提升。

(二)指导思想。

全面贯彻党的十八大和十八届三中、四中、五中全会精神,按照党中央、国务院决策部署,坚持借鉴国际经验与体现中国特色相结合、政府引导与市场主导相结合、完善基础金融服务与改进重点领域金融服务相结合,不断提高金融服务的覆盖率、可得性和满意度,使最广大人民群众公平分享金融改革发展的成果。

(三)基本原则。

健全机制、持续发展。建立有利于普惠金融发展的体制机制,进一步加大对薄弱环节金融服务的政策支持,提高精准性与有效性,调节市场失灵,确保普惠金融业务持续发展和服务持续改善,实现社会效益与经济效益的有机统一。

机会平等、惠及民生。以增进民生福祉为目的，让所有阶层和群体能够以平等的机会、合理的价格享受到符合自身需求特点的金融服务。

市场主导、政府引导。正确处理政府与市场的关系，尊重市场规律，使市场在金融资源配置中发挥决定性作用。更好发挥政府在统筹规划、组织协调、均衡布局、政策扶持等方面的引导作用。

防范风险、推进创新。加强风险监管，保障金融安全，维护金融稳定。坚持监管和创新并行，加快建立适应普惠金融发展要求的法制规范和监管体系，提高金融监管有效性。在有效防范风险基础上，鼓励金融机构推进金融产品和服务方式创新，适度降低服务成本。对难点问题要坚持先试点，试点成熟后再推广。

统筹规划、因地制宜。从促进我国经济社会发展、城乡和区域平衡出发，加强顶层设计、统筹协调，优先解决欠发达地区、薄弱环节和特殊群体的金融服务问题，鼓励各部门、各地区结合实际，积极探索，先行先试，扎实推进，做到服水土、接地气、益大众。

（四）总体目标。

到2020年，建立与全面建成小康社会相适应的普惠金融服务和保障体系，有效提高金融服务可得性，明显增强人民群众对金融服务的获得感，显著提升金融服务满意度，满足人民群众日益增长的金融服务需求，特别是要让小微企业、农民、城镇低收入人群、贫困人群和残疾人、老年人等及时获取价格合理、便捷安全的金融服务，使我国普惠金融发展水平居于国际中上游水平。

提高金融服务覆盖率。要基本实现乡乡有机构，村村有服务，乡镇一级基本实现银行物理网点和保险服务全覆盖，巩固助农取款服务村级覆盖网络，提高利用效率，推动行政村一级实现更多基础金融服务全覆盖。拓展城市社区金融服务广度和深度，显著改善城镇企业和居民金融服务的便利性。

提高金融服务可得性。大幅改善对城镇低收入人群、困难人群以及农村贫困人口、创业农民、创业大中专学生、残疾劳动者等初始创业者的金融支持，完善对特殊群体的无障碍金融服务。加大对新业态、新模式、新主体的金融支持。提高小微企业和农户贷款覆盖率。提高小微企业信用保险和贷款保证保险覆盖率，力争使农业保险参保农户覆盖率提升至95%以上。

提高金融服务满意度。有效提高各类金融工具的使用效率。进一步提高小微企业和农户申贷获得率和贷款满意度。提高小微企业、农户信用档案建档率。明显降低金融服务投诉率。

二、健全多元化广覆盖的机构体系

充分调动、发挥传统金融机构和新型业态主体的积极性、能动性，引导各类型机构和组织结合自身特点，找准市场定位，完善机制建设，发挥各自优势，为所有市场主体和广大人民群众提供多层次全覆盖的金融服务。

（一）发挥各类银行机构的作用。

鼓励开发性政策性银行以批发资金转贷形式与其他银行业金融机构合作，降低小微企业贷款成本。强化农业发展银行政策性功能定位，加大对农业开发和水利、贫困地区公路等农业农村基础设施建设的贷款力度。

鼓励大型银行加快建设小微企业专营机构。继续完善农业银行"三农金融事业部"管理体制和运行机制，进一步提升"三农"金融服务水平。引导邮政储蓄银行稳步发展小额涉农贷款业务，逐步扩大涉农业务范围。鼓励全国性股份制商业银行、城市商业银行和民营银行扎根基层、服务社区，为小微企业、"三农"和城镇居民提供更有针对性、更加便利的金融服务。

推动省联社加快职能转换，提高农村商业银行、农村合作银行、农村信用联社服务小微企业和"三农"的能力。加快在县（市、旗）集约化发起设立村镇银行步伐，重点布局中西部和老少边穷地区、粮食主产区、小微企业聚集地区。

（二）规范发展各类新型机构。

拓宽小额贷款公司和典当行融资渠道，加快接入征信系统，研究建立风险补偿机制和激励机制，努力提升小微企业融资服务水平。鼓励金融租赁公司和融资租赁公司更好地满足小微企业和涉农企业设备投入与技术改造的融资需求。促进消费金融公司和汽车金融公司发展，激发消费潜力，促进消费升级。

积极探索新型农村合作金融发展的有效途径，稳妥开展农民合作社内部资金互助试点。注重建立风险损失吸收机制，加强与业务开展相适应的资本约束，规范发展新型农村合作金融。支持农村小额信贷组织发展，持续向农村贫困人群提供融资服务。

大力发展一批以政府出资为主的融资担保机构或基金，推进建立重点支持小微企业和"三农"的省级再担保机构，研究论证设立国家融资担保基金。

促进互联网金融组织规范健康发展，加快制定行业准入标准和从业行为规范，建立信息披露制度，提高普惠金融服务水平，降低市场风险和道德风险。

（三）积极发挥保险公司保障优势。

保持县域内农业保险经营主体的相对稳定，引导保险机构持续加大对农村保险服务网点的资金、人力和技术投入。支持保险机构与基层农林技术推广机构、银行业金融机构、各类农业服务组织和农民合作社合作，促进农业技术推广、生产管理、森林保护、动物保护、防灾防损、家庭经济安全等与农业保险、农村小额人身保险相结合。发挥农村集体组织、农民合作社、农业社会化服务组织等基层机构的作用，组织开展农业保险和农村小额人身保险业务。完善农业保险协办机制。

三、创新金融产品和服务手段

积极引导各类普惠金融服务主体借助互联网等现代信息技术手段，降低金融交易成本，延伸服务半径，拓展普惠金融服务的广度和深度。

（一）鼓励金融机构创新产品和服务方式。

推广创新针对小微企业、高校毕业生、农户、特殊群体以及精准扶贫对象的小额贷款。开展动产质押贷款业务，建立以互联网为基础的集中统一的自助式动产、权利抵质押登记平台。研究创新对社会办医的金融支持方式。开发适合残疾人特点的金融产品。加强对网上银行、手机银行的开发和推广，完善电子支付手段。引导有条件的银行业金融机构设立无障碍银行服务网点，完善电子服务渠道，为残疾人和老年人等特殊群体提供无障碍金融服务。

在全国中小企业股份转让系统增加适合小微企业的融资品种。进一步扩大中小企业债券融资规模，逐步扩大小微企业增信集合债券发行规模。发展并购投资基金、私募股权投资基金、创业投资基金。支持符合条件的涉农企业在多层次资本市场融资。支持农产品期货市场发展，丰富农产品期货品种，拓展农产品期货及期权市场服务范围。完善期货交易机制，为规避农产品价格波动风险提供有效手段。

鼓励地方各级人民政府建立小微企业信用保证保险基金，用于小微企业信用保证保险的保费补贴和贷款本金损失补偿。引导银行业金融机构对购买信用保险和贷款保证保险的小微企业给予贷款优惠政策。鼓励保险公司投资符合条件的小微企业专项债券。扩大农业保险覆盖面，发展农作物保险、主要畜产品保险、重要“菜篮子”品种保险和森林保险，推广农房、农机具、设施农业、渔业、制种保险等业务。支持保险公司开发适合低收入人群、残疾人等特殊群体的小额人身保险及相关产品。

（二）提升金融机构科技运用水平。

鼓励金融机构运用大数据、云计算等新兴信息技术，打造互联网金融服务平台，为客户提供信息、资金、产品等全方位金融服务。鼓励银行业金融机构成立互联网金融专营事业部或独立法人机构。引导金融机构积极发展电子支付手段，逐步构筑电子支付渠道与固定网点相互补充的业务渠道体系，加快以电子银行和自助设备补充、替代固定网点的进度。推广保险移动展业，提高特殊群体金融服务可得性。

（三）发挥互联网促进普惠金融发展的有益作用。

积极鼓励网络支付机构服务电子商务发展，为社会提供小额、快捷、便民支付服务，提升支付效率。发挥网络借贷平台融资便捷、对象广泛的特点，引导其缓解小微企业、农户和各类低收入人群的融资难问题。发挥股权众筹融资平台对大众创业、万众创新的支持作用。发挥网络金融产品销售平台门槛低、变现快的特点，满足各消费群体多层次的投资理财需求。

四、加快推进金融基础设施建设

金融基础设施是提高金融机构运行效率和服务质量的重要支柱和平台，有助于改善普惠金融发展环境，促进金融资源均衡分布，引导各类金融服务主体开展普惠金融服务。

（一）推进农村支付环境建设。

鼓励银行机构和非银行支付机构面向农村地区提供安全、可靠的网上支付、手机支付等服务，拓展银行卡助农取款服务广度和深度。支持有关银行机构在乡村布放 POS 机、自动柜员机等各类机具，进一步向乡村延伸银行卡受理网络。支持农村金融服务机构和网点采取灵活、便捷的方式接入人民银行支付系统或其他专业化支付清算系统。鼓励商业银行代理农村地区金融服务机构支付结算业务。支持农村支付服务市场主体多元化发展。鼓励各地人民政府和国务院有关部门通过财政补贴、降低电信资费等方式扶持偏远、特困地区的支付服务网络建设。

（二）建立健全普惠金融信用信息体系。

加快建立多层级的小微企业和农民信用档案平台，实现企业主个人、农户家庭等多维度信用数据可应用。扩充金融信用信息基础数据库接入机构，降低普惠金融服务对象征信成本。积极培育从事小微企业和农民征信业务的征信机构，构建多元化信用信息收集渠道。依法采集户籍所在地、违法犯罪记录、工商登记、税收登记、出入境、扶贫人口、农业土地、居住状况等政务信息，采集对象覆盖全部农民、城镇低收入人群及小微企业，通过全国统一的信用信息共享交换平台及地方各级信用信息共享平台，推动政务信息与金融信息互联互通。

（三）建立普惠金融统计体系。

建立健全普惠金融指标体系。在整合、甄选目前有关部门涉及普惠金融管理数据基础上，设计形成包括普惠金融可得情况、使用情况、服务质量的统计指标体系，用于统计、分析和反映各地区、各机构普惠金融发展状况。建立跨部门工作组，开展普惠金融专项调查和统计，全面掌握普惠金融服务基础数据和信息。建立评估考核体系，形成动态评估机制。从区域和机构两个维度，对普惠金融发展情况进行评价，督促各地区、各金融机构根据评价情况改进服务工作。

五、完善普惠金融法律法规体系

逐步制定和完善普惠金融相关法律法规,形成系统性的法律框架,明确普惠金融服务供给、需求主体的权利义务,确保普惠金融服务有法可依、有章可循。

(一)加快建立发展普惠金融基本制度。

在健全完善现有“三农”金融政策基础上,研究论证相关综合性法律制度,满足“三农”金融服务诉求。对土地经营权、宅基地使用权、技术专利权、设备财产使用权和场地使用权等财产权益,积极开展确权、登记、颁证、流转等方面的规章制度建设。研究完善推进普惠金融工作相关制度,明确对各类新型机构的管理责任。

(二)确立各类普惠金融服务主体法律规范。

研究探索规范民间借贷行为的有关制度。推动制定非存款类放贷组织条例、典当业管理条例等法规。配套出台小额贷款公司管理办法、网络借贷管理办法等规定。通过法律法规明确从事扶贫小额信贷业务的组织或机构的定位。加快出台融资担保公司管理条例。推动修订农民专业合作社法,明确将农民合作社信用合作纳入法律调整范围。推动修订证券法,夯实股权众筹的法律基础。

(三)健全普惠金融消费者权益保护法律体系。

修订完善现有法律法规和部门规章制度,建立健全普惠金融消费者权益保护制度体系,明确金融机构在客户权益保护方面的义务与责任。制定针对农民和城镇低收入人群的金融服务最低标准,制定贫困、低收入人口金融服务费用减免办法,保障并改善特殊消费者群体金融服务权益。完善普惠金融消费者权益保护监管工作体系,进一步明确监管部门相关执法权限与责任标准。

六、发挥政策引导和激励作用

根据薄弱领域、特殊群体金融服务需求变化趋势,调整完善管理政策,促进金融资源向普惠金融倾斜。

(一)完善货币信贷政策。

积极运用差别化存款准备金等货币政策工具,鼓励和引导金融机构更多地将新增或者盘活的信贷资源配置到小微企业和“三农”等领域。进一步增强支农支小再贷款、再贴现支持力度,引导金融机构扩大涉农、小微企业信贷投放,降低社会融资成本。

(二)健全金融监管差异化激励机制。

以正向激励为导向,从业务和机构两方面采取差异化监管政策,引导银行业金融机构将信贷资源更多投向小微企业、“三农”、特殊群体等普惠金融薄弱群体和领域。推进小微企业专营机构和网点建设。有序开展小微企业金融债券、“三农”金融债券的申报和发行工作。进一步研究加强对小微企业和“三农”贷款服务、考核和核销方式的创新。推进落实有关提升小微企业和“三农”不良贷款容忍度的监管要求,完善尽职免责相关制度。

积极发挥全国中小企业股份转让系统、区域性股权市场、债券市场和期货市场的作用,引导证券投资基金、私募股权投资基金、创业投资基金增加有效供给,进一步丰富中小企业和“三农”的融资方式。

加强农业保险统筹规划,完善农业保险管理制度,建立全国农业保险管理信息平台,进一步完善中国农业保险再保险共同体运行机制。扶持小额人身保险发展,支持保险公司开拓县域市场,对其在中西部设立省级分公司和各类分支机构适度放宽条件、优先审批。

(三)发挥财税政策作用。

立足公共财政职能,完善、用好普惠金融发展专项资金,重点针对普惠金融服务市场失灵的领域,遵循保基本、有重点、可持续的原则,对普惠金融相关业务或机构给予适度支持。发挥财政资金杠杆作用,支持和引导地方各级人民政府、金融机构及社会资本支持普惠金融发展,更好地保障困难人群的基础金融服务可得性和适用性。落实小微企业和“三农”贷款的相关税收扶持政策。推动落实支持农民合作社和小微企业发展的各项税收优惠政策。

(四)强化地方配套支持。

地方各级人民政府要加强政策衔接与配合,共筑政策支撑合力。鼓励地方财政通过贴息、补贴、奖励等政策措施,激励和引导各类机构加大对小微企业、“三农”和民生尤其是精准扶贫等领域的支持力度。对金融机构注册登记、房产确权评估等给予政策支持。省级人民政府要切实承担起防范和处置非法集资第一责任人的责任。排查和化解各类风险隐患,提高地方金融监管有效性,严守不发生系统性、区域性金融风险的底线。

七、加强普惠金融教育与金融消费者权益保护

结合国情深入推进金融知识普及教育,培育公众的金融风险意识,提高金融消费者维权意识和能力,引导公众关心、支持、参与普惠金融实践活动。

(一)加强金融知识普及教育。

广泛利用电视广播、书刊杂志、数字媒体等渠道,多层面、广角度长期有效普及金融基础知识。针对城镇低收入人群、困难人群,以及农村贫困人口、创业农民、创业大中专学生、残疾劳动者等初始创业者开展专项教育活动,使其掌握符合其需求的金融知识。注重培养社会公众的信用意识和契约精神。建立金融知识教育发展长效机制,推动部分大中小学积极开展金融知识普及教育，鼓励有条件的高校开设金融基础知识相关公共课。

（二）培育公众金融风险意识。

以金融创新业务为重点，针对金融案件高发领域，运用各种新闻信息媒介开展金融风险宣传教育，促进公众强化金融风险防范意识，树立“收益自享、风险自担”观念。重点加强与金融消费者权益有关的信息披露和风险提示，引导金融消费者根据自身风险承受能力和金融产品风险特征理性投资与消费。

（三）加大金融消费者权益保护力度。

加强金融消费者权益保护监督检查，及时查处侵害金融消费者合法权益行为，维护金融市场有序运行。金融机构要担负起受理、处理金融消费纠纷的主要责任，不断完善工作机制，改进服务质量。畅通金融机构、行业协会、监管部门、仲裁、诉讼等金融消费争议解决渠道，试点建立非诉第三方纠纷解决机制，逐步建立适合我国国情的多元化金融消费纠纷解决机制。

（四）强化普惠金融宣传。

加大对普惠金融的宣传力度。建立普惠金融发展信息公开机制，定期发布中国普惠金融指数和普惠金融白皮书。

八、组织保障和推进实施

（一）加强组织保障。

由银监会、人民银行牵头，发展改革委、工业和信息化部、民政部、财政部、农业部、商务部、林业局、证监会、保监会、中国残联等部门和单位参加，建立推进普惠金融发展工作协调机制，加强人员保障和理论研究，制订促进普惠金融发展的重大政策措施，协调解决重大问题，推进规划实施和相关政策落实，切实防范金融风险。国务院各有关部门要加强沟通，密切配合，根据职责分工完善各项配套政策措施。地方各级人民政府要加强组织领导，完善协调机制，结合本地实际抓紧制定具体落实方案，及时将实施过程中出现的新情况、新问题报送银监会、人民银行等有关部门。

（二）开展试点示范。

规划实施应全面推进、突出重点、分步开展、防范风险。对需要深入研究解决的难点问题，可在小范围内分类开展试点示范，待试点成熟后，再加以总结推广。各地区要在风险可控、依法合规的条件下，开展推进普惠金融发展试点，推动改革创新，加强实践验证。积极探索发挥基层组织在推进普惠金融发展中的作用。

（三）加强国际交流。

深化与其他国家和地区以及世界银行、全球普惠金融合作伙伴组织等国际组织的交流，开展多形式、多领域的务实合作，探索双边、多边的示范性项目合作，提升我国普惠金融国际化水平。

（四）实施专项工程。

围绕普惠金融发展重点领域、重点人群，集合资源，大力推进金融知识扫盲工程、移动金融工程、就业创业金融服务工程、扶贫信贷工程、大学生助学贷款工程等专项工程，促进实现规划目标。

（五）健全监测评估。

加快建立推进普惠金融发展监测评估体系，实施动态监测与跟踪分析，开展规划中期评估和专项监测，注重金融风险的监测与评估，及时发现问题并提出改进措施。引导和规范互联网金融有序发展，有效防范和处置互联网金融风险。要切实落实监督管理部门对非法集资的防范、监测和预警等职责。加强督查，强化考核，把推进普惠金融发展工作作为目标责任考核和政绩考核的重要内容。

国务院办公厅关于解决无户口人员登记户口问题的意见

（2015 年 12 月 31 日　国办发〔2015〕96 号）

依法登记户口是法律赋予公民的一项基本权利，事关社会公平正义，事关社会和谐稳定。党中央、国务院高度重视户口登记管理工作，近年来对加强户口登记管理、解决无户口人员登记户口等问题多次提出明确要求。按照党中央、国务院决策部署，全国公安机关会同有关部门下大力气解决无户口人员登记户口问题，取得明显成效。但是，由于一些地方和部门还存在政策性障碍等因素，部分公民无户口的问题仍然比较突出，不利于保护公民合法权益，并直接影响国家新型户籍制度的建立完善。为解决无户口人员登记户口问题，经国务院同意，现提出如下意见。

一、总体要求

（一）指导思想。深入贯彻党的十八大和十八届三中、四中、五中全会精神，按照党中央、国务院同意的《关于全面深化公安改革若干重大问题的框架意见》要求，坚持以问题为导向、以改革为动力，着力解决无户口人员登记户口问题，为推进公安改革、创新人口服务管理和构建新型户籍制度奠定坚实基础，更好地服务和保障民生、促进社会公平正义、推进国家治理体系和治理能力现代化建设。

（二）基本原则。坚持依法办理，切实维护每个公民依法登记户口的合法权益；坚持区别情况，分类实施无户口人员登记户口政策；坚持综合配套，将解决无户口人员登记户口问题与健全完善计划生育、收养登记、流浪乞讨救助、国籍管理等相关领域政策统筹考虑、协同推进。

（三）任务目标。进一步完善户口登记政策，禁止设立不符合户口登记规定的任何前置条件；加强户口登记管理，全面解决无户口人员登记户口问题，切实保障每个公民依法登记一个常住户口，努力实现全国户口和公民身份号码准确性、唯一性、权威性的目标。

二、依法为无户口人员登记常住户口

（一）不符合计划生育政策的无户口人员。政策外生育、非婚生育的无户口人员，本人或者其监护人可以凭《出生医学证明》和父母一方的居民户口簿、结婚证或者非婚生育说明，按照随父随母落户自愿的政策，申请办理常住户口登记。申请随父落户的非婚生育无户口人员，需一并提供具有资质的鉴定机构出具的亲子鉴定证明。

（二）未办理《出生医学证明》的无户口人员。在助产机构内出生的无户口人员，本人或者其监护人可以向该助产机构申领《出生医学证明》；在助产机构外出生的无户口人员，本人或者其监护人需提供具有资质的鉴定机构出具的亲子鉴定证明，向拟落户地县级卫生计生行政部门委托机构申领《出生医学证明》。无户口人员或者其监护人凭《出生医学证明》和父母一方的居民户口簿、结婚证或者非婚生育说明，申请办理常住户口登记。

（三）未办理收养手续的事实收养无户口人员。未办理收养登记的事实收养无户口人员，当事人可以向民政部门申请按照规定办理收养登记，凭申领的《收养登记证》、收养人的居民户口簿，申请办理常住户口登记。1999 年 4 月 1 日《全国人民代表大会常务委员会关于修改〈中华人民共和国收养法〉的决定》施行前，国内公民私自收养子女未办理收养登记的，当事人可以按照规定向公证机构申请办理事实收养公证，经公安机关调查核实尚未办理户口登记的，可以凭事实收养公证书、收养人的居民户口簿，申请办理常住户口登记。

（四）被宣告失踪或者宣告死亡后户口被注销人员。被人民法院依法宣告失踪或者宣告死亡后重新出现的人员，本人或者其监护人可以凭人民法院撤销宣告失踪（死亡）的生效判决书，申请恢复常住户口登记。

（五）农村地区因婚嫁被注销原籍户口的人员。农村地区因婚嫁被注销原籍户口的人员，经公安机关调查核实未在其他地方落户的，可以在原户口注销地申请恢复常住户口登记。恢复常住户口登记后，符合现居住地落户条件的，可以办理户口迁移登记。

（六）户口迁移证件遗失或者超过有效期限造成的无户口人员。户口迁移证件遗失或者超过有效期限造成的无户口人员，可以向签发地公安机关申请补领、换领户口迁移证件，凭补领、换领的户口迁移证件办理户口迁移登记。不符合迁入地现行户口迁移政策的大中专院校毕业生，可以在原籍户口所在地申请恢复常住户口登记，其他人员可以在户口迁出地申请恢复常住户口登记。

（七）我国公民与外国人、无国籍人非婚生育的无户口人员。我国公民与外国人、无国籍人在国内非婚生育、未取得其他国家国籍的无户口人员，本人或者其具有我国国籍的监护人可以凭《出生医学证明》、父母的非婚生育说明、我国公民一方的居民户口簿，申请办理常住户口登记。未办理《出生医学证明》的，需提供具有资质的鉴定机构出具的亲子鉴定证明。

（八）其他无户口人员。其他原因造成的无户口人员，本人或者承担监护职责的单位和个人可以提出申请，经公安机关会同有关部门调查核实后，可办理常住户口登记。

三、切实抓好组织实施

（一）加强组织领导。各地区、各有关部门要从全局和战略的高度，充分认识做好无户口人员落户工作的重要性、紧迫性，切实把思想和行动统一到本意见精神上来，加强组织领导，周密研究部署，细化政策措施，明确工作要求，确保各项政策落到实处，切实解决无户口人员登记户口问题。各省、自治区、直辖市人民政府要结合本地实际，出台具体实施办法，并向社会公布。

（二）认真核查办理。各地区要深入开展摸底调查，认真梳理本地区户口重点问题，摸清本行政区域内无户口人员底数及有关情况。要规范受理审批程序，严格工作要求，及时办理无户口人员户口登记。要升级完善人口信息系统，加强对无户口人员人像、指纹信息备案和比对核验，确保登记身份信息的准确性和户口的唯一性。要严密户籍档案管理，对无户口人员户口登记材料逐一建档，确保档案资料完整有效。公安机关应当将办理无户口人员户口登记的情况，及时通报相关部门。

（三）完善配套政策。各有关部门要对与本意见精神不一致的政策措施进行一次集中清理，该修改的认真修改，该废止的坚决废止。公安部、民政部、卫生计生委等部门要按照职能分工，抓紧按程序修订户口登记、流浪乞讨救助、计划生育等方面的法律法规和政策，完善相关规章制度。

（四）积极做好宣传引导。无户口人员登记户口问题政策性强、社会关注度高。要加强正面宣传引导，营造良好舆论氛围。加大宣传力度，广泛宣传无户口人员登记户口的各项政策措施以及公民登记户口的权利和义务，深入基层、深入农村、深入群众，努力争取广大群众的支持和配合，积极动员无户口人员主动到公安机关申请办理常住户口登记。

（五）强化责任落实。各有关部门要进一步分解细化任务，落实责任分工，狠抓各项政策措施的贯彻落实。公安部要会同民政部、卫生计生委等部门加强对各地区的督查指导，对责任不落实、工作不力的，依法依规严肃追究责任。

凡以前文件规定与本意见规定不一致的，按本意见规定执行。

国务院关于2015年度国家科学技术奖励的决定

（2016年1月1日　国发〔2016〕2号）

为全面贯彻党的十八大和十八届三中、四中、五中全会精神，大力实施科教兴国战略、人才强国战略和创新驱动发展战略，国务院决定，对为我国科学技术进步、经济社会发展、国防现代化建设作出突出贡献的科学技术人员和组织给予奖励。

根据《国家科学技术奖励条例》的规定，经国家科学技术奖励评审委员会评审、国家科学技术奖励委员会审定和科技部审核，国务院批准，授予“多光子纠缠及干涉度量”国家自然科学奖一等奖，授予“髓系白血病发病机制和新型靶向治疗研究”等41项成果国家自然科学奖二等奖，授予“硅衬底高光效GaN基蓝色发光二极管”国家技术发明奖一等奖，授予“农产品黄曲霉毒素靶向抗体创制与高灵敏检测技术”等65项成果国家技术发明奖二等奖，授予“高效环保芳烃成套技术开发及应用”等3项成果国家科学技术进步奖特等奖，授予“5000万吨级特低渗透－致密油气田勘探开发与重大理论技术创新”等17项成果国家科学技术进步奖一等奖，授予“高产稳产棉花品种鲁棉研28号选育与应用”等167项成果国家科学技术进步奖二等奖，授予杨克里斯特·杨森教授等7名外国专家中华人民共和国国际科学技术合作奖。

全国科学技术工作者要向全体获奖者学习，继续发扬求真务实、勇于创新的科学精神，深入实施创新驱动发展战略，坚定不移走中国特色自主创新道路，为加快建设创新型国家、全面建成小康社会，实现“两个一百年”奋斗目标和中华民族伟大复兴的中国梦作出新的更大贡献。

国务院关于整合城乡居民基本医疗保险制度的意见

（2016年1月3日　国发〔2016〕3号）

整合城镇居民基本医疗保险（以下简称城镇居民医保）和新型农村合作医疗（以下简称新农合）两项制度，建立统一的城乡居民基本医疗保险（以下简称城乡居民医保）制度，是推进医药卫生体制改革、实现城乡居民公平享有基本医疗保险权益、促进社会公平正义、增进人民福祉的重大举措，对促进城乡经济社会协调发展、全面建成小康社会具有重要意义。在总结城镇居民医保和新农合运行情况以及地方探索实践经验的基础上，现就整合建立城乡居民医保制度提出如下意见。

一、总体要求与基本原则

（一）总体要求。

以邓小平理论、“三个代表”重要思想、科学发展观为指导，认真贯彻党的十八大、十八届二中、三中、四中、五中全会和习近平总书记系列重要讲话精神，落实党中央、国务院关于深化医药卫生体制改革的要求，按照全覆盖、保基本、多层次、可持续的方针，加强统筹协调与顶层设计，遵循先易后难、循序渐进的原则，从完善政策入手，推进城镇居民医保和新农合制度整合，逐步在全国范围内建立起统一的城乡居民医保制度，推动保障更加公平、管理服务更加规范、医疗资源利用更加有效，促进全民医保体系持续健康发展。

（二）基本原则。

1. 统筹规划、协调发展。要把城乡居民医保制度整合纳入全民医保体系发展和深化医改全局，统筹安排，合理规划，突出医保、医疗、医药三医联动，加强基本医保、大病保险、医疗救助、疾病应急救助、商业健康保险等衔接，强化制度的系统性、整体性、协同性。

2. 立足基本、保障公平。要准确定位，科学设计，立足经济社会发展水平、城乡居民负担和基金承受能力，充分考虑并逐步缩小城乡差距、地区差异，保障城乡居民公平享有基本医保待遇，实现城乡居民医保制度可持续发展。

3. 因地制宜、有序推进。要结合实际，全面分析研判，周密制订实施方案，加强整合前后的衔接，确保工作顺畅接续、有序过渡，确保群众基本医保待遇不受影响，确保医保基金安全和制度运行平稳。

4. 创新机制、提升效能。要坚持管办分开，落实政府责任，完善管理运行机制，深入推进支付方式改革，提升医保资金使用效率和经办管理服务效能。充分发挥市场机制作用，调动社会力量参与基本医保经办服务。

二、整合基本制度政策

（一）统一覆盖范围。

城乡居民医保制度覆盖范围包括现有城镇居民医保和新农合所有应参保（合）人员，即覆盖除职工基本医疗保险应参保人员以外的其他所有城乡居民。农民工和灵活就业人员依法参加职工基本医疗保险，有困难的可按照当地规定参加城乡居民医保。各地要完善参保方式，促进应保尽保，避免重复参保。

（二）统一筹资政策。

坚持多渠道筹资，继续实行个人缴费与政府补助相结合为主的筹资方式，鼓励集体、单位或其他社会经济组织给予扶持或资助。各地要统筹考虑城乡居民医保与大病保险保障需求，按照基金收支平衡的原则，合理确定城乡统一的筹资标准。现有城镇居民医保和新农合个人缴费标准差距较大的地区，可采取差别缴费的办法，利用 2－3 年时间逐步过渡。整合后的实际人均筹资和个人缴费不得低于现有水平。

完善筹资动态调整机制。在精算平衡的基础上，逐步建立与经济社会发展水平、各方承受能力相适应的稳定筹资机制。逐步建立个人缴费标准与城乡居民人均可支配收入相衔接的机制。合理划分政府与个人的筹资责任，在提高政府补助标准的同时，适当提高个人缴费比重。

（三）统一保障待遇。

遵循保障适度、收支平衡的原则，均衡城乡保障待遇，逐步统一保障范围和支付标准，为参保人员提供公平的基本医疗保障。妥善处理整合前的特殊保障政策，做好过渡与衔接。

城乡居民医保基金主要用于支付参保人员发生的住院和门诊医药费用。稳定住院保障水平，政策范围内住院费用支付比例保持在 75% 左右。进一步完善门诊统筹，逐步提高门诊保障水平。逐步缩小政策范围内支付比例与实际支付比例间的差距。

（四）统一医保目录。

统一城乡居民医保药品目录和医疗服务项目目录，明确药品和医疗服务支付范围。各省（区、市）要按照国家基本医保用药管理和基本药物制度有关规定，遵循临床必需、安全有效、价格合理、技术适宜、基金可承受的原则，在现有城镇居民医保和新农合目录的基础上，适当考虑参保人员需求变化进行调整,有增有减、有控有扩,做到种类基本齐全、结构总体合理。完善医保目录管理办法,实行分级管理、动态调整。

(五)统一定点管理。

统一城乡居民医保定点机构管理办法,强化定点服务协议管理,建立健全考核评价机制和动态的准入退出机制。对非公立医疗机构与公立医疗机构实行同等的定点管理政策。原则上由统筹地区管理机构负责定点机构的准入、退出和监管,省级管理机构负责制订定点机构的准入原则和管理办法,并重点加强对统筹区域外的省、市级定点医疗机构的指导与监督。

(六)统一基金管理。

城乡居民医保执行国家统一的基金财务制度、会计制度和基金预决算管理制度。城乡居民医保基金纳入财政专户,实行"收支两条线"管理。基金独立核算、专户管理,任何单位和个人不得挤占挪用。

结合基金预算管理全面推进付费总额控制。基金使用遵循以收定支、收支平衡、略有结余的原则,确保应支付费用及时足额拨付,合理控制基金当年结余率和累计结余率。建立健全基金运行风险预警机制,防范基金风险,提高使用效率。

强化基金内部审计和外部监督,坚持基金收支运行情况信息公开和参保人员就医结算信息公示制度,加强社会监督、民主监督和舆论监督。

三、理顺管理体制

(一)整合经办机构。

鼓励有条件的地区理顺医保管理体制,统一基本医保行政管理职能。充分利用现有城镇居民医保、新农合经办资源,整合城乡居民医保经办机构、人员和信息系统,规范经办流程,提供一体化的经办服务。完善经办机构内外部监督制约机制,加强培训和绩效考核。

(二)创新经办管理。

完善管理运行机制,改进服务手段和管理办法,优化经办流程,提高管理效率和服务水平。鼓励有条件的地区创新经办服务模式,推进管办分开,引入竞争机制,在确保基金安全和有效监管的前提下,以政府购买服务的方式委托具有资质的商业保险机构等社会力量参与基本医保的经办服务,激发经办活力。

四、提升服务效能

(一)提高统筹层次。

城乡居民医保制度原则上实行市(地)级统筹,各地要围绕统一待遇政策、基金管理、信息系统和就医结算等重点,稳步推进市(地)级统筹。做好医保关系转移接续和异地就医结算服务。根据统筹地区内各县(市、区)的经济发展和医疗服务水平,加强基金的分级管理,充分调动县级政府、经办管理机构基金管理的积极性和主动性。鼓励有条件的地区实行省级统筹。

(二)完善信息系统。

整合现有信息系统,支撑城乡居民医保制度运行和功能拓展。推动城乡居民医保信息系统与定点机构信息系统、医疗救助信息系统的业务协同和信息共享,做好城乡居民医保信息系统与参与经办服务的商业保险机构信息系统必要的信息交换和数据共享。强化信息安全和患者信息隐私保护。

(三)完善支付方式。

系统推进按人头付费、按病种付费、按床日付费、总额预付等多种付费方式相结合的复合支付方式改革,建立健全医保经办机构与医疗机构及药品供应商的谈判协商机制和风险分担机制,推动形成合理的医保支付标准,引导定点医疗机构规范服务行为,控制医疗费用不合理增长。

通过支持参保居民与基层医疗机构及全科医师开展签约服务、制定差别化的支付政策等措施,推进分级诊疗制度建设,逐步形成基层首诊、双向转诊、急慢分治、上下联动的就医新秩序。

(四)加强医疗服务监管。

完善城乡居民医保服务监管办法,充分运用协议管理,强化对医疗服务的监控作用。各级医保经办机构要利用信息化手段,推进医保智能审核和实时监控,促进合理诊疗、合理用药。卫生计生行政部门要加强医疗服务监管,规范医疗服务行为。

五、精心组织实施,确保整合工作平稳推进

(一)加强组织领导。

整合城乡居民医保制度是深化医改的一项重点任务,关系城乡居民切身利益,涉及面广、政策性强。各地各有关部门要按照全面深化改革的战略布局要求,充分认识这项工作的重要意义,加强领导,精心组织,确保整合工作平稳有序推进。各省级医改领导小组要加强统筹协调,及时研究解决整合过程中的问题。

(二)明确工作进度和责任分工。

各省(区、市)要于2016年6月底前对整合城乡居民医保工作作出规划和部署,明确时间表、路线图,健全工作推进和考核评价机制,严格落实责任制,确保各项政策措施落实到位。各统筹地区要于2016年12月底前出台具体实施方案。综合医改试点省要将整合城乡居民医保作为重点改革内容,加强与医改其他工作的统筹协调,加快推进。

各地人力资源社会保障、卫生计生部门要完善相关政策措施,加强城乡居民医保制度整合前后的衔接;财政部门要完善基金财务会计制度,会同相关部门做好基金监管工作;保险监管部门要加强对参与经办服务的商业保险机构的从业资格审查、服务质量和市场行为监管;发展改革部门要将城乡居民医保制度整合纳入国民经济和社会发展规划;编制管理部门要在经办资源和管理体制整合工作中发挥职能作用;医改办要协调相关部门做好跟踪评价、经验总结和推广工作。

(三)做好宣传工作。

要加强正面宣传和舆论引导,及时准确解读政策,宣传各地经验亮点,妥善回应公众关切,合理引导社会预期,努力营造城乡居民医保制度整合的良好氛围。

国务院关于促进加工贸易创新发展的若干意见

(2016 年 1 月 4 日　国发〔2016〕4 号)

加工贸易是我国对外贸易和开放型经济的重要组成部分,对于推动产业升级、稳定就业发挥了重要作用。当前,全球产业竞争格局深度调整,我国经济发展进入新常态,加工贸易承接国际产业转移放慢,产业和订单转出加快,企业生产成本上升,传统竞争优势逐渐削弱。为适应新形势的要求,加快推动加工贸易创新发展,提高发展质量和效益,现提出以下意见:

一、总体要求

(一)指导思想。全面贯彻党的十八大和十八届三中、四中、五中全会精神,按照党中央、国务院决策部署,牢固树立和贯彻落实创新、协调、绿色、开放、共享的发展理念,主动适应经济发展新常态,以创新驱动和扩大开放为动力,以国际产业分工深度调整和实施“中国制造 2025”为契机,立足我国国情,创新发展加工贸易。巩固传统优势,加快培育竞争新优势,逐步变“大进大出”为“优进优出”,在稳定经济增长和就业预期的同时,推动我国产业向全球价值链高端跃升,助力贸易大国向贸易强国转变,为构建开放型经济新体制作出更大贡献。

(二)基本原则。

始终坚持稳中求进。保持加工贸易政策连续性和稳定性,明确发展预期,改善环境，鼓励加工贸易企业根植中国、长期发展。提升开放水平，优化投资环境，着力吸引更高技术水平、更大增值含量的加工制造和生产服务环节转移到我国。

着力推动转型升级。以市场为导向，发挥企业主体作用，加快转型升级，提高盈利水平。发挥政策引导作用，鼓励绿色集约发展，支持加工贸易企业向海关特殊监管区域集中，增强可持续发展能力，提升国民福利水平。

大力实施创新驱动。营造创新发展环境，增强企业创新能力，提升国际竞争力。创新发展方式，促进加工贸易企业与新型商业模式和贸易业态相融合，增强发展内生动力，加快培育竞争新优势。

合理统筹内外布局。按照国家重点产业布局，支持沿海地区转型升级和内陆沿边地区承接转移，推动区域协调发展。引导企业有序开展国际产能合作，推动国际合作与国内产业转型升级良性互动。

不断优化营商环境。深化加工贸易体制机制改革，完善管理制度，建立健全与开放型经济相适应的管理体系。加强法治化、国际化、便利化营商环境建设，深化人文交流，提升服务水平，助力创新发展。

（三）发展目标。到2020年，加工贸易创新发展取得积极成果，进一步向全球价值链高端跃升。一是产品技术含量和附加值提升，由低端向高端发展。二是产业链延长，向生产制造与服务贸易融合发展转变。三是经营主体实力增强，由加工组装企业向技术、品牌、营销型企业转变。四是区域布局优化，逐步实现东中西部协调发展和境内外合理布局。五是增长动力转换，由要素驱动为主向要素驱动和创新驱动相结合转变。

二、延长产业链，提升加工贸易在全球价值链中的地位

（四）加强产业链分工合作。鼓励企业以更加开放的姿态，积极融入全球产业分工合作，更好地利用国际国内两个市场两种资源，努力提升加工贸易在全球价值链中的地位。

（五）促进产业融合升级。稳定外资政策预期，支持外资企业扎根中国。加大招商引资力度，着力吸引先进制造业和新兴产业，进一步扩大服务业开放，鼓励外资企业在华设立采购中心、分拨中心和结算中心，发展总部经济。支持沿海地区继续发展电子信息等优势产业，鼓励企业落地生根、转型升级。推动劳动密集型产业优先向内陆沿边地区梯度转移，实现一体化集群发展。通过开展对外投资合作，发挥境外经贸合作区平台作用，鼓励企业抱团出海，有序向境外延伸产业链。

（六）增强企业创新能力。推动加工贸易企业由单纯的贴牌生产（OEM）向委托设计（ODM）、自有品牌（OBM）方式发展。鼓励加大研发投入和技术改造力度,加强与高等院校、科研机构协同创新,提高生产自动化、智能化水平。支持企业创建和收购品牌,拓展营销渠道,从被动接单转向主动营销。顺应互联网发展带来的新机遇,实现价值链攀升。

三、发挥沿海地区示范带动作用,促进转型升级提质增效

(七)稳定传统优势产业。继续发展纺织服装、鞋类、家具、塑料制品、玩具等传统劳动密集型加工贸易产业,巩固传统优势。支持企业加强技术研发和设备改造,提升产品技术含量和附加值,增强企业核心竞争力。

(八)大力发展先进制造业和新兴产业。鼓励电子信息、移动通信、汽车及零部件、集成电路、医疗设备、航空航天等辐射和技术溢出能力强的先进制造业加工贸易发展。推动生物医药、新能源、新材料、节能环保等新兴产业集群发展。支持加工贸易企业进入关键零部件和系统集成制造领域,掌握核心技术,提升整体制造水平。

(九)支持发展生产性服务业。推动制造业由生产型向生产服务型转变。促进加工贸易与服务贸易深度融合,鼓励加工贸易企业承接研发设计、检测维修、物流配送、财务结算、分销仓储等服务外包业务。在条件成熟的地区试点开展高技术含量、高附加值项目境内外检测维修和再制造业务。

(十)继续发挥沿海地区示范带动作用。发挥沿海地区加工贸易产业配套完备、产业集聚、物流便捷、监管高效等优势,促进产业转型升级。加快珠三角加工贸易转型升级示范区和东莞、苏州加工贸易转型升级试点城市以及示范企业建设,培育认定一批新的加工贸易转型升级示范企业。支持一批有实力的加工贸易企业培育区域性、行业性自有品牌,建设境内外营销网络,拓展生产性服务业。支持沿海地区培育有全球影响力的先进制造基地和经济区。

四、支持内陆沿边地区承接产业梯度转移,推动区域协调发展

(十一)推动加工贸易产业集群发展。按照国家重点产业布局,支持内陆沿边地区加快承接劳动密集型产业和加工组装产能的转移。鼓励内陆沿边地区基于环境容量和承载能力,因地制宜发展加工贸易。稳妥推进国内外企业将整机生产、零部件、原材料配套和研发结算环节向内陆沿边地区转移,形成产业集群。

(十二)建立加工贸易产业转移合作机制。推动建立省际加工贸易产业转移协调机制,重点协调解决信息不对称、配套服务不完善、人才不充裕等问题,加快推动项目落地。鼓励沿海地区与内陆沿边地区共建产业合作园区,按照优势互补、共同出资、联合开发、利益共享的原则,开展产业对接、人才交流培训等方面合作。

(十三)支持梯度转移重点承接地发展。加大对加工贸易梯度转移重点承接地的支持力度，重点加强承接地的公共服务平台建设、员工技能培训、招商引资、就业促进等相关工作。有条件的地区可设立承接转移专项资金，用于促进相关工作。培育和建设一批加工贸易梯度转移重点承接地和示范地。

（十四）研究制定差异化的支持梯度转移政策。在严禁污染产业和落后产能转入的前提下，结合国家重点产业布局，研究制定支持内陆沿边地区承接加工贸易梯度转移的政策措施。

五、引导企业有序开展国际产能合作，统筹国际国内两个市场两种资源

（十五）谋划加工贸易境外合作布局。做好境外合作重点国家和重点行业布局，引导建材、化工、有色、轻工、纺织、食品等产业开展境外合作。转变加工贸易企业“走出去”方式，支持企业依托境外经贸合作区、工业园区、经济特区等合作园区，实现链条式转移、集群式发展。支持企业扩大对外投资，推动装备、技术、标准、服务“走出去”，深度融入全球产业链、价值链、物流链，建设一批大宗商品境外生产基地，培育一批跨国企业。

（十六）完善加工贸易国际合作机制。强化现有多双边合作机制，加强与“走出去”重点国家在投资保护、金融、税收、海关、质检、人员往来等方面开展合作，为企业提供支持。搭建对外合作平台，组织国内加工贸易企业与重点国家行业对口交流，开展产业对接合作。

（十七）深化与“一带一路”沿线国家产业合作。支持传统优势产业到劳动力和能源资源丰富的国家建立生产基地，发展转口贸易和加工贸易。支持在重点开发开放试验区、边境城市、边境经济合作区、跨境经济合作区积极承接加工贸易梯度转移。

（十八）提升中非工业化合作水平。按照循序渐进、重点突破、试点示范的原则，以劳动密集型产业为载体，积极推进中非工业化伙伴行动计划。选择埃塞俄比亚、埃及、尼日利亚、安哥拉、南非等条件相对成熟的国家重点开展加工贸易产能合作。

六、改革创新管理体制，增强发展动力

（十九）深化加工贸易行政审批改革。总结广东省取消加工贸易业务审批和内销审批试点工作经验，全面推进加工贸易行政审批改革进程。实行加工贸易禁止类、限制类商品目录动态管理机制。完善重点敏感商品加工贸易企业准入管理。

（二十）建立加工贸易新型管理体系。加强事中事后监管，完善加工贸易企业经营状况和生产能力核查机制，督促企业强化安全生产、节能低碳、环境保护等社会责任。加快推进商务、海关、质检、税务、外汇等部门与加工贸易企业多方联网，实现部门联动。在有效防范风险、确保税收的前提下，适时完善现有银行保证金台账制度。建立科学合理的加工贸易转型升级评价体系。

(二十一)优化监管方式。加快推进区域通关一体化、通关作业无纸化等改革,进一步提高通关便利化水平。改进监管方式,逐步实现以企业为单元的监管。对资信良好、信息透明、符合海关要求的企业,探索实施企业自核单耗的管理方法。规范出境加工监管流程。

(二十二)加快推进内销便利化。研究取消内销审批,进一步简化内销征税和核销手续。推广实施内销集中征税。发挥加工贸易产品博览会等平台作用,促进加工贸易企业与国内大型商贸流通企业对接,推动线上线下融合。支持企业通过开展电子商务等多种方式,拓宽销售渠道。

(二十三)加快海关特殊监管区域整合优化。充分发挥海关特殊监管区域连接国际国内两个市场两种资源的作用,积极推进其辐射带动周边经济发展,大力发展先进制造业、生产性服务业、科技服务业,推动区内产业升级。在自由贸易试验区内的海关特殊监管区域积极推进内销选择性征收关税政策先行先试,及时总结评估,适时研究扩大试点。促进海关特殊监管区域发展保税加工、保税物流和保税服务等多元化业务。

七、完善政策措施,优化发展环境

(二十四)加大财政支持力度。充分发挥现有财政资金引导作用,鼓励引进先进技术设备,支持产品创新、研发设计、品牌培育和标准制定,推动加工贸易转型升级和梯度转移。加强对社会资金的引导,通过政府和社会资本合作模式、产业基金等,促进改善各类公共服务。

(二十五)提升金融服务水平。鼓励金融机构按照商业可持续和风险可控原则创新金融产品和服务,对内陆沿边地区承接产业转移提供信贷支持,为加工贸易企业转型升级提供多样化融资服务。创新海外保险业务品种,扩大出口信用保险规模和覆盖面,提高承保和理赔效率。引导融资担保机构加强对中小型加工贸易企业的服务。鼓励金融机构通过内保外贷等方式为加工贸易企业开展跨国经营提供融资支持。

(二十六)完善社会保障制度。按照国家规定适时适当降低社会保险费率,减轻加工贸易企业负担。加快实现社会保险全国联网,增强社会保险经办管理服务的便捷性,方便流动就业人员社会保险关系转移接续。做好加工贸易重点发展地区流动就业人员社会保险工作。

(二十七)优化法治环境。完善符合我国国情和国际惯例的加工贸易管理法律法规体系。强化加工贸易企业分类管理,建立商务、环保、海关、工商、质检等部门协调机制,推进加工贸易企业信用评价体系建设,并与企业信用信息公示系统相关联。建立诚信守法便利和违法失信惩戒机制。加强对贴牌加工企业商标、商业秘密等知识产权保护和运用的规范、监督和指导。加大知识产权等相关法律法规培训力度,提高企业知识产权保护意识。

(二十八)营造公平外部环境。积极参加多双边规则谈判,推动引领多边、区域、双边国际经贸规则制订,强化经贸混委会等双边合作机制,有效化解贸易摩擦和争端。发挥自由贸易协定的促进作用。构建稳定的制度化合作平台,进一步改善与主要贸易伙伴的双向货物、服务和投资市场准入条件,推动贸易与投资自由化、便利化。大力推动内地和港澳的经济一体化,继续推进两岸经贸合作制度化。

(二十九)营造有利于制造业发展的舆论环境。稳定加工贸易政策,提供可预期的长期发展环境。鼓励和保护创新,尊重和发扬企业家精神,支持制造企业做专、做精,争创百年企业。鼓励企业重视研发和技术应用,提升管理水平。加强对加工贸易转型升级示范企业的宣传和经验推广。

八、组织保障

(三十)加强人才队伍建设。建立加工贸易企业与职业学校、高等院校、培训机构合作机制,建设实训基地,实行人才定向培养、联合培养。打造劳动力供需对接平台,促进千所职业学校与加工贸易企业合作。加强跨境电子商务、专利信息和知识产权国际化等高级人才的培养和储备。加强国际合作,引进海外中高端人才,为企业"走出去"培养本土化人才。强化人才激励机制,鼓励企业培养高级技术和管理人才。

(三十一)建设公共服务平台。支持建设公共技术研发平台、公共实验室、产品设计中心和标准、检测认证中心等公共服务平台。打造产学研对接平台,鼓励加工贸易企业与地方政府、行业组织、中介机构、国内外高等院校和科研机构开展合作。搭建内外贸融合发展平台,促进国内外企业沟通、交流和采购对接,推动内外贸市场协调发展。

(三十二)发挥中介组织作用。充分发挥行业协会商会在政府、企业和国外行业之间的桥梁作用,组织行业信息交流、建设行业标准体系、参加国内外展会、推进行业自律、开展贸易摩擦应对和预警工作。加强调查研究和行业协调,为加工贸易企业转型升级提供服务。

(三十三)强化地方配套和部门协作。各地区、各部门要充分认识加快推动加工贸易创新发展的重要性和紧迫性,结合地区实际和部门分工,制定具体实施方案,形成合力。各部门要密切协作,建立协调工作机制,为加工贸易发展营造良好政策环境;各地区要出台相关配套措施,抓好政策落实。

国务院办公厅关于全面治理拖欠农民工工资问题的意见

（2016 年 1 月 17 日　国办发〔2016〕1 号）

解决拖欠农民工工资问题，事关广大农民工切身利益，事关社会公平正义和社会和谐稳定。党中央、国务院历来高度重视，先后出台了一系列政策措施，各地区、各有关部门加大工作力度，经过多年治理取得了明显成效。但也要看到，这一问题尚未得到根本解决，部分行业特别是工程建设领域拖欠工资问题仍较突出，一些政府投资工程项目不同程度存在拖欠农民工工资问题，严重侵害了农民工合法权益，由此引发的群体性事件时有发生，影响社会稳定。为全面治理拖欠农民工工资问题，经国务院同意，现提出如下意见：

一、总体要求

（一）指导思想。全面贯彻党的十八大和十八届二中、三中、四中、五中全会精神，按照“四个全面”战略布局和党中央、国务院决策部署，牢固树立并切实贯彻创新、协调、绿色、开放、共享的发展理念，紧紧围绕保护农民工劳动所得，坚持标本兼治、综合治理，着力规范工资支付行为、优化市场环境、强化监管责任，健全预防和解决拖欠农民工工资问题的长效机制，切实保障农民工劳动报酬权益，维护社会公平正义，促进社会和谐稳定。

（二）目标任务。以建筑市政、交通、水利等工程建设领域和劳动密集型加工制造、餐饮服务等易发生拖欠工资问题的行业为重点，健全源头预防、动态监管、失信惩戒相结合的制度保障体系，完善市场主体自律、政府依法监管、社会协同监督、司法联动惩处的工作体系。到 2020 年，形成制度完备、责任落实、监管有力的治理格局，使拖欠农民工工资问题得到根本遏制，努力实现基本无拖欠。

二、全面规范企业工资支付行为

（三）明确工资支付各方主体责任。全面落实企业对招用农民工的工资支付责任，督促各类企业严格依法将工资按月足额支付给农民工本人，严禁将工资发放给不具备用工主体资格的组织和个人。在工程建设领域，施工总承包企业（包括直接承包建设单位发包工程的专业承包企业，下同）对所承包工程项目的农民工工资支付负总责，分包企业（包括承包施工总承包企业发包工程的专业企业,下同)对所招用农民工的工资支付负直接责任,不得以工程款未到位等为由克扣或拖欠农民工工资,不得将合同应收工程款等经营风险转嫁给农民工。

(四)严格规范劳动用工管理。督促各类企业依法与招用的农民工签订劳动合同并严格履行,建立职工名册并办理劳动用工备案。在工程建设领域,坚持施工企业与农民工先签订劳动合同后进场施工,全面实行农民工实名制管理制度,建立劳动计酬手册,记录施工现场作业农民工的身份信息、劳动考勤、工资结算等信息,逐步实现信息化实名制管理。施工总承包企业要加强对分包企业劳动用工和工资发放的监督管理,在工程项目部配备劳资专管员,建立施工人员进出场登记制度和考勤计量、工资支付等管理台账,实时掌握施工现场用工及其工资支付情况,不得以包代管。施工总承包企业和分包企业应将经农民工本人签字确认的工资支付书面记录保存两年以上备查。

(五)推行银行代发工资制度。推动各类企业委托银行代发农民工工资。在工程建设领域,鼓励实行分包企业农民工工资委托施工总承包企业直接代发的办法。分包企业负责为招用的农民工申办银行个人工资账户并办理实名制工资支付银行卡,按月考核农民工工作量并编制工资支付表,经农民工本人签字确认后,交施工总承包企业委托银行通过其设立的农民工工资(劳务费)专用账户直接将工资划入农民工个人工资账户。

三、健全工资支付监控和保障制度

(六)完善企业工资支付监控机制。构建企业工资支付监控网络,依托基层劳动保障监察网格化、网络化管理平台的工作人员和基层工会组织设立的劳动法律监督员,对辖区内企业工资支付情况实行日常监管,对发生过拖欠工资的企业实行重点监控并要求其定期申报。企业确因生产经营困难等原因需要延期支付农民工工资的,应及时向当地人力资源社会保障部门、工会组织报告。建立和完善欠薪预警系统,根据工商、税务、银行、水电供应等单位反映的企业生产经营状况相关指标变化情况,定期对重点行业企业进行综合分析研判,发现欠薪隐患要及时预警并做好防范工作。

(七)完善工资保证金制度。在建筑市政、交通、水利等工程建设领域全面实行工资保证金制度,逐步将实施范围扩大到其他易发生拖欠工资的行业。建立工资保证金差异化缴存办法,对一定时期内未发生工资拖欠的企业实行减免措施、发生工资拖欠的企业适当提高缴存比例。严格规范工资保证金动用和退还办法。探索推行业主担保、银行保函等第三方担保制度,积极引入商业保险机制,保障农民工工资支付。

(八)建立健全农民工工资(劳务费)专用账户管理制度。在工程建设领域，实行人工费用与其他工程款分账管理制度，推动农民工工资与工程材料款等相分离。施工总承包企业应分解工程价款中的人工费用，在工程项目所在地银行开设农民工工资（劳务费）专用账户，专项用于支付农民工工资。建设单位应按照工程承包合同约定的比例或施工总承包企业提供的人工费用数额，将应付工程款中的人工费单独拨付到施工总承包企业开设的农民工工资（劳务费）专用账户。农民工工资（劳务费）专用账户应向人力资源社会保障部门和交通、水利等工程建设项目主管部门备案，并委托开户银行负责日常监管，确保专款专用。开户银行发现账户资金不足、被挪用等情况，应及时向人力资源社会保障部门和交通、水利等工程建设项目主管部门报告。

（九）落实清偿欠薪责任。招用农民工的企业承担直接清偿拖欠农民工工资的主体责任。在工程建设领域，建设单位或施工总承包企业未按合同约定及时划拨工程款，致使分包企业拖欠农民工工资的，由建设单位或施工总承包企业以未结清的工程款为限先行垫付农民工工资。建设单位或施工总承包企业将工程违法发包、转包或违法分包致使拖欠农民工工资的，由建设单位或施工总承包企业依法承担清偿责任。

四、推进企业工资支付诚信体系建设

（十）完善企业守法诚信管理制度。将劳动用工、工资支付情况作为企业诚信评价的重要依据，实行分类分级动态监管。建立拖欠工资企业“黑名单”制度，定期向社会公开有关信息。人力资源社会保障部门要建立企业拖欠工资等违法信息的归集、交换和更新机制，将查处的企业拖欠工资情况纳入人民银行企业征信系统、工商部门企业信用信息公示系统、住房城乡建设等行业主管部门诚信信息平台或政府公共信用信息服务平台。推进相关信用信息系统互联互通，实现对企业信用信息互认共享。

（十一）建立健全企业失信联合惩戒机制。加强对企业失信行为的部门协同监管和联合惩戒，对拖欠工资的失信企业，由有关部门在政府资金支持、政府采购、招投标、生产许可、履约担保、资质审核、融资贷款、市场准入、评优评先等方面依法依规予以限制，使失信企业在全国范围内“一处违法、处处受限”，提高企业失信违法成本。

五、依法处置拖欠工资案件

（十二）严厉查处拖欠工资行为。加强工资支付监察执法，扩大日常巡视检查和书面材料审查覆盖范围，推进劳动保障监察举报投诉案件省级联动处理机制建设，加大拖欠农民工工资举报投诉受理和案件查处力度。完善多部门联合治理机制，深入开展农民工工资支付情况专项检查。健全地区执法协作制度，加强跨区域案件执法协作。完善劳动保障监察行政执法与刑事司法衔接机制，健全劳动保障监察机构、公安机关、检察机关、审判机关间信息共享、案情通报、案件移送等制度，推动完善人民检察院立案监督和人民法院及时财产保全等制度。对恶意欠薪涉嫌犯罪的，依法移送司法机关追究刑事责任，切实发挥刑法对打击拒不支付劳动报酬犯罪行为的威慑作用。

（十三）及时处理欠薪争议案件。充分发挥基层劳动争议调解等组织的作用，引导农民工就地就近解决工资争议。劳动人事争议仲裁机构对农民工因拖欠工资申请仲裁的争议案件优先受理、优先开庭、及时裁决、快速结案。对集体欠薪争议或涉及金额较大的欠薪争议案件要挂牌督办。加强裁审衔接与工作协调，提高欠薪争议案件裁决效率。畅通申请渠道，依法及时为农民工讨薪提供法律服务和法律援助。

（十四）完善欠薪突发事件应急处置机制。健全应急预案，及时妥善处置因拖欠农民工工资引发的突发性、群体性事件。完善欠薪应急周转金制度，探索建立欠薪保障金制度，对企业一时难以解决拖欠工资或企业主欠薪逃匿的，及时动用应急周转金、欠薪保障金或通过其他渠道筹措资金，先行垫付部分工资或基本生活费，帮助解决被拖欠工资农民工的临时生活困难。对采取非法手段讨薪或以拖欠工资为名讨要工程款，构成违反治安管理行为的，要依法予以治安处罚；涉嫌犯罪的，依法移送司法机关追究刑事责任。

六、改进建设领域工程款支付管理和用工方式

（十五）加强建设资金监管。在工程建设领域推行工程款支付担保制度，采用经济手段约束建设单位履约行为，预防工程款拖欠。加强对政府投资工程项目的管理，对建设资金来源不落实的政府投资工程项目不予批准。政府投资项目一律不得以施工企业带资承包的方式进行建设，并严禁将带资承包有关内容写入工程承包合同及补充条款。

（十六）规范工程款支付和结算行为。全面推行施工过程结算，建设单位应按合同约定的计量周期或工程进度结算并支付工程款。工程竣工验收后，对建设单位未完成竣工结算或未按合同支付工程款且未明确剩余工程款支付计划的，探索建立建设项目抵押偿付制度，有效解决拖欠工程款问题。对长期拖欠工程款结算或拖欠工程款的建设单位，有关部门不得批准其新项目开工建设。

（十七）改革工程建设领域用工方式。加快培育建筑产业工人队伍，推进农民工组织化进程。鼓励施工企业将一部分技能水平高的农民工招用为自有工人，不断扩大自有工人队伍。引导具备条件的劳务作业班组向专业企业发展。

（十八）实行施工现场维权信息公示制度。施工总承包企业负责在施工现场醒目位置设立维权信息告示牌，明示业主单位、施工总承包企业及所在项目部、分包企业、行业监管部门等基本信息;明示劳动用工相关法律法规、当地最低工资标准、工资支付日期等信息;明示属地行业监管部门投诉举报电话和劳动争议调解仲裁、劳动保障监察投诉举报电话等信息,实现所有施工场地全覆盖。

七、加强组织领导

(十九)落实属地监管责任。按照属地管理、分级负责、谁主管谁负责的原则,完善并落实解决拖欠农民工工资问题省级人民政府负总责,市(地)、县级人民政府具体负责的工作体制。完善目标责任制度,制定实施办法,将保障农民工工资支付纳入政府考核评价指标体系。建立定期督查制度,对拖欠农民工工资问题高发频发、举报投诉量大的地区及重大违法案件进行重点督查。健全问责制度,对监管责任不落实、组织工作不到位的,要严格责任追究。对政府投资工程项目拖欠工程款并引发拖欠农民工工资问题的,要追究项目负责人责任。

(二十)完善部门协调机制。健全解决企业工资拖欠问题部际联席会议制度,联席会议成员单位调整为人力资源社会保障部、发展改革委、公安部、司法部、财政部、住房城乡建设部、交通运输部、水利部、人民银行、国资委、工商总局、全国总工会,形成治理欠薪工作合力。地方各级人民政府要建立健全由政府负责人牵头、相关部门参与的工作协调机制。人力资源社会保障部门要加强组织协调和督促检查,加大劳动保障监察执法力度。住房城乡建设、交通运输、水利等部门要切实履行行业监管责任,规范工程建设市场秩序,督促企业落实劳务用工实名制管理等制度规定,负责督办因挂靠承包、违法分包、转包、拖欠工程款等造成的欠薪案件。发展改革等部门要加强对政府投资项目的审批管理,严格审查资金来源和筹措方式。财政部门要加强对政府投资项目建设全过程的资金监管,按规定及时拨付财政资金。其他相关部门要根据职责分工,积极做好保障农民工工资支付工作。

(二十一)加大普法宣传力度。发挥新闻媒体宣传引导和舆论监督作用,大力宣传劳动保障法律法规,依法公布典型违法案件,引导企业经营者增强依法用工、按时足额支付工资的法律意识,引导农民工依法理性维权。对重点行业企业,定期开展送法上门宣讲、组织法律培训等活动。充分利用互联网、微博、微信等现代传媒手段,不断创新宣传方式,增强宣传效果,营造保障农民工工资支付的良好舆论氛围。

(二十二)加强法治建设。健全保障农民工工资支付的法律制度,在总结相关行业有效做法和各地经验基础上,加快工资支付保障相关立法,为维护农民工劳动报酬权益提供法治保障。

国务院关于取消一批职业资格许可和认定事项的决定

（2016年1月20日　国发〔2016〕5号）

经研究论证，国务院决定取消61项职业资格许可和认定事项，现予公布。同时，建议取消1项依据有关法律设立的职业资格许可和认定事项，国务院将依照法定程序提请全国人民代表大会常务委员会修订相关法律规定。

各地区、各部门要切实转变管理理念和管理方式，加强对职业资格实施的评估检查，建立事中事后监管机制，营造更好激励人才发展的环境，推动大众创业、万众创新。人力资源社会保障部要会同有关部门抓紧制定公布国家职业资格目录清单并实行动态调整，在目录之外不得开展职业资格许可和认定工作，逐步建立科学合理的国家职业资格体系，让广大劳动者更好施展创业创新才能。

附件

国务院决定取消的职业资格许可和认定事项目录(共计61项)

一、取消的专业技术人员职业资格许可和认定事项(共计43项,其中准入类5项,水平评价类38项)

序号	项目名称	实施部门(单位)	资格类别	设定依据	处理决定	备注
1	公路水运工程造价人员资格	交通运输部	准入类	《建设工程勘察设计管理条例》(国务院令第293号)	取消	
2	潜水人员从业资格	交通运输部	准入类	《中华人民共和国潜水员管理办法》(交通部令1999年第3号)	取消	
3	中央在京直属企业所属远洋渔业船员资格	农业部	准入类	《中华人民共和国船员条例》(国务院令第494号) 《中华人民共和国渔业船员管理办法》(农业部令2014年第4号)	取消	
4	民航计量检定员资格	中国民航局	准入类	《中华人民共和国计量法实施细则》(1987年1月19日国务院批准,1987年2月1日国家计量局发布) 《中国民用航空计量管理规定》(民航总局令第55号)	取消	
5	考古发掘领队资格	国家文物局	准入类	《中华人民共和国文物保护法实施条例》(国务院令第377号)	取消	

续表

序号	项目名称	实施部门（单位）	资格类别	设定依据	处理决定	备注
6	中国物流职业经理资格	国家发展改革委	水平评价类	《关于促进我国现代物流业发展的意见》（发改运行〔2004〕1617号）	取消	
7	中英合作采购与供应管理职业资格	国家发展改革委	水平评价类	《关于促进我国现代物流业发展的意见》（发改运行〔2004〕1617号）	取消	
8	注册人力资源管理师	国家发展改革委	水平评价类	《中国人力资源开发研究会章程》	取消	
9	中国工程建设职业经理人	国家发展改革委	水平评价类	《中国施工企业管理协会章程》	取消	
10	人力资源测评师	国家发展改革委	水平评价类	《中国人力资源开发研究会章程》	取消	
11	电子行业质量体系内部审核员资格	工业和信息化部	水平评价类	无	取消	
12	单片机设计师职业资格	工业和信息化部	水平评价类	《关于授权中国电子企业协会在全国IC设计从业人员中开展IC设计师、单片机设计师技术培训的批复》（信电职监字〔2006〕41号）	取消	
13	城市雕塑创作设计资格	住房城乡建设部	水平评价类	《关于当前城市雕塑建设中几个问题的规定》（（86）城雕0008号） 《城市雕塑建设管理办法》（文艺发〔1993〕40号）	取消	

续表

序号	项目名称	实施部门（单位）	资格类别	设定依据	处理决定	备注
14	勘察设计行业工程总承包项目经理	住房城乡建设部	水平评价类	《关于在全国工程勘察设计行业开展工程项目经理资格考评工作的通知》(中设协字〔2007〕第12号)	取消	
15	全国建设工程造价员资格	住房城乡建设部	水平评价类	《关于统一换发概预算人员资格证书事宜的通知》(建办标函〔2005〕558号) 《全国建设工程造价员管理办法》(中价协〔2011〕21号)	取消	
16	道路运输经理人资格	交通运输部	水平评价类	《道路运输从业人员管理规定》(交通部令2006年第9号)	取消	
17	水文、水资源调查评价上岗资格	水利部	水平评价类	《中华人民共和国水文条例》(国务院令第496号) 《水文水资源调查评价资质和建设项目水资源论证资质管理办法(试行)》(水利部令第17号)	取消	
18	尘肺诊断医师资格	国家卫生计生委	水平评价类	《关于进一步加强职业病诊断鉴定管理工作的通知》(卫法监发〔2003〕350号)	取消	整合为“职业病诊断医师职业资格”
19	职业中毒诊断医师资格	国家卫生计生委	水平评价类	《关于进一步加强职业病诊断鉴定管理工作的通知》(卫法监发〔2003〕350号)	取消	
20	物理因素职业病诊断医师资格	国家卫生计生委	水平评价类	《关于进一步加强职业病诊断鉴定管理工作的通知》(卫法监发〔2003〕350号)	取消	
21	全国职业性放射病诊断医师资格	国家卫生计生委	水平评价类	《关于加强职业病诊断医师培训工作的通知》(卫监督卫便函〔2004〕3号)	取消	

续表

序号	项目名称	实施部门（单位）	资格类别	设定依据	处理决定	备注
22	化学品毒性鉴定专家	国家卫生计生委	水平评价类	《化学品毒性鉴定管理规范》（卫法监发〔2000〕420 号） 《关于开展化学品毒性鉴定机构资质认证有关问题的通知》（卫法监发〔2001〕167 号）	取消	
23	职业卫生专家	国家卫生计生委	水平评价类	《职业卫生技术服务机构管理办法》（卫生部令第 31 号） 《卫生部关于印发〈卫生部职业卫生技术服务机构资质审定工作程序〉等文件的通知》（卫监督发〔2005〕318 号）	取消	
24	职业卫生技术服务专业人员	国家卫生计生委	水平评价类	《职业卫生技术服务机构管理办法》（卫生部令第 31 号） 《卫生部关于印发〈卫生部职业卫生技术服务机构资质审定工作程序〉等文件的通知》（卫监督发〔2005〕318 号）	取消	
25	建设项目职业病危害放射防护评价报告书编制资格	国家卫生计生委	水平评价类	《职业卫生技术服务机构管理办法》（卫生部令第 31 号） 《关于开展职业卫生技术服务机构资质审定工作的通知》（卫法监发〔2002〕309 号） 《关于职业卫生监管部门职责分工的通知》（中央编办发〔2010〕104 号）	取消	
26	金融专业英语	中国人民银行	水平评价类	《关于建立〈金融专业英语证书考试制度〉的通知》（银发〔1994〕107 号）	取消	

续表

序号	项目名称	实施部门（单位）	资格类别	设定依据	处理决定	备注
27	煤炭行业监理工程师	中国煤炭建设协会	水平评价类	《煤炭建设监理工程师资格考试及注册实施细则（试行）》（煤规字〔1995〕第51号）	取消	
28	煤炭建筑施工企业项目经理	中国煤炭建设协会	水平评价类	《煤炭建筑施工企业项目经理资质管理办法》（煤规字〔1995〕第172号）	取消	
29	物流师和采购师	中国物流与采购联合会	水平评价类	《关于开展物流师职业资格认证的通知》（物联培字〔2003〕116号） 《关于开展采购与供应链管理国际资格认证和注册采购师资格认证的通知》（物联培字〔2005〕35号）	取消	
30	铸造工程师	中国铸造协会	水平评价类	无	取消	
31	汽车营销师	中国汽车工业协会	水平评价类	《关于试行〈汽车营销师职业标准〉的通知》（中汽协字〔2005〕34号）	取消	
32	冶金行业造价师	中国钢铁工业协会	水平评价类	《关于由中国建设工程造价管理协会归口做好建设工程概预算人员行业自律工作的通知》（建标〔2005〕69号） 《全国建设工程造价员管理办法》（中价协〔2011〕21号）	取消	
33	石油和化工行业健康安全环境管理师	中国石油和化学工业联合会	水平评价类	无	取消	

续表

序号	项目名称	实施部门（单位）	资格类别	设定依据	处理决定	备注
34	石油和化工行业能源管理师	中国石油和化学工业联合会	水平评价类	《关于在石油和化工行业试行能源管理师制度的实施意见》（中石化协人发〔2006〕307号）	取消	原实施单位为国务院国资委管理的行业协会
35	电力行业监理工程师、总监理工程师	中国电力建设企业协会	水平评价类	《全国电力行业监理工程师和总监理工程师管理办法》（中电建协〔2005〕25号）	取消	
36	电力施工建设企业项目经理岗位资格	中国电力建设企业协会	水平评价类	《电力工程项目经理职业岗位资格管理办法》	取消	
37	电力建设工程调试职业资格	中国电力建设企业协会	水平评价类	《电力工程调试能力资格管理办法（2013版）》（中电建协调〔2013〕7号）	取消	
38	产权交易职业资格	中国企业国有产权交易机构协会	水平评价类	《企业国有产权转让管理暂行办法》（国务院国资委、财政部令第3号）	取消	
39	广告师、助理广告师	工商总局、人力资源社会保障部	水平评价类	《关于印发广告专业技术人员职业资格制度规定和助理广告师、广告师职业资格考试实施办法的通知》（人社部发〔2014〕25号）	取消	
40	升放无人驾驶自由气球或者系留气球作业人员资格	中国气象局	水平评价类	《施放气球管理办法》（中国气象局令第9号） 《关于防雷专业技术和施放气球作业人员资格认定转变管理方式的通知》（气办发〔2004〕19号）	取消	
41	人工影响天气作业人员资格	中国气象局	水平评价类	无	取消	

续表

序号	项目名称	实施部门（单位）	资格类别	设定依据	处理决定	备注
42	文物进出境责任鉴定员	国家文物局	水平评价类	《中华人民共和国文物保护法实施条例》（国务院令第377号）	取消	
43	铁路建设工程监理员	中国铁路总公司	水平评价类	《铁路建设工程监理员执业资格管理办法》（建协〔2003〕13号）	取消	

二、取消的技能人员职业资格许可和认定事项（共计18项，均为水平评价类）

序号	项目名称	实施部门（单位）	资格类别	设定依据	处理决定
1	糖果工艺师	人力资源社会保障部	水平评价类	《中华人民共和国职业分类大典》（2006增补本）	取消
2	珠心算教练师	人力资源社会保障部	水平评价类	《中华人民共和国职业分类大典》（2005增补本）	取消
3	商品储运员	人力资源社会保障部	水平评价类	《中华人民共和国职业分类大典》（1999）	取消
4	咖啡师	人力资源社会保障部	水平评价类	《中华人民共和国职业分类大典》（2006增补本）	取消
5	厨政管理师	人力资源社会保障部	水平评价类	《中华人民共和国职业分类大典》（2007增补本）	取消
6	冲印师	人力资源社会保障部	水平评价类	《中华人民共和国职业分类大典》（1999）	取消
7	影视木偶制作员	新闻出版广电总局	水平评价类	《中华人民共和国职业分类大典》（1999）	取消
8	影视设备机械员	新闻出版广电总局	水平评价类	《中华人民共和国职业分类大典》（1999）	取消

续表

序号	项目名称	实施部门（单位）	资格类别	设定依据	处理决定
9	舞台音响效果工	新闻出版广电总局	水平评价类	《中华人民共和国职业分类大典》(1999)	取消
10	拷贝检片员	新闻出版广电总局	水平评价类	《中华人民共和国职业分类大典》(1999)	取消
11	拷贝字幕员	新闻出版广电总局	水平评价类	《中华人民共和国职业分类大典》(1999)	取消
12	营林试验工	国家林业局	水平评价类	《中华人民共和国职业分类大典》(1999)	取消
13	装卸归楞工	国家林业局	水平评价类	《中华人民共和国职业分类大典》(1999)	取消
14	木材防腐师	国家林业局	水平评价类	《中华人民共和国职业分类大典》(2006 增补本)	取消
15	木材及家具检验工	国家林业局	水平评价类	《中华人民共和国职业分类大典》(1999)	取消
16	旅店服务员	中国商业联合会	水平评价类	《中华人民共和国职业分类大典》(1999)	取消
17	浴池服务员	中国商业联合会	水平评价类	《中华人民共和国职业分类大典》(1999)	取消
18	人造花制作工	中国轻工业联合会	水平评价类	《中华人民共和国职业分类大典》(1999)	取消

国务院办公厅关于推进农业水价综合改革的意见

（2016 年 1 月 21 日　国办发〔2016〕2 号）

农业是用水大户，也是节水潜力所在。长期以来，我国农田水利基础设施薄弱，运行维护经费不足，农业用水管理不到位，农业水价形成机制不健全，价格水平总体偏低，不能有效反映水资源稀缺程度和生态环境成本，价格杠杆对促进节水的作用未得到有效发挥，不仅造成农业用水方式粗放，而且难以保障农田水利工程良性运行。为建立健全农业水价形成机制，促进农业节水和农业可持续发展，经国务院同意，现提出以下意见：

一、总体要求

（一）指导思想。全面贯彻党的十八大和十八届三中、四中、五中全会精神，认真落实党中央、国务院决策部署，按照“四个全面”战略布局要求，牢固树立创新、协调、绿色、开放、共享的发展理念，围绕保障国家粮食安全和水安全，落实节水优先方针，加强供给侧结构性改革和农业用水需求管理，坚持使市场在资源配置中起决定性作用和更好发挥政府作用，政府和市场协同发力，以完善农田水利工程体系为基础，以健全农业水价形成机制为核心，以创新体制机制为动力，逐步建立农业灌溉用水量控制和定额管理制度，提高农业用水效率，促进实现农业现代化。

（二）基本原则。

坚持综合施策。加强农业水价改革与其他相关改革的衔接，综合运用工程配套、管理创新、价格调整、财政奖补、技术推广、结构优化等举措统筹推进改革。

坚持两手发力。既要使市场在资源配置中起决定性作用，促进农业节水，也要更好发挥政府作用，保障粮食等重要农作物合理用水需求，总体上不增加农民负担。

坚持供需统筹。既要强化供水管理，健全运行机制，提高供水服务效率，也要把需求管理摆在更加突出位置，全面提高农业用水精细化管理水平，推动农业用水方式转变。

坚持因地制宜。区分不同地区水资源禀赋、灌溉条件、经济发展水平、种植养殖结构等差异状况，结合土地流转、农业经营方式转变，尊重农民意愿，探索符合实际、各具特色的做法，有计划、分步骤推进。

（三）总体目标。用10年左右时间，建立健全合理反映供水成本、有利于节水和农田水利体制机制创新、与投融资体制相适应的农业水价形成机制；农业用水价格总体达到运行维护成本水平，农业用水总量控制和定额管理普遍实行，可持续的精准补贴和节水奖励机制基本建立，先进适用的农业节水技术措施普遍应用，农业种植结构实现优化调整，促进农业用水方式由粗放式向集约化转变。农田水利工程设施完善的地区要加快推进改革，通过3—5年努力率先实现改革目标。

二、夯实农业水价改革基础

（四）完善供水计量设施。加快供水计量体系建设，新建、改扩建工程要同步建设计量设施；尚未配备计量设施的已建工程要抓紧改造。严重缺水地区和地下水超采地区要限期配套完善。大中型灌区骨干工程全部实现斗口及以下计量供水；小型灌区和末级渠系根据管理需要细化计量单元；使用地下水灌溉的要计量到井，有条件的地方要计量到户。

（五）建立农业水权制度。以县级行政区域用水总量控制指标为基础，按照灌溉用水定额，逐步把指标细化分解到农村集体经济组织、农民用水合作组织、农户等用水主体，落实到具体水源，明确水权，实行总量控制。鼓励用户转让节水量，政府或其授权的水行政主管部门、灌区管理单位可予以回购；在满足区域内农业用水的前提下，推行节水量跨区域、跨行业转让。

（六）提高农业供水效率和效益。加强供给侧结构性改革，加快完善大中小微并举的农田水利工程体系。做好工程维修养护，保障工程良性运行。强化供水计划管理和调度，提高管理单位运行效率，强化监督检查，加强成本控制，建立管理科学、精简高效、服务到位的运行机制，保障合理的灌溉用水需求，有效降低供水成本。加强水费征收与使用管理。建立中央财政农田水利资金投入激励机制，重点向农业水价综合改革积极性高、工作有成效的地区倾斜。

（七）加强农业用水需求管理。在稳定粮食产量和产能的基础上，因地制宜调整优化种植结构。适度调减存在地表水过度利用、地下水严重超采等问题的水资源短缺地区高耗水作物面积。选育推广需水少的耐旱节水作物，建立作物生育阶段与天然降水相匹配的农业种植结构与种植制度。大力推广管灌、滴灌等节水技术，集成发展水肥一体化、水肥药一体化技术，积极推广农机农艺相结合的深松整地、覆盖保墒等措施，提升天然降水利用效率。开展节水农业试验示范和技术培训，提高农民科学用水技术水平。

（八）探索创新终端用水管理方式。鼓励发展农民用水自治、专业化服务、水管单位管理和用户参与等多种形式的终端用水管理模式。支持农民用水合作组织规范组建、创新发展，并充分发挥其在供水工程建设管理、用水管理、水费计收等方面的作用。推进小型水利工程管理体制改革，明晰农田水利设施产权，颁发产权证书，将使用权、管理权移交给农民用水合作组织、农村集体经济组织、受益农户及新型农业经营主体，明确管护责任。通过政府和社会资本合作（PPP）模式、政府购买服务等方式，鼓励社会资本参与农田水利工程建设和管护。

三、建立健全农业水价形成机制

（九）分级制定农业水价。农业水价按照价格管理权限实行分级管理。大中型灌区骨干工程农业水价原则上实行政府定价，具备条件的可由供需双方在平等自愿的基础上，按照有利于促进节水、保障工程良性运行和农业生产发展的原则协商定价；大中型灌区末级渠系和小型灌区农业水价，可实行政府定价，也可实行协商定价，具体方式由各地自行确定。加强政府定价成本监审，充分利用节水改造腾出空间，综合考虑供水成本、水资源稀缺程度以及用户承受能力等，合理制定供水工程各环节水价并适时调整。供水价格原则上应达到或逐步提高到运行维护成本水平；确有困难的地区要尽量提高并采取综合措施保障工程良性运行。水资源紧缺、用户承受能力强的地区，农业水价可提高到完全成本水平。

（十）探索实行分类水价。区别粮食作物、经济作物、养殖业等用水类型，在终端用水环节探索实行分类水价。统筹考虑用水量、生产效益、区域农业发展政策等，合理确定各类用水价格，用水量大或附加值高的经济作物和养殖业用水价格可高于其他用水类型。地下水超采区要采取有效措施，使地下水用水成本高于当地地表水，促进地下水采补平衡和生态改善。合理制定地下水水资源费（税）征收标准，严格控制地下水超采。

（十一）逐步推行分档水价。实行农业用水定额管理，逐步实行超定额累进加价制度，合理确定阶梯和加价幅度，促进农业节水。因地制宜探索实行两部制水价和季节水价制度，用水量年际变化较大的地区，可实行基本水价和计量水价相结合的两部制水价；用水量受季节影响较大的地区，可实行丰枯季节水价。

四、建立精准补贴和节水奖励机制

（十二）建立农业用水精准补贴机制。在完善水价形成机制的基础上，建立与节水成效、调价幅度、财力状况相匹配的农业用水精准补贴机制。补贴标准根据定额内用水成本与运行维护成本的差额确定，重点补贴种粮农民定额内用水。补贴的对象、方式、环节、标准、程序以及资金使用管理等，由各地自行确定。

（十三）建立节水奖励机制。逐步建立易于操作、用户普遍接受的农业用水节水奖励机制。根据节水量对采取节水措施、调整种植结构节水的规模经营主体、农民用水合作组织和农户给予奖励，提高用户主动节水的意识和积极性。

（十四）多渠道筹集精准补贴和节水奖励资金。统筹财政安排的水管单位公益性人员基本支出和工程公益性部分维修养护经费、农业灌排工程运行管理费、农田水利工程设施维修养护补助、调水费用补助、高扬程抽水电费补贴、有关农业奖补资金等，落实精准补贴和节水奖励资金来源。

五、保障措施

（十五）落实地方责任。各地区要进一步提高认识，把农业水价综合改革作为改革重点任务，积极推进落实。省级人民政府对本行政区域农业水价综合改革工作负总责，要切实加强组织领导，结合实际制定具体实施方案，明确改革时间表和分步实施计划，细化年度改革目标任务，建立健全工作机制，抓好各项措施落实。及时协调解决改革中遇到的困难和问题，定期总结改革经验，具备条件的要适时予以推广。

（十六）加强指导协调。发展改革委、财政部、水利部、农业部要认真履行职责，强化协调配合，加大对各地农业水价综合改革工作的指导和支持力度，每年向国务院报告进展情况。

（十七）强化宣传引导。各有关部门和地方各级人民政府要做好农业水价综合改革的政策解读，加强舆论引导，强化水情教育，引导农民树立节水观念、增强节水意识、提高有偿用水意识和节约用水的自觉性，为推进农业水价综合改革创造良好社会环境。

国务院部门规章

环境保护公众参与办法

（2015年7月13日环境保护部令第35号公布　自2015年9月1日起施行）

第一条　为保障公民、法人和其他组织获取环境信息、参与和监督环境保护的权利，畅通参与渠道，促进环境保护公众参与依法有序发展，根据《环境保护法》及有关法律法规，制定本办法。

第二条　本办法适用于公民、法人和其他组织参与制定政策法规、实施行政许可或者行政处罚、监督违法行为、开展宣传教育等环境保护公共事务的活动。

第三条　环境保护公众参与应当遵循依法、有序、自愿、便利的原则。

第四条　环境保护主管部门可以通过征求意见、问卷调查，组织召开座谈会、专家论证会、听证会等方式征求公民、法人和其他组织对环境保护相关事项或者活动的意见和建议。

公民、法人和其他组织可以通过电话、信函、传真、网络等方式向环境保护主管部门提出意见和建议。

第五条　环境保护主管部门向公民、法人和其他组织征求意见时，应当公布以下信息：

（一）相关事项或者活动的背景资料；

（二）征求意见的起止时间；

（三）公众提交意见和建议的方式；

（四）联系部门和联系方式。

公民、法人和其他组织应当在征求意见的时限内提交书面意见和建议。

第六条　环境保护主管部门拟组织问卷调查征求意见的，应当对相关事项的基本情况进行说明。调查问卷所设问题应当简单明确、通俗易懂。调查的人数及其范围应当综合考虑相关事项或者活动的环境影响范围和程度、社会关注程度、组织公众参与所需要的人力和物力资源等因素。

第七条 环境保护主管部门拟组织召开座谈会、专家论证会征求意见的，应当提前将会议的时间、地点、议题、议程等事项通知参会人员，必要时可以通过政府网站、主要媒体等途径予以公告。

参加专家论证会的参会人员应当以相关专业领域专家、环保社会组织中的专业人士为主，同时应当邀请可能受相关事项或者活动直接影响的公民、法人和其他组织的代表参加。

第八条 法律、法规规定应当听证的事项，环境保护主管部门应当向社会公告，并举行听证。

环境保护主管部门组织听证应当遵循公开、公平、公正和便民的原则，充分听取公民、法人和其他组织的意见，并保证其陈述意见、质证和申辩的权利。

除涉及国家秘密、商业秘密或者个人隐私外，听证应当公开举行。

第九条 环境保护主管部门应当对公民、法人和其他组织提出的意见和建议进行归类整理、分析研究，在作出环境决策时予以充分考虑，并以适当的方式反馈公民、法人和其他组织。

第十条 环境保护主管部门支持和鼓励公民、法人和其他组织对环境保护公共事务进行舆论监督和社会监督。

第十一条 公民、法人和其他组织发现任何单位和个人有污染环境和破坏生态行为的，可以通过信函、传真、电子邮件、“12369”环保举报热线、政府网站等途径，向环境保护主管部门举报。

第十二条 公民、法人和其他组织发现地方各级人民政府、县级以上环境保护主管部门不依法履行职责的，有权向其上级机关或者监察机关举报。

第十三条 接受举报的环境保护主管部门应当依照有关法律、法规规定调查核实举报的事项，并将调查情况和处理结果告知举报人。

第十四条 接受举报的环境保护主管部门应当对举报人的相关信息予以保密，保护举报人的合法权益。

第十五条 对保护和改善环境有显著成绩的单位和个人，依法给予奖励。

国家鼓励县级以上环境保护主管部门推动有关部门设立环境保护有奖举报专项资金。

第十六条 环境保护主管部门可以通过提供法律咨询、提交书面意见、协助调查取证等方式，支持符合法定条件的环保社会组织依法提起环境公益诉讼。

第十七条 环境保护主管部门应当在其职责范围内加强宣传教育工作，普及环境科学知识，增强公众的环保意识、节约意识；鼓励公众自觉践行绿色生活、绿色消费，形成低碳节约、保护环境的社会风尚。

第十八条 环境保护主管部门可以通过项目资助、购买服务等方式，支持、引导社会组织参与环境保护活动。

第十九条 法律、法规和环境保护部制定的其他部门规章对环境保护公众参与另有规定的，从其规定。

第二十条 本办法自2015年9月1日起施行。

城市社区档案管理办法

（2015年11月23日国家档案局、民政部令第11号公布 自2016年1月1日起施行）

第一条 为规范城市社区档案（以下简称社区档案）管理，根据《中华人民共和国档案法》《中华人民共和国城市居民委员会组织法》和国家有关规定，制定本办法。

第二条 本办法所称社区档案，是指城市社区党组织、居民委员会、社区服务机构、社区社会组织（以下简称社区各类组织）和居民在社区建设中形成的具有保存价值的各种文字、图表、声像、电子数据等不同形式和载体的历史记录。

第三条 社区档案工作在业务上接受街道办事处（乡镇人民政府）以及档案行政管理部门和民政部门的监督和指导。

第四条 社区党组织和居民委员会应当重视档案工作，加强组织领导，将档案工作纳入社区建设内容，促进档案工作与社区其他各项工作同步协调发展。

第五条 社区档案工作经费从社区的办公经费中列支，并应当满足实际工作的需要。

第六条 社区党组织或者居民委员会应当指定人员管理本社区各类档案，有条件的地方可以设立综合档案室。

档案管理人员应当经过档案专业知识培训，调离工作岗位时应当在离职前办理档案交接手续。

第七条 社区综合档案室或者档案管理人员负责宣传、贯彻和执行党和国家有关档案工作的法律法规和标准规范，指导、监督本社区文件材料的归档、整理和移交工作。

第八条 社区档案由社区综合档案室或者档案管理人员集中统一管理，

任何单位和个人不得据为己有或者擅自销毁。

第九条 社区建设中形成的文件材料可以分为文书类、科技类、会计类等三个大类,具体的归档范围和保管期限参照本办法附件。

第十条 社区文件材料的归档,应当符合以下要求:

(一)归档的文件材料应当齐全、完整、排列有序;装订结实、整齐;备考表填写真实、清楚;归档文件目录或者卷内文件目录明晰、准确;

(二)归档的文件材料中有照片或者复印件的,应当图文清晰;

(三)归档时间:

文书材料于次年6月底前归档;

科技文件材料在科技活动结束后1个月内归档;

会计材料由会计部门在会计年度终了后保管1年,于次年3月底前归档;

声像材料在活动结束或者办理完毕后随时归档;

实物材料及时归档;

电子文件按照《电子文件归档与管理规范》(GB/T18894)和《电子文件归档光盘技术要求和应用规范》(DA/T38)的要求整理。

第十一条 社区档案按照下列规则进行分类编号:

(一)文书档案按照年度——问题(社区党建、居民自治、社区管理、社区服务、社区治安等)进行分类,参照《归档文件整理规则》,以件为单位,按年度——问题——保管期限排列编号;

(二)科技档案中的基建档案按照工程项目分类整理,按照项目——时间排列编号;设备仪器档案按照型号分类整理,按照型号——时间排列编号;

(三)会计档案按照年度——类别(报表、账簿、凭证、其他)分类整理并排列编号。

第十二条 社区综合档案室或者档案管理人员应当设立专室或者专柜保管档案,采取有效的防火、防盗、防高温、防潮、防光、防尘、防鼠、防虫、防磁等措施,确保档案的完整与安全。

第十三条 档案管理人员应当定期对档案及其保管状况进行全面检查,并形成安全检查记录;如有破损、霉变、虫蛀、褪色等现象时,应当及时修补、复制或者进行其他技术处理。

对声像档案和电子档案,要定期检查信息记录的安全性,确保档案可读可用;有条件的地方要及时对声像档案进行数字化转化,以利于长期使用。

第十四条 社区综合档案室或者档案管理人员应当建立档案统计制度,对档案的收进和移出、保管数量、借阅和利用效果、销毁等情况,进行及时、准确的统计。

第十五条 社区综合档案室或者档案管理人员应当建立健全档案利用制度,为档案利用创造条件,简化手续,提供方便。

利用档案时应当按照规定办理手续,并及时做好利用效果登记。

档案管理人员应当认真检查归还档案,如发现有短缺、涂改、污损情况,要及时报告并追查。

第十六条 社区应当组织成立档案鉴定工作小组,对已到期档案及时进行鉴定。

鉴定工作小组由社区档案管理人员和形成档案的组织的人员(或者居民代表)组成,鉴定后应当形成档案鉴定报告。对失去保存价值的档案,应当清点核对并编制档案销毁清册,经过必要的审批手续后按照规定销毁。

禁止擅自销毁档案。档案销毁清册应当永久保存。

第十七条 社区档案应当依法保持齐全完整,不得随意将社区档案拆散、重新组合。

第十八条 社区综合档案室或者档案管理人员应当围绕社区中心工作和居民利用需求,加强档案信息资源的开发利用,积极开展档案编研工作。

第十九条 社区档案管理应当积极采用计算机等先进技术,逐步实现档案管理的信息化、现代化。

第二十条 涉及国家秘密、商业秘密和个人隐私等内容的档案的保管、利用,应当按照国家有关法律法规规定办理。

第二十一条 违反国家有关规定,对档案有损毁、丢失以及出卖、涂改、伪造、泄密等情况的,应当依法追究相关人员责任。构成犯罪的,依法追究刑事责任。

第二十二条 各省(自治区、直辖市)、新疆生产建设兵团档案行政管理部门商同级民政部门,可以结合当地实际情况制定本办法的实施细则。

第二十三条 本办法由国家档案局和民政部负责解释。

第二十四条 本办法自2016年1月1日起施行。

附件：

城市社区文件材料归档范围和保管期限表

一级类目	二级类目	顺序号	归档范围	保管期限
文件材料	社区党群管理及社区管理类	1	上级针对本社区设立、撤并、调整、更名、社区干部任免的通知、批复等文件材料	永久
		2	本社区组织简介、人员编制、印信启用和印信作废等文件材料	永久
		3	本社区党组织会议、居民委员会会议的会议纪要、记录、讨论通过的决议、规定等	永久
		4	本社区组织召开的党员大会、居民会议、团组织会议、妇联组织会议等重要会议的通知、名单、日程、报告、讲话、总结、纪要等	永久
		5	本社区组织召开的重要会议的典型材料、交流材料、代表发言材料、简报等	30年
		6	本社区召开的民主恳谈会、居民听证会、民主协商、矛盾纠纷调解、民情民意反映等一般会议的通知、名单、日程、总结、纪要等	10年
		7	本社区召开的一般会议的交流材料、代表发言材料等	10年
		8	本社区开展居务公开、民主评议工作过程中形成的文件材料	永久
		9	上级领导视察、检查本社区工作时形成的文件材料	
			(1)重要的	永久
			(2)一般的、本社区工作汇报材料	10年
		10	本社区居民委员会计划、总结、统计、调研等方面的文件材料	
			(1)年度和年度以上的计划、总结、统计材料、重要专题的调研材料	永久
			(2)年度以下的计划、总结、统计材料、一般问题的调研材料	10年
		11	本社区党组织、居民委员会、社区工、青、妇等群团组织、社区社会组织等各类组织的换届选举材料、上级批准或登记备案材料	永久
		12	本社区专项活动形成的文件材料	
			(1)重要的(如各类创建活动等)	30年
			(2)一般的(如精神文明教育、文化艺术、全民健身、科普教育、环保宣传教育、爱国卫生运动、健康教育等活动)	10年

续表

一级类目	二级类目	顺序号	归 档 范 围	保管期限
		13	上级颁发的关于居民委员会工作的文件材料	
			(1)法规政策性文件	30年
			(2)规范性、一般性文件	10年
		14	本社区的请示和上级针对本社区各项工作的批复、批示	
			(1)重要业务问题的	永久
			(2)一般业务问题的	30年
		15	本社区编辑、编写的文件材料	
			(1)大事记、组织沿革等	永久
			(2)简报、情况反映、工作信息等	10年
		16	关于本社区的新闻报道	10年
		17	本社区制定的各项规章、规范、制度、公约等	30年
		18	针对本社区人员的表彰、奖励等文件材料	
			(1)受县级(含)以上表彰、奖励的	永久
			(2)受县级以下表彰、奖励的	30年
		19	本社区处理问题、事件的惩处决定	
			(1)受到警告(不含)以上处分的	永久
			(2)受到警告处分的	30年
		20	对本社区专职工作人员的选举、聘用、福利、社会保障等文件材料	永久
		21	对本社区专职工作人员的培训、考核、社区志愿者登记制度等文件材料	10年
		22	本社区党团员名册、组织关系介绍信及存根、本社区志愿者队伍人员名单等	永久
		23	本社区的房产、土地所有权和使用权的文件材料	永久
		24	本社区与有关单位签订的合同、协定、协议等文件材料	
			(1)重要的	永久
			(2)一般的	10年

续表

一级类目	二级类目	顺序号	归档范围	保管期限
		25	本社区物资(办公设备及用品、机动车等)采购计划、审批手续、招投标、购置等文件材料	30年
		26	本社区居委会国有资产管理(登记、统计、核查清算、交接凭证等)文件材料	
			(1)重要的	永久
			(2)一般的	10年
		27	本社区接待工作的计划、方案	
			(1)重要的	30年
			(2)一般的	10年
		28	本社区出国考察、友好往来等活动中形成的文件材料	30年
		29	本社区信息、档案、保密工作中形成的文件材料	10年
	社区服务类	30	本社区居民的拆迁补偿、养老保险、医疗保险、职工退休、退职等登记表、协议书、存根、审批表及其他社会保障参保、退保等文件材料	永久
		31	本社区现役、复员、转业军人、军队离休干部、革命伤残军人、烈属、病故军人家属、残疾人、特困供养人员、临时救助人员等社会优抚、社会救助相关文件材料	30年
		32	本社区居民殡葬火化初审证明、存根、登记册	30年
		33	本社区登记失业人员情况、就业服务情况登记册、老年卡申办初审、最低生活保障申办初审、享受社会救济救助金申报初审等登记册	10年
		34	本社区物业管理制度、管理规约	30年
		35	本社区服务网点设置和服务内容、家政服务公司名单及运营情况等文件材料	10年
		36	本社区服务工作计划、总结和报告	30年
		37	本社区各小区物业维修基金的使用和结余情况报告	永久
		38	本社区内各小区物业公司的工作报告和财务报告	30年
		39	本社区专业社会工作者、志愿者队伍开展各项活动、各种服务活动组成人员的文件材料	10年

续表

一级类目	二级类目	顺序号	归 档 范 围	保管期限
		40	本社区内各类社会组织的数量、人员构成、活动情况等文件材料	30 年
		41	本社区公益慈善事业的经费筹集办法、资金及使用情况的文件材料	10 年
		42	本社区集体经济收益所得及其使用情况的文件材料	10 年
		43	本社区集体经济项目的立项、承包方案以及社区公益事业的建设承包方案	永久
		44	本社区居民家庭及成员基本情况登记表	30 年
	社区治安类	45	本社区制定的有关治安综合治理及安全网络建设方面的规定、制度、宣传教育等文件材料	
			(1)重要的	30 年
			(2)一般的	10 年
		46	本社区治安防范队伍人员名单	30 年
		47	本社区各种民事调解、纠纷处理的文件材料	
			(1)涉及房产、资产的	永久
			(2)影响重大的	30 年
			(3)一般的	10 年
		48	本社区对监管、释放、社区矫正、解除强制隔离戒毒等重点人群的教育、服务、管理材料	30 年
科技文件材料	基本建设类	49	本社区文化、教育、体育、青少年、老年活动、福利事业、农贸市场等建设设施项目的审批、设计、施工、监理、竣工、维修、扩建等成套的文字、图表、照片等文件材料	
			(1)重要的	永久
			(2)一般的	10 年
		50	本社区环境保护项目的审批、设计、施工、竣工、维修、扩建等成套的文字、图表、照片等文件材料	
			(1)重要的	永久
			(2)一般的	10 年

续表

一级类目	二级类目	顺序号	归档范围	保管期限
		51	本社区所属服务机构基础设施项目审批、设计、施工、竣工、维修、扩建等成套的文字、图表、照片等文件材料	永久
	设备仪器类	52	本社区公共服务设施的购置(引进)合同、协议以及合格证书、使用说明、图纸等	30年
		53	本社区居民委员会关于计算机、传真机、打印机、复印机、电视机、空调、汽车等办公通用和专用设备的购置合同、装箱单、使用说明书、维修及保修记录等	10年
会计材料		54	本社区居民委员会的各类报表及分析报告	
			(1)年度的	永久
			(2)半年的、季度的、月的	3年
		55	本社区居民委员会的各类总账、明细账、分类账,现金出纳账、固定资产明细账和其他辅助账	15年
		56	本社区现金和银行日记账等账簿	25年
		57	本社区居民委员会的各种会计凭证	15年
		58	本社区居民委员会的会计移交清册	15年
		59	本社区居民委员会的会计档案保管清册、档案销毁清册	永久
		60	本社区居民委员会银行余额调节表、对账单	5年

国家林业局关于修改部分部门规章的决定

（2015 年 11 月 24 日国家林业局令第 38 号公布　自公布之日起施行）

根据国务院推进行政审批制度改革的有关决定，对下列部门规章进行修改：

一、《突发林业有害生物事件处置办法》(2005 年 5 月 23 日国家林业局令第 13 号)

（一）将第四条第二款修改为："直接危及人类健康的突发林业有害生物事件，为一级突发林业有害生物事件；一级突发林业有害生物事件以外的其他突发林业有害生物事件，为二级突发林业有害生物事件。"

（二）将第五条第一款修改为："一级突发林业有害生物事件，由国家林业局确认；二级突发林业有害生物事件，由省、自治区、直辖市人民政府林业主管部门确认。"

（三）将第十三条中的"应当及时逐级上报到省、自治区、直辖市人民政府林业主管部门，并同时报告同级人民政府"修改为："应当按照有关规定逐级上报国家林业局"。

增加一款作为第二款"突发林业有害生物事件的报告，主要包括有害生物的种类、发生地点和时间、级别、危害程度、已经采取的措施以及相关图片材料等内容"。

（四）将第十四条第一款修改为"国家林业局或者省、自治区、直辖市人民政府林业主管部门应当组织专家和有关人员对县级人民政府林业主管部门报告的情况进行调查和论证，确认是否属于突发林业有害生物事件"。

将第二款修改为"经确认属于一级突发林业有害生物事件的，国家林业局应当启动应急预案；经确认属于二级突发林业有害生物事件的，省、自治区、直辖市人民政府林业主管部门应当启动应急预案"。

删除第三款。

（五）删除第十六条。

（六）将第二十二条改为第二十一条，并将其中的"依照国家有关规定给予行政处分"修改为"依法给予处分"。

此外,对条文顺序作了相应调整。

二、《大熊猫国内借展管理规定》(2011 年 7 月 25 日国家林业局令第 28 号)

将第七条第二项修改为:"借展双方的单位证明材料"。

本决定自公布之日起施行。

根据本决定,对《突发林业有害生物事件处置办法》、《大熊猫国内借展管理规定》作相应修改,重新公布。

突发林业有害生物事件处置办法

(2005 年 5 月 23 日国家林业局令第 13 号公布　根据 2015 年 11 月 24 日国家林业局令第 38 号修改)

第一条　为了及时处置突发林业有害生物事件,控制林业有害生物传播、蔓延,减少灾害损失,根据《森林病虫害防治条例》和《植物检疫条例》等有关规定,制定本办法。

第二条　本办法所称林业有害生物,是指危害森林、林木和林木种子正常生长并造成经济损失的病、虫、杂草等有害生物。

第三条　本办法所称突发林业有害生物事件,是指发生暴发性、危险性或者大面积的林业有害生物危害事件,包括:

(一)林业有害生物直接危及人类健康的;

(二)从国(境)外新传入林业有害生物的;

(三)新发生林业检疫性有害生物疫情的;

(四)林业非检疫性有害生物导致叶部受害连片成灾面积 1 万公顷以上、枝干受害连片成灾面积 0.1 万公顷以上的。

第四条　突发林业有害生物事件分为一级和二级。

直接危及人类健康的突发林业有害生物事件,为一级突发林业有害生物事件;一级突发林业有害生物事件以外的其他突发林业有害生物事件,为二级突发林业有害生物事件。

第五条　一级突发林业有害生物事件,由国家林业局确认;二级突发林业有害生物事件,由省、自治区、直辖市人民政府林业主管部门确认。

属于从国(境)外新传入的林业有害生物,以及首次在省、自治区、直辖市范围内发生的林业检疫性有害生物,应当经过国家林业局林业有害生物检验鉴定中心鉴定。

第六条 国家林业局负责组织、协调和指导全国突发林业有害生物事件的处置工作。

县级以上地方人民政府林业主管部门在人民政府领导下，具体负责本辖区内突发林业有害生物事件的处置工作。

第七条 国家林业局负责组织制定一级突发林业有害生物事件应急预案。省、自治区、直辖市人民政府林业主管部门负责组织制定本辖区的二级突发林业有害生物事件应急预案。

突发林业有害生物事件应急预案的主要内容是：应急处置指挥体系及其工作职责、预警和预防机制、应急响应、后期评估与善后处理、保障措施等。

第八条 县级人民政府林业主管部门应当根据突发林业有害生物事件应急预案，制定本辖区的突发林业有害生物事件应急实施方案。

突发林业有害生物事件应急实施方案的主要内容是：

（一）应急处置指挥机构和人员；

（二）应急处置工作职责和程序；

（三）林业有害生物控制和防治措施；

（四）林业有害生物应急处置物质保障。

第九条 县级以上人民政府林业主管部门应当加强林业有害生物测报试验室、检疫检验试验室、林木种苗及木材除害设施、物资储备仓库、通讯设备等基础设施建设，做好药剂、器械等有关物资的储备。

第十条 县级人民政府林业主管部门应当组织对突发林业有害生物事件应急处置救灾人员的专业技术培训，开展技术演练，提高应急处置技能。

第十一条 县级以上人民政府林业主管部门的森林病虫害防治机构及其中心测报点，应当及时对林业有害生物进行调查与监测，综合分析测报数据，提出防治方案。

森林病虫害防治机构及其中心测报点，应当建立林业有害生物监测档案，掌握林业有害生物的动态变化情况。

乡（镇）林业站工作人员、护林员按照县级以上人民政府林业主管部门的要求，参加林业有害生物的调查与监测工作。

第十二条 森林病虫害防治机构及其中心测报点，发现疑似突发林业有害生物事件等异常情况的，应当立即向所在地县级人民政府林业主管部门报告。

公民、法人或者其他组织发现有疑似突发林业有害生物事件等异常情况的，应当向县级以上人民政府林业主管部门反映。

第十三条 县级人民政府林业主管部门接到疑似突发林业有害生物事件等异常情况的报告或者有关情况反映的，应当及时开展调查核实；认为属于突发林业有害生物事件的，应当按照有关规定逐级上报国家林业局。

突发林业有害生物事件的报告，主要包括有害生物的种类、发生地点和时间、级别、危害程度、已经采取的措施以及相关图片材料等内容。

第十四条 国家林业局或者省、自治区、直辖市人民政府林业主管部门应当组织专家和有关人员对县级人民政府林业主管部门报告的情况进行调查和论证，确认是否属于突发林业有害生物事件。

经确认属于一级突发林业有害生物事件的，国家林业局应当启动应急预案；经确认属于二级突发林业有害生物事件的，省、自治区、直辖市人民政府林业主管部门应当启动应急预案。

第十五条 国家林业局应当按照国务院有关灾害报告制度的规定，及时向国务院报告突发林业有害生物事件的有关情况。

一级突发林业有害生物事件的有关信息，由国家林业局按照规定发布。二级突发林业有害生物事件的有关信息，由省、自治区、直辖市人民政府林业主管部门按照规定发布。

第十六条 突发林业有害生物事件应急预案批准启动实施后，发生地的县级人民政府林业主管部门应当相应启动应急实施方案，立即采取紧急控制措施，切断传播途径，防止扩散蔓延。

第十七条 应急预案和应急实施方案符合规定的终止条件的，方可终止。

第十八条 省、自治区、直辖市人民政府林业主管部门应当根据突发林业有害生物事件应急处理的需要，依法提出疫区划定方案和检疫检查站设立计划，报省、自治区、直辖市人民政府批准后实施。

第十九条 发生一级突发林业有害生物事件，由国家林业局组织专家开展科学研究，收集相关资料，提出综合评估报告；发生二级突发林业有害生物事件，由省、自治区、直辖市人民政府林业主管部门组织专家开展科学研究，收集相关资料，提出综合评估报告。

县级人民政府林业主管部门应当根据综合评估报告修改、完善应急实施方案。

第二十条 对直接危及人类健康、从国（境）外新传入或者跨省、自治区、直辖市传播的林业有害生物，国家林业局和有关省、自治区、直辖市人民政府林业主管部门应当及时组织科研力量研究防治措施，制定相关的检验检疫技术标准，并依法确定是否列为林业检疫性有害生物。

第二十一条 林业主管部门、森林病虫害防治机构及其中心测报点的工作人员玩忽职守、徇私舞弊，造成林业有害生物传播、蔓延的，依法给予处分；情节严重、构成犯罪的，依法追究刑事责任。

第二十二条 本办法自2005年7月1日起施行。

大熊猫国内借展管理规定

（2011年7月25日国家林业局令第28号公布 根据2015年11月24日国家林业局令第38号修改）

第一条 为了加强大熊猫保护，规范大熊猫国内借展管理，保障大熊猫圈养种群健康发展，提高公众保护野生动物意识，促进生态文明建设，根据《中华人民共和国野生动物保护法》等有关法律法规，制定本规定。

第二条 本规定所称借展是指以文化交流、科普宣传或者公众教育等为目的，借出或者借入大熊猫进行展览的行为。

第三条 借展大熊猫应当遵循科学、适度的原则，不得危及大熊猫圈养种群的发展，不得以单纯营利为目的。

第四条 借展大熊猫的借入方应当具备与驯养繁殖大熊猫相适应的资金、设施和人员等条件，取得具有大熊猫物种的国家重点保护野生动物驯养繁殖许可证。

第五条 用于借展的大熊猫应当是人工繁殖的健康个体，年龄在2岁以上25岁以下。

禁止将非人工繁殖或者野外救护的大熊猫用于借展；禁止将2岁以下和25岁以上的大熊猫用于借展。

第六条 借展双方应当签订书面协议，对大熊猫生活条件、医疗条件、应急保障条件及应急预案、借展期限、费用、借展结束后大熊猫送返以及违约责任等进行约定。

借展大熊猫的期限不得少于1年，但因不可抗力等特殊情况除外。

第七条 申请借展大熊猫，应当提交下列书面材料：

（一）野生动物保护管理行政许可事项申请表；

（二）借展双方的单位证明材料；

（三）借展双方具有大熊猫物种的国家重点保护野生动物驯养繁殖许可证；

（四）借展双方签订的借展协议；

（五）借出方大熊猫圈养种群状况说明材料；

（六）借展大熊猫个体谱系号、标记等身份证明材料；

（七）借入方借展活动及大熊猫饲养管理、科普教育方案；

（八）借展双方省级人民政府林业行政主管部门对借展活动的书面意见。

第八条 申请借展大熊猫按照下列程序办理：

（一）由借出方向国家林业局提出申请。

（二）国家林业局依法受理后，应当对申请材料进行审查。经过审查，符合本规定条件的，国家林业局应当在 20 个工作日内作出准予行政许可的决定。必要时，国家林业局可以组织专家在 30 日内对借入方借展活动、大熊猫饲养管理方案以及场馆设施进行论证或者实地检验。

（三）国家林业局作出行政许可决定后，借出、借入方所在地省级人民政府林业行政主管部门分别在借展开始前和结束后依据国家林业局行政许可文书核发大熊猫离开借出方、借入方的运输证件。

第九条 借展期间，借入方应当提供满足大熊猫生活、生理健康的饲养和医疗条件。

借展期间，借入方应当建立大熊猫病例档案和饲养日志，载明大熊猫饲养管理、医疗健康情况等内容。

借展期间，禁止采集借展大熊猫的血液、精液等样品，但是对大熊猫进行健康检查的除外。法律法规另有规定的，从其规定。

借展期间，借入方不得将借展大熊猫转借第三方。

第十条 借展期间，借出方应当对借入方的借展大熊猫的饲养管理和疫病防治等进行指导，并应当每年对借展大熊猫进行一次以上健康检查。

第十一条 国家林业局和借展双方所在地人民政府野生动物行政主管部门应当对大熊猫借展活动的情况进行监督检查，督促借展双方完善应急处置机制。

借展双方应当配合监督检查，如实提供有关材料。

第十二条 借展期间，借展大熊猫发生受伤、患病等突发事件的，借入方应当通知借出方，及时采取救护措施，并报告所在地县级以上地方人民政府野生动物行政主管部门；借展大熊猫发生致残、死亡等重大突发事件的，借入方应当立即通知借出方并报告所在地省级人民政府林业行政主管部门和国家林业局。

有关人民政府野生动物行政主管部门应当监督借展双方在发生突发事件时按照应急预案进行妥善处理。

第十三条 在借展期间，借出方或者借入方违反本规定的，由县级以上人民政府野生动物行政主管部门依照野生动物保护法律法规给予处罚;野生动物保护法律法规没有规定的,可以根据情节轻重作出如下处理:

(一)给予警告、责令限期改正;

(二)有违法所得的,处以违法所得一倍以上三倍以下且不超过三万元的罚款;没有违法所得的,处以一万元以下的罚款。

经责令改正仍拒不改正的,国家林业局可以责令终止借展活动,限期将大熊猫送返借出方。

借展期间,借出方或者借入方有违法行为、构成犯罪的,依法追究刑事责任。

第十四条 借出方或者借入方存在下列情形之一的,国家林业局 1 年内不予批准开展大熊猫借展活动:

(一)申请行政许可过程中隐瞒有关情况或者提供虚假材料的;

(二)擅自借出或者转借大熊猫的;

(三)重大过失造成大熊猫死亡的;

(四)拒不配合各级人民政府野生动物行政主管部门监督检查或者拒不执行野生动物行政主管部门处罚决定的。

借出方或者借入方以欺骗、贿赂等不正当手段取得行政许可的,国家林业局 3 年内不予批准开展大熊猫借展活动。

第十五条 各级人民政府野生动物行政主管部门有关工作人员在大熊猫借展管理过程中,滥用职权、徇私舞弊的,依法给予处分;情节严重、构成犯罪的,依法追究刑事责任。

第十六条 本规定所称“以上”包括本数,“以下”不包括本数。

第十七条 本规定自 2011 年 9 月 1 日起施行。

林业工作站管理办法

(2015 年 11 月 24 日国家林业局令第 39 号公布 自 2016 年 1 月 1 日起施行)

第一章 总 则

第一条 为了加强林业工作站的建设与管理,发挥林业工作站在发展林业中的作用,根据《中华人民共和国森林法》、《中华人民共和国农业技术推广法》和国家有关规定，制定本办法。

第二条 林业工作站的建设和管理，适用本办法。

第三条 林业工作站是设在乡镇的基层林业工作机构，依法对森林、野生动植物资源实行管理和监督，组织和指导农村林业生产经营组织和个人发展林业生产，开展林业社会化服务。

第四条 林业工作站由县级林业主管部门直接领导或者实行由县级林业主管部门和所在地乡镇人民政府双重领导的管理体制。

第五条 国家林业局主管全国林业工作站的建设和管理工作，具体工作由其设立的林业工作站管理总站负责。

县级以上地方林业主管部门主管本行政区域内林业工作站的建设和管理工作，具体工作由其设立或者确定的林业工作站管理机构负责。

第二章 林业工作站的职责

第六条 林业工作站承担政策宣传、资源管理、林政执法、生产组织、科技推广和社会化服务等职能，具体职责是：

（一）宣传与贯彻执行森林、野生动植物资源保护等法律、法规和各项林业方针、政策；

（二）协助县级林业主管部门和乡镇人民政府制定和落实林业发展规划；

（三）配合县级林业主管部门开展资源调查、档案管理、造林检查验收、林业统计等工作；

（四）协助县级林业主管部门或者乡镇人民政府开展林木采伐等行政许可受理、审核和发证工作；

（五）配合县级林业主管部门或者乡镇人民政府开展森林防火、林业有害生物防治、陆生野生动物疫源疫病防控、森林保险和林业重点建设工程等工作；

（六）协助有关部门处理森林、林木和林地所有权或者使用权争议，查处破坏森林和野生动植物资源案件；

（七）配合乡镇人民政府建立健全乡村护林网络和管理乡村护林队伍；

（八）推广林业科学技术，开展林业技术培训、技术咨询和技术服务等林业社会化服务；

（九）承担县级林业主管部门或者乡镇人民政府规定的其他职责。

第三章 林业工作站的建设

第七条 有林业生产和经营管理任务的地方，应当在乡镇设立林业工作站；林业生产和经营管理任务相对较轻的地方，可以设立区域林业工作站。

不具备设立林业工作站条件的，乡镇人民政府应当依法设专职或者兼职人员负责林业工作。

第八条 林业工作站的设立，由县级林业主管部门提出意见或者由县级林业主管部门与当地乡镇人民政府协商后提出意见，按照有关规定报县级人民政府或者有关机构批准。

第九条 林业工作站工作人员的编制，由县级林业主管部门根据国家有关规定和当地实际情况，商机构编制部门确定。

林业工作站新进人员应当主要接收大中专院校毕业生，实行公开招聘，采取考试与考核相结合的办法，择优聘用。

第十条 林业工作站应当设立符合工作需要的专业技术岗位。专业技术人员应当具有相应的专业技术水平，符合岗位职责要求。

林业工作站新进专业技术人员，应当具备大中专以上专业学历。

第十一条 国家对林业工作站的建设给予适当扶持。林业工作站所需事业经费，根据国家有关规定纳入地方预算。

林业工作站承担林业重点工程项目等专项任务的，下达专项任务的部门或者单位应当按照有关规定列支必要的专项工作经费。

第十二条 林业工作站应当具有必要的房屋、交通、通讯工具等设施。

任何单位和个人不得非法侵占、平调、拍卖或者出租林业工作站的房屋、交通、通讯工具等设施和其他资产。

第四章 林业工作站的管理

第十三条 林业工作站的撤销或者变更，由县级林业主管部门提出意见或者由县级林业主管部门与当地乡镇人民政府协商后提出意见，报原批准设立的机关批准。

第十四条 林业工作站负责人的任免，由县级林业主管部门负责或者按照所在地人事管理规定办理。

第十五条 县级以上地方林业主管部门应当有计划地对林业工作站的工作人员进行业务培训。

对达到相应技术水平的林业工作站人员，应当按照国家有关规定聘任相应的技术职务。

第十六条 林业工作站应当建立健全岗位责任制、目标管理责任制和技术承包责任制，制定和完善各项工作制度。

第十七条 林业工作站应当建立健全人事、财务会计、国有资产管理以及廉政建设等各项制度，并接受县级林业主管部门或者乡镇人民政府的监督和检查。

第十八条 县级以上地方林业主管部门应当在同级人民政府的指导下，采取措施，保障和改善林业工作站工作人员的工作条件、生活条件和待遇，并按照国家规定给予补贴。

第十九条 对成绩显著的林业工作站及其工作人员，应当给予奖励。

第二十条 对有滥用职权、徇私舞弊、索贿受贿或者玩忽职守等行为的林业工作站工作人员，依照国家有关规定处理。

第五章 附 则

第二十一条 新疆生产建设兵团设立的团场林业工作站以及国有农场设立的林业工作站的建设与管理，参照本办法执行。

第二十二条 本办法自 2016 年 1 月 1 日起施行。2000 年 3 月 13 日国家林业局发布的《林业工作站管理办法》同时废止。

国家质量监督检验检疫总局、国家发展和改革委员会、商务部、海关总署关于废止《缺陷汽车产品召回管理规定》的决定

（2015 年 11 月 27 日国家质量监督检验检疫总局、国家发展和改革委员会、商务部、海关总署令第 175 号公布 自 2016 年 1 月 1 日起施行）

经国家质量监督检验检疫总局局务会议审议，并经国家发展和改革委员会、商务部、海关总署同意，决定废止《缺陷汽车产品召回管理规定》（国家质量监督检验检疫总局、国家发展和改革委员会、商务部、海关总署令第 60 号，2004 年 3 月 12 日发布），本决定自 2016 年 1 月 1 日起生效。

缺陷汽车产品召回管理条例实施办法

（2015 年 11 月 27 日国家质量监督检验检疫总局令第 176 号公布 自 2016 年 1 月 1 日起施行）

第一章 总 则

第一条 根据《缺陷汽车产品召回管理条例》，制定本办法。

第二条 在中国境内生产、销售的汽车和汽车挂车（以下统称汽车产品）的召回及其监督管理，适用本办法。

第三条 汽车产品生产者（以下简称生产者）是缺陷汽车产品的召回主体。汽车产品存在缺陷的，生产者应当依照本办法实施召回。

第四条 国家质量监督检验检疫总局（以下简称质检总局）负责全国缺陷汽车产品召回的监督管理工作。各级产品质量监督部门和出入境检验检疫机构依法履行职责。

第五条 质检总局根据工作需要，可以委托省级产品质量监督部门和出入境检验检疫机构（以下统称省级质检部门），在本行政区域内按照职责分工分别负责境内生产和进口缺陷汽车产品召回监督管理的部分工作。

质检总局缺陷产品召回技术机构（以下简称召回技术机构）按照质检总局的规定承担缺陷汽车产品召回信息管理、缺陷调查、召回管理中的具体技术工作。

第二章 信息管理

第六条 任何单位和个人有权向产品质量监督部门和出入境检验检疫机构投诉汽车产品可能存在的缺陷等有关问题。

第七条 质检总局负责组织建立缺陷汽车产品召回信息管理系统，收集汇总、分析处理有关缺陷汽车产品信息，备案生产者信息，发布缺陷汽车产品信息和召回相关信息。

质检总局负责与国务院有关部门共同建立汽车产品的生产、销售、进口、登记检验、维修、事故、消费者投诉、召回等信息的共享机制。

第八条 地方产品质量监督部门和各地出入境检验检疫机构发现本行政区域内缺陷汽车产品信息的,应当将信息逐级上报。

第九条 生产者应当建立健全汽车产品可追溯信息管理制度,确保能够及时确定缺陷汽车产品的召回范围并通知车主。

第十条 生产者应当保存以下汽车产品设计、制造、标识、检验等方面的信息:

(一)汽车产品设计、制造、标识、检验的相关文件和质量控制信息;

(二)涉及安全的汽车产品零部件生产者及零部件的设计、制造、检验信息;

(三)汽车产品生产批次及技术变更信息;

(四)其他相关信息。

生产者还应当保存车主名称、有效证件号码、通信地址、联系电话、购买日期、车辆识别代码等汽车产品初次销售的车主信息。

第十一条 生产者应当向质检总局备案以下信息:

(一)生产者基本信息;

(二)汽车产品技术参数和汽车产品初次销售的车主信息;

(三)因汽车产品存在危及人身、财产安全的故障而发生修理、更换、退货的信息;

(四)汽车产品在中国境外实施召回的信息;

(五)技术服务通报、公告等信息;

(六)其他需要备案的信息。

生产者依法备案的信息发生变化的,应当在20个工作日内进行更新。

第十二条 销售、租赁、维修汽车产品的经营者(以下统称经营者)应当建立并保存其经营的汽车产品型号、规格、车辆识别代码、数量、流向、购买者信息、租赁、维修等信息。

第十三条 经营者、汽车产品零部件生产者应当向质检总局报告所获知的汽车产品可能存在缺陷的相关信息,并通报生产者。

第三章 缺陷调查

第十四条 生产者获知汽车产品可能存在缺陷的,应当立即组织调查分析,并将调查分析结果报告质检总局。

生产者经调查分析确认汽车产品存在缺陷的,应当立即停止生产、销售、进口缺陷汽车产品,并实施召回;生产者经调查分析认为汽车产品不存在缺陷的，应当在报送的调查分析结果中说明分析过程、方法、风险评估意见以及分析结论等。

第十五条 质检总局负责组织对缺陷汽车产品召回信息管理系统收集的信息、有关单位和个人的投诉信息以及通过其他方式获取的缺陷汽车产品相关信息进行分析，发现汽车产品可能存在缺陷的，应当立即通知生产者开展相关调查分析。

生产者应当按照质检总局通知要求，立即开展调查分析，并如实向质检总局报告调查分析结果。

第十六条 召回技术机构负责组织对生产者报送的调查分析结果进行评估，并将评估结果报告质检总局。

第十七条 存在下列情形之一的，质检总局应当组织开展缺陷调查：

（一）生产者未按照通知要求开展调查分析的；

（二）经评估生产者的调查分析结果不能证明汽车产品不存在缺陷的；

（三）汽车产品可能存在造成严重后果的缺陷的；

（四）经实验检测，同一批次、型号或者类别的汽车产品可能存在不符合保障人身、财产安全的国家标准、行业标准情形的；

（五）其他需要组织开展缺陷调查的情形。

第十八条 质检总局、受委托的省级质检部门开展缺陷调查，可以行使以下职权：

（一）进入生产者、经营者、零部件生产者的生产经营场所进行现场调查；

（二）查阅、复制相关资料和记录，收集相关证据；

（三）向有关单位和个人了解汽车产品可能存在缺陷的情况；

（四）其他依法可以采取的措施。

第十九条 与汽车产品缺陷有关的零部件生产者应当配合缺陷调查，提供调查需要的有关资料。

第二十条 质检总局、受委托的省级质检部门开展缺陷调查，应当对缺陷调查获得的相关信息、资料、实物、实验检测结果和相关证据等进行分析，形成缺陷调查报告。

省级质检部门应当及时将缺陷调查报告报送质检总局。

第二十一条 质检总局可以组织对汽车产品进行风险评估，必要时向社会发布风险预警信息。

第二十二条 质检总局根据缺陷调查报告认为汽车产品存在缺陷的，应当向生产者发出缺陷汽车产品召回通知书，通知生产者实施召回。

生产者认为其汽车产品不存在缺陷的，可以自收到缺陷汽车产品召回通知书之日起15个工作日内向质检总局提出书面异议,并提交相关证明材料。

生产者在15个工作日内提出异议的,质检总局应当组织与生产者无利害关系的专家对生产者提交的证明材料进行论证;必要时质检总局可以组织对汽车产品进行技术检测或者鉴定;生产者申请听证的或者质检总局根据工作需要认为有必要组织听证的,可以组织听证。

第二十三条 生产者既不按照缺陷汽车产品召回通知书要求实施召回,又不在15个工作日内向质检总局提出异议的,或者经组织论证、技术检测、鉴定,确认汽车产品存在缺陷的,质检总局应当责令生产者召回缺陷汽车产品。

第四章 召回实施与管理

第二十四条 生产者实施召回,应当按照质检总局的规定制定召回计划,并自确认汽车产品存在缺陷之日起5个工作日内或者被责令召回之日起5个工作日内向质检总局备案;同时以有效方式通报经营者。

生产者制定召回计划,应当内容全面,客观准确,并对其内容的真实性、准确性及召回措施的有效性负责。

生产者应当按照已备案的召回计划实施召回;生产者修改已备案的召回计划,应当重新向质检总局备案,并提交说明材料。

第二十五条 经营者获知汽车产品存在缺陷的,应当立即停止销售、租赁、使用缺陷汽车产品,并协助生产者实施召回。

第二十六条 生产者应当自召回计划备案之日起5个工作日内,通过报刊、网站、广播、电视等便于公众知晓的方式发布缺陷汽车产品信息和实施召回的相关信息,30个工作日内以挂号信等有效方式,告知车主汽车产品存在的缺陷、避免损害发生的应急处置方法和生产者消除缺陷的措施等事项。

生产者应当通过热线电话、网络平台等方式接受公众咨询。

第二十七条 车主应当积极配合生产者实施召回,消除缺陷。

第二十八条 质检总局应当向社会公布已经确认的缺陷汽车产品信息、生产者召回计划以及生产者实施召回的其他相关信息。

第二十九条 生产者应当保存已实施召回的汽车产品召回记录,保存期不得少于10年。

第三十条 生产者应当自召回实施之日起每3个月向质检总局提交一次召回阶段性报告。质检总局有特殊要求的,生产者应当按要求提交。

生产者应当在完成召回计划后15个工作日内,向质检总局提交召回总结报告。

第三十一条 生产者被责令召回的,应当立即停止生产、销售、进口缺陷汽车产品,并按照本办法的规定实施召回。

第三十二条 生产者完成召回计划后,仍有未召回的缺陷汽车产品的,应当继续实施召回。

第三十三条 对未消除缺陷的汽车产品,生产者和经营者不得销售或者交付使用。

第三十四条 质检总局对生产者召回实施情况进行监督或者委托省级质检部门进行监督,组织与生产者无利害关系的专家对消除缺陷的效果进行评估。

受委托对召回实施情况进行监督的省级质检部门,应当及时将有关情况报告质检总局。

质检总局通过召回实施情况监督和评估发现生产者的召回范围不准确、召回措施无法有效消除缺陷或者未能取得预期效果的,应当要求生产者再次实施召回或者采取其他相应补救措施。

第五章 法律责任

第三十五条 生产者违反本办法规定,有下列行为之一的,责令限期改正;逾期未改正的,处以 1 万元以上 3 万元以下罚款:

(一)未按规定更新备案信息的;

(二)未按规定提交调查分析结果的;

(三)未按规定保存汽车产品召回记录的;

(四)未按规定发布缺陷汽车产品信息和召回信息的。

第三十六条 零部件生产者违反本办法规定不配合缺陷调查的,责令限期改正;逾期未改正的,处以 1 万元以上 3 万元以下罚款。

第三十七条 违反本办法规定,构成《缺陷汽车产品召回管理条例》等有关法律法规规定的违法行为的,依法予以处理。

第三十八条 违反本办法规定,构成犯罪的,依法追究刑事责任。

第三十九条 本办法规定的行政处罚由违法行为发生地具有管辖权的产品质量监督部门和出入境检验检疫机构在职责范围内依法实施;法律、行政法规另有规定的,依照法律、行政法规的规定执行。

第六章 附 则

第四十条 本办法所称汽车产品是指中华人民共和国国家标准《汽车和

挂车类型的术语和定义》规定的汽车和挂车。

本办法所称生产者是指在中国境内依法设立的生产汽车产品并以其名义颁发产品合格证的企业。

从中国境外进口汽车产品到境内销售的企业视为前款所称的生产者。

第四十一条 汽车产品出厂时未随车装备的轮胎的召回及其监督管理由质检总局另行规定。

第四十二条 本办法由质检总局负责解释。

第四十三条 本办法自2016年1月1日起施行。

对外援助成套项目管理办法(试行)

(2015年12月9日商务部令2015年第3号公布 自2016年1月8日起施行)

第一章 总 则

第一条 为加强对外援助成套项目的管理,保证项目质量,提高援助效果,依据有关法律、行政法规的规定,制定本办法。

第二条 本办法所称成套项目,是指中方在援外资金项下,通过组织或指导施工、安装和试生产等全部或部分阶段,向受援方提供用于生产生活、公共服务等成套设备和工程设施,并提供建成后长效质量保证和配套技术服务的援助项目。

第三条 成套项目采取"中方代建"或"受援方自建"的管理模式。

"中方代建"是指中国政府受受援方委托负责成套项目的勘察、设计、建设和调试运行全过程或其中部分阶段任务,以"交钥匙"形式交付受援方使用,并提供建成后长效质量保证和配套技术服务的管理模式。

"受援方自建"是指受援方在中国政府援助资金和技术支持下,负责成套项目的勘察、设计和建设全过程或其中主要阶段任务,并相应承担建成后运营、维护责任,中国政府对受援方自建项目实施外部监管的管理模式。

在中方代建和受援方自建管理模式下,中方可与受援方按照分工合作的原则合理界定成套项目具体任务分工。

第四条 商务部负责成套项目的立项、管理和监督。

援外项目管理机构依据本办法规定具体组织、管理和监督成套项目的实施，并接受商务部的监督。

第五条 驻受援国使领馆经济商务机构协助商务部办理与成套项目实施管理有关的政府间事务，负责成套项目实施的境外监管。

第六条 各省级商务主管部门协助商务部处理成套项目援助管理事务。

第二章 中方代建项目实施方式

第七条 中方代建项目实行“项目管理＋工程总承包”的实施方式和企业承包责任制。

项目管理企业和工程总承包企业根据不同的项目承包方式分别承担项目的专业考察、工程勘察、各阶段设计、项目管理和工程建设任务，并承担相应法律责任。

第八条 成套项目一般采用“采购－施工”（以下简称P－C方式）承包方式，即项目管理企业承担成套项目的专业考察、工程勘察、方案设计、深化设计（以下合并简称勘察设计）和全过程项目管理任务；工程总承包企业承担施工详图设计和工程建设总承包任务。

第九条 成套项目同时符合以下规定条件的，可以采用“设计－采购－施工”（以下简称EPC方式）承包方式，即项目管理企业承担全过程项目管理任务；工程总承包企业承担勘察设计、施工详图设计和工程建设总承包任务：

（一）拟建项目技术指标明确，对交付成果和项目实施结果可以进行准确的技术描述；

（二）可以依据公布的技术标准或规程组织验收；

（三）项目进度计划可控，具有明确的开始和结束时间预测；

（四）投资限额明确，可依据经验数据及可行性研究报告直接估算；

（五）成本风险可控，实施企业可合理承担项目实施过程中的预期风险。

成套项目EPC承包方式主要适用于生产型项目、技术简单的基础设施项目或无需复杂设计的设备安装项目。

第十条 承担成套项目勘察设计任务的企业应对勘察设计及施工详图设计的质量、进度、安全生产及项目投资控制负责。

承担成套项目工程建设总承包任务的企业应对工程建设所涉及的质量、进度、安全生产以及工程建成后的长效质量保证和配套技术服务负责。

承担成套项目管理任务的企业应对成套项目勘察设计、施工详图设计及工程建设全过程进行协调、控制和管理，并对涉及的质量、进度、安全生产及投资控制承担连带责任。

第三章　中方代建项目采购管理

第十一条　项目管理机构应在经商务部认定的援外项目实施企业范围内根据援外项目采购规定选定工程总承包企业和项目管理企业。

商务部可根据国家区域发展政策选定成套项目工程总承包企业和项目管理企业。

第十二条　项目管理机构在选定项目管理企业时应同时确定项目设计方案或管理方案,必要时也可在设计方案确定后再选定项目管理企业。

中标的项目管理企业应在签订合同前向项目管理机构提交以商务部为受益人且覆盖其承包责任范围的职业责任保险,并承担保费。

第十三条　采用P－C承包方式的,项目管理机构在选定工程总承包企业时依据项目管理企业编制的深化设计文件组织采购。

采用EPC承包方式的,项目管理机构在选定工程总承包企业时依据项目管理企业编制的工程总承包招标方案组织采购。招标方案至少包括:工程技术方案(包括功能性、数量性指标以及配套的设计标准、质量等级、性能指标和实现方法)、验收技术标准或规程、项目进度要求、主要设备材料技术规范、工程量估算、投资估算以及工程建设阶段可能会出现的特殊风险因素。

中标的工程总承包企业应在签订合同前,向项目管理机构提交以商务部为受益人且覆盖其承包责任范围的职业责任保险和工程质量缺陷责任保险,并承担保费。

第十四条　在选定工程总承包企业时,项目管理企业应配合项日管理机构制定资格审查和招标方案并提供配套技术文件、对招标方案和配套技术文件进行技术性复核和澄清、组织推荐中标候选单位的承诺性答疑并就确定中标条件提出咨询意见。

项目管理企业应在履行配合招标职责过程中遵守关联回避、充分披露和合理谨慎的原则,对所提供的意见承担法律责任并纳入职业责任范围。

第十五条　成套项目所需主项技术资质为两项以上的,可由符合所有主项技术资质的企业单独投标,也可由投标企业组成联合体投标。联合体各方不得再单独或者与其他投标企业另外组成联合体参与投标。

项目管理机构应在项目招标文件中明确组成联合体的条件。其中,联合体牵头单位应具备援外项目实施企业资格。

第十六条　项目管理机构代表商务部向中标企业下达成套项目实施任务通知函。

成套项目实施任务通知函是企业办理项目相关工程技术人员出入境以及设备材料、施工机械机具和生活物资检验通关的依据。

第十七条 中标企业不得将承包责任范围内的任务转包,也不得将关键性工作或主体性工程分包或分解成若干部分分包。

中标企业将本单位技术资质不能覆盖的非关键性工作或非主体工程分包给其他单位的,其分包内容、分包单位和分包金额应在投标文件中载明,作为中标条件审定并写入合同约定。

分包方式一旦确定,不得变更。中标企业应按投标文件中载明的分包方式签订分包合同并报项目管理机构备案。确需变更或新增分包的,应按变更合同程序办理。

中标企业应与派赴项目的中方工程技术人员直接签订劳务合同,建立劳动合同关系,保障中方工程技术人员的合法权益,不得进行劳务分包。

鼓励中标企业将适合受援国当地实施的非主体性工程内容进行当地分包实施或雇佣受援方劳务承担,分包事项及分包合同应报项目管理机构备案。中标企业组织当地分包或雇佣当地劳务的,应遵从受援国有关法律法规,加强分包管理、技术指导和技术转让。

第四章 中方代建项目管理

第十八条 商务部负责审批中方代建项目的可行性研究报告和立项建议书,并办理立项。

立项后,项目管理机构在政府间立项协议以及商务部批准的可行性研究报告和立项建议书范围内组织项目实施和管理。

第十九条 中方代建项目的设计一般包括方案设计、深化设计和施工详图设计三个设计阶段,以及专业考察和工程勘察两个设计准备阶段。

第二十条 承担勘察设计任务的企业应事先配备专门团队,制定工作计划和保障措施,提交项目管理机构备案,并根据投标承诺和合同约定完成勘察设计任务。设计工作应遵循规范适用、整体规划、功能优先、投资匹配、技术创新、绿色环保、便利维护和持续发展的设计原则。

第二十一条 承担项目勘察设计任务的企业根据立项建议书的要求负责编制和完善方案设计。

方案设计应符合立项建议书的规定,其内容和范围、依据的技术规范标准及深度要求由项目管理机构在合同中规定。

方案设计文件经项目管理企业内审或审查确认后,应及时报项目管理机构备案。

第二十二条 承担项目勘察设计任务的企业负责组织专业考察，应做好专业考察前的各项准备工作，在专业考察过程中及时研究汇总受援方意见、提出相关工作建议，配合项目管理机构开展方案设计对外商谈，并接受项目管理机构的指导和监督。

承担勘察设计任务的企业应在考察结束后编报专业考察报告。对外需提交的专业考察阶段成果文件由项目管理机构规定。

第二十三条 在完成方案设计和专业考察并与受援方在技术层面充分做好技术沟通和准备的基础上，项目管理机构与受援方确认项目方案设计，并与受援方签订项目对外实施协议或纪要。

由于受援方原因不能在专业考察阶段签订对外实施协议的，项目管理机构可先与受援方签订勘察设计纪要，确定设计方案并约定勘察设计过程的职责分工，然后与受援方签订对外实施协议或纪要。

第二十四条 承担项目勘察设计任务的企业负责建设场址的工程勘察，并在启动项目后续设计前及时将工程勘察报告报项目管理机构备案。

承担项目勘察设计任务的企业应提前拟定项目建设场址和建设边界范围内的工程勘察方案，充分采用勘探、测量、试验等必要技术措施实施工程勘察，并按行业要求编制工程勘察报告，全面准确反映建设场址的地形、地貌、地质、水文情况，作为开展下一阶段项目设计工作的技术依据。

第二十五条 承担项目勘察设计任务的企业负责深化设计。

深化设计应符合方案设计的规定，满足项目管理机构组织工程总承包招标或能据以准确编制工程概算的要求，依据的技术规范和标准以及设计文件深度要求由项目管理机构在合同中规定。

第二十六条 项目管理企业应对项目深化设计进行自检或审查，重点包括：

（一）确认设计内容符合批准的立项建议书、对外商定的方案设计和工程勘察结果；

（二）确认设计深度达到合同约定，无重大缺漏项；

（三）确认设计技术规范、标准适用准确；

（四）确认配套工程量清单、投资概算满足后续实施或工程招投标要求；

（五）确认主要设备材料技术规范书内容完备、明确，可以据以进行设备材料选型，且无指定或变相指定产品的违规情况。

承担项目勘察设计任务的企业应根据项目管理企业的审查意见，对深化设计进行修改，并提交项目管理企业审查批准。

对外实施协议对受援方审查深化设计有规定的，项目管理企业应将经内审或审查批准的深化设计文件提交受援方审查，完成必需的对外审查确认手续。

项目管理企业应在完成上述深化设计内部审查和对外审查程序后，将最终审定的深化设计文件报项目管理机构备案。

第二十七条 工程总承包企业依据深化设计文件进行项目施工详图设计。

施工详图设计应符合深化设计的规定，能据以准确编制工程量清单和施工预算以及施工组织设计，满足设计材料选型采购以及非标准设备、构件制作需要，据以施工和安装以及进行工程检查验收，设计文件深度要求由项目管理企业与工程总承包企业明确。

施工详图设计可以根据工程进度分阶段编制，报项目管理企业审批后据以直接指导施工。

第二十八条 项目管理企业应成立项目现场管理组，对项目进行现场管理。现场管理组由负责设计管理、施工监管、质量安全控制以及对外协调的专业工程技术人员组成，具备现场审批施工图纸、全过程质量安全监理以及代表项目管理机构与受援方进行对外实施协议协调履约的能力。其中，组长应具备设计咨询高级专业技术职称、二级以上注册建造师资质或施工监理执业资格及工程项目管理经验。项目管理企业现场管理组的人员组派由项目管理企业提交项目管理机构批准，并报驻受援国使领馆经商机构备案。

工程总承包企业应成立国内后勤组和施工技术组分别负责对项目的国内支持服务和现场施工组织管理。施工技术组至少由组长、总工程师、质量员、安全员和其他相关专业工程技术人员组成，其中，施工技术组组长应具备二级以上项目注册建造师和工程项目管理经验，质量员和安全员应具备国内建设主管部门批准的岗位执行资格和从事相关工作经验。施工技术组组长及主要人员由工程总承包企业提交项目管理企业批准，并报项目管理机构和驻受援国使领馆经商机构备案。

项目现场管理组和施工技术组实行组长负责制。

第二十九条 在项目施工前准备阶段，项目管理企业应会同工程总承包企业组织施工前技术交底会，澄清技术问题、对接管理程序并部署施工准备。技术交底会由项目管理企业主持，主要设计人员、项目现场管理组、国内后勤组和施工技术组主要技术和管理负责人参加，项目管理机构派人监督。

技术交底会的会议纪要应报项目管理机构备案。

第三十条 工程总承包企业应根据施工前技术交底共识，在中标条件基础上修改完善施工组织设计以及后勤保障、采购供应和质量、进度、安全保证等专项计划，报项目管理企业批准。

项目管理企业根据施工前技术交底共识以及工程总承包企业编报的施工组织设计和各类专项计划，完善项目管理计划，连同最终批定的施工组织设计和各类专项计划报项目管理机构备案。

第三十一条 工程总承包企业负责组织施工所需机械机具和设备材料的采购和运输，并接受项目管理企业的监督。

从中国关税境内采购发运设备、材料的品质检验、口岸验放按照有关对外援助物资检验和验放管理规定执行。

项目管理企业根据项目管理计划采取见证抽样、见证检验以及驻厂监造等必要的监管措施。

第三十二条 项目管理企业与工程总承包企业应共同做好施工前现场准备工作。

工程总承包企业应及时完成与受援方的施工现场移交、临时设施建设和工程用市政条件联接，并组织首批工程技术人员、施工机械机具和设备材料抵达施工现场。

项目管理企业应做好配合工作，及时派驻现场管理组并监督检查工程总承包企业的施工现场准备情况。

第三十三条 项目管理企业应会同工程总承包企业促请受援方履行政府协议和对外实施协议规定的职责，并协助受援方解决有关技术问题。

受援方派遣工地代表的，项目管理企业应与受援方商定工地代表的职责，建立现场工作机制。

第三十四条 项目管理企业根据工程总承包企业提交的开工申请，确认所有施工前准备工作完成、开工所需人员、设备材料和施工机械、机具入场，满足开工条件后书面下达开工令并书面通知受援方，同时报项目管理机构和驻受援国使领馆经商机构备案。开工令是正式起算项目合同工期的依据。

第三十五条 项目管理企业对进入施工现场的一切设备材料和施工机械、机具进行监管。

所有进入施工现场的设备材料和施工机械、机具应由工程总承包企业报项目管理企业签认，并提供品质符合设计要求的证明。

已经签认进入施工现场的设备材料和施工机械、机具因合理理由需退场的，工程总承包企业应报项目管理企业批准。

所有设备材料应由工程总承包企业安全存放和有序管理，并在使用前按规定的试验规程或标准进行检测试验。涉及主体或结构安全的试块、试件以及材料应在项目管理企业现场监督下取样并送具有相应资质的检测单位进行检测。未经检测或检测不合格的不得使用。

因与设计要求和质量标准不符合或未经签认的设备材料和施工机械、机具,工程总承包企业应按项目管理企业要求运出施工现场。

第三十六条 项目管理企业应对工程总承包企业进入施工现场的所有人员进行监管。

工程总承包企业应将进入或退出现场的人员名单报项目管理企业审核。其中,施工技术组组长及主要管理人员、特种作业人员和高危作业人员应符合有关执业资格要求,并持证上岗;所有工程技术人员应与工程总承包企业具有劳动合同关系。

工程总承包企业应对进入施工现场的管理人员和工程技术人员进行管理,建立、健全岗位教育和培训制度,督促其遵守当地法律法规和外事纪律,维护其人身财产安全、生活保障、人格尊严、宗教信仰等合法权益,依法、合规处理劳务纠纷。

第三十七条 项目管理企业负责对工程总承包企业的施工全过程进行监管,并与工程总承包企业共同承担项目的质量、进度、安全和投资控制责任。

项目管理企业应及时审批工程总承包企业报送的施工组织设计及其他专项计划、专项施工调整方案,监督其按批准的计划或方案现场施工。

项目管理企业负责审批施工详图设计并监督工程总承包企业按图施工。

项目管理企业应监督工程总承包企业加强工序管理,落实各工序施工前技术交底、工序自检和交接检查程序,保证上道工序合格后才能进入下道工序,并对隐蔽工程和关键部位施工实施旁站监督。

项目管理企业应监督工程总承包企业做好分部分项工程的日常质量自检,及时审核办理分部分项工程质量验收、工程量测量核定和节点合同价款拨款申请。

项目管理企业应监督工程总承包企业贯彻 GB/T19000 和 GB/T50430 质量体系标准、GB/T24000 环境管理体系标准和 GB/T28000 职业健康安全标准,提前制订和实施贯彻标准保证计划,建立健全贯彻标准体系,有效实施贯彻标准的阶段性审核和过程监控。

项目管理企业应监督工程总承包企业的分包管理,发现工程总承包企业有转包或违反本办法规定的分包行为的,应及时制止和纠正直至采取暂停施工措施,并报项目管理机构处理。

项目管理企业应建立健全与工程总承包企业和受援方工地代表的例会制度,及时研究解决在施工中出现的重大技术问题和涉外协调问题。

项目管理企业为履行过程监督管理职责,可以向工程总承包企业发出书面指令和通知,紧急情况下可以发出口头指令并在四十八小时内给予书面确认。对于项目管理企业作出的指令和通知,工程总承包企业应予执行,由此可能产生的争议和损失责任由双方事后另行通过项目管理机构建立的项目争议处理机制解决。

项目管理企业应定期向项目管理机构报送工作简报。遇有重大质量安全问题和可能影响项目实施的突发事件应及时专题报告。

第三十八条 施工过程中如发现已批准的设计文件、施工组织设计、专项计划、专项施工方案等存在错误或按原定技术路径不能达成技术目标的,项目管理企业和工程总承包企业可进行技术洽商与变更。

技术洽商方案由工程总承包企业提出,经项目管理企业批准后,双方签订技术洽商纪要予以确认。项目管理企业不得越权批准任何导致变更合同条件的洽商事项,也不得批准仅为简化施工或减少工程量、可能降低设计标准或影响使用功能、可能引起索赔或争议及其他缺乏技术必要性的洽商事项。项目管理企业应将技术洽商纪要及时报项目管理机构备案。

对于超出项目管理合同授权和工程总承包合同范围内的技术洽商事项,由项目管理企业出具审核意见,报项目管理机构处理。

第三十九条 工程总承包企业应在项目建设过程中对受援方指派的管理维护人员进行必要的技术指导和岗位培训,使其熟悉相关设备的操作,主要设备材料的维护保养要求,易损件的更换途径等,使受援方在项目建成后基本具备操作、维护和管理的能力。

项目管理企业应对工程总承包企业落实建设过程中的技术培训职责进行监督指导。

第四十条 施工过程中,项目管理企业应在项目管理机构的指导下代表项目管理机构与受援方沟通对外实施协议的执行事宜。

如遇对外实施协议的实质性变更或争议等重大问题,项目管理企业应根据现场情况制订应对方案,报项目管理机构审定后对外磋商。

项目管理企业对外磋商应采取书面形式并妥善保存。

工程总承包企业应配合项目管理企业与受援方对外磋商,并服从项目管理企业的协调。

第四十一条 项目管理企业应会同工程总承包企业提前一个月向项目管理机构提出中期验收申请并联名附交自检中期报告。

项目管理机构负责组织项目中期验收并由验收专家组出具中期验收报告。结论为合格的中期验收报告是确认项目阶段性实现合同约定目标并准予进入后续施工的依据。

在不影响中期验收的情况下，经项目管理企业批准，工程总承包企业可以提前适度进行后续施工。

第四十二条 项目管理企业应会同工程总承包企业提前一个月向项目管理机构提出竣工验收申请并联名附交自检总结报告。

项目管理机构负责组织项目竣工验收并由验收专家组出具竣工验收报告。结论为合格的竣工验收报告是确认项目全面实现合同约定目标并准予办理对外技术验收和移交手续的依据。

第四十三条 工程总承包企业应以经项目管理企业批准的施工详图为基础，结合施工过程的技术洽商和变更以及实际检查验收情况，编制项目竣工图，如实反映工程的最终实物结果。

竣工图应随施工过程使用中、外文及时编制，不得在工程竣工后补编。竣工图应由工程总承包企业加盖“竣工图”标识，施工技术组组长和竣工图编制人员签章，并经项目管理企业审核后由项目管理组长签字确认。

竣工图纳入项目管理机构的竣工验收范围。

第四十四条 工程总承包企业负责编制项目维护使用指导手册，项目管理企业对编制工作进行监督审核。维护使用指导手册应纳入项目管理机构的竣工验收范围。

维护使用指导手册须用中、外文对应编制，确保内容完整、准确，且不得以产品自带说明代替维护使用指导手册。

第四十五条 项目竣工验收合格后，项目管理机构应要求项目管理企业依据对外实施协议的约定与受援方共同组织项目的对外技术验收，在双方确认完成对外实施协议约定的项目建设内容后签订对外技术验收纪要。

对外技术验收后，项目管理机构代表商务部及时与受援方办理政府间移交手续。项目竣工图和维护使用指导手册应作为政府间移交手续的附件。

项目完成政府间移交手续后，项目管理机构应及时向商务部提交项目完成报告。

第四十六条 除受援方负责已建成项目的运营管理外，工程总承包企业应对已建成移交的项目提供长效技术支持。

对于受援方需要中方在项目建成后继续提供必要援助合作支持的，商务部可在立项阶段与受援方商定援助合作安排，在立项协议和对外实施协议中规定，由项目管理机构一并纳入工程总承包范围组织实施。

对于超出援助合作以外的长效技术支持，工程总承包企业应在项目竣工移交前与受援方就合作内容、服务期限、实施方案和费用承担通过商业合同予以确定。

第五章　中方代建项目质量管理

第四十七条　项目管理企业和工程总承包企业应按照本办法和合同约定承担项目的质量责任,项目管理机构负责对质量责任的落实进行监督管理。

第四十八条　商务部制定并发布《对外援助成套项目主要设备材料指导目录》(以下简称《主材目录》),根据市场声誉、供货保证、境外服务能力等要素明确对外提供成套项目主要设备材料的政策导向和推荐原则。

《主材目录》用于指导成套项目的可行性研究和立项工作。

第四十九条　承担项目工程勘察的企业应承担以下义务:

(一)在依法取得的技术资质许可范围内开展工程勘察,不转包和违法分包;

(二)按照国家有关技术规范和标准并结合受援方相关特殊技术要求实施工程勘察,对工程勘察成果的质量负责;

(三)在做好勘察、测量、现场原位测试和室内试验等技术工作的基础上,结合工程特点编制工程勘察成果文件;

(四)保证工程勘察成果文件全面、真实、准确,满足设计、施工和岩土治理的需要,并经注册执业资格人员签字确认。

第五十条　承担项目方案设计、深化设计和施工详图设计任务的企业应承担以下义务:

(一)在依法取得的技术资质许可范围内开展工程设计,不转包和违法分包;

(二)按照工程勘察成果文件和本办法规定的设计原则进行工程设计,保证设计文件由注册执业人员签字确认,对设计文件质量负责;

(三)在政府间立项协议规定和商务部批定的可行性研究报告、立项建议书范围内进行分阶段设计,确保分阶段设计文件符合上一阶段设计文件的规定,设计文件深度达到规定要求;

(四)保证设计文件完整、准确,不存在未设计内容或以规范、图册代替设计的内容;

(五)设计文件选用的设备、材料和构配件应注明规格、型号、性能等技术指标,质量应符合中国或受援国规定和合同约定的标准。除有特殊要求的材料、专用设备和工艺生产线等,不通过设计指定或变相指定产品或供应商。

第五十一条　工程总承包企业应承担以下义务:

（一）在依法取得的技术资质许可范围内承担项目施工任务，不转包和违法分包；

（二）按照批准的施工详图设计和施工组织设计以及合同约定的施工技术标准，并结合受援方特殊技术要求组织施工。在施工过程中发现设计文件和图纸有差错的，应及时提出修改建议报项目管理企业解决；

（三）在施工过程中全面贯彻 GB/T19000、GB/T50430 质量体系标准和 GB/T24000 环境管理体系标准，建立健全贯彻标准的保证体系和质量责任制；

（四）按工程设计和合同约定采购供应工程所需设备材料和施工机械机具并保证其质量，依法办理援外物资检验和通关验放手续；

（五）建立、健全施工过程的检测试验制度，根据设计确定的技术标准和合同约定对设备材料等进行检验；

（六）严格施工过程的工序管理。对施工过程中出现的质量问题或检查验收不合格的工程及时予以返修。

第五十二条 除因受援方使用不当引致的质量问题外，工程总承包企业应对其承包责任范围内的建成项目，在合理使用期限内终身承担无缺陷质量保证责任。

项目的无缺陷质量保证期自项目管理机构完成竣工验收且办理完毕对外技术验收手续之日开始起算，在正常使用条件下的分部分项工程的质量保证最低年限执行中国国家标准或受援国当地法律法规的强制性规定（以期限长者为准），中国国家标准或受援国当地法律法规无规定的，由项目管理机构与工程总承包企业在合同中约定。

工程总承包企业应在提交项目竣工验收申请时一并向项目管理机构出具无缺陷质量保证书，明确项目各部分及设备材料的无缺陷质量保证范围、保证期限和相关的保修责任，制订并相应实施质量保修计划，至少在项目竣工后两年内现场留驻质量保修团队，确保质量保证期限内返工、返修所需人力物资等配套资源提供和及时抵达现场，并承担质量保修费用。

第六章　中方代建项目进度管理

第五十三条 商务部负责在立项阶段确定项目建设期限。项目建设期限一经确定，不得随意变动。

受援方对缩短项目建设期限有要求的，商务部应将设定特殊建设期限及由此产生的配套赶工措施和额外投资一并纳入立项范围与受援方商定。

商务部负责对项目管理机构组织实施项目全过程按项目建设期限进行目

标管理;项目管理机构通过采购程序对项目管理企业和工程总承包企业承担勘察设计和施工建设任务的期限进行合同进度管理。

第五十四条 项目管理企业和承担项目勘察设计任务的企业应共同承担勘察设计进度控制责任。

承担勘察设计任务的企业应将可能影响勘察设计进度的外部因素一并纳入勘察设计进度控制范围,在出现受援方配合不力和风险因素等不利情况下,主动采取必要措施加强对外沟通协调和风险应对,保证按合同进度完成勘察设计任务。

项目管理企业应对勘察设计进度进行自检或监督控制,及时研究或帮助解决影响勘察设计进度的突出问题。

第五十五条 项目管理企业和工程总承包企业应共同承担项目工期进度控制责任。

工程总承包企业应将可能影响施工进度的外部因素一并纳入工期进度控制范围,在出现受援方配合不力和风险因素等情况下,主动采取必要措施加强对外沟通协调和风险应对,保证按合同进度完成施工任务。

项目管理企业应对工程总承包企业的工期进度进行监督控制,协助工程总承包企业解决影响工期进度的突出问题。

第五十六条 由于本办法规定的业主责任和不可抗力等原因,且相关责任企业已采取必要措施仍导致项目勘察设计和工程建设不能实现约定进度的,项目管理机构可与相关企业调整合同进度。

相关企业应提出合同进度调整方案,经项目管理企业审核后报项目管理机构。项目管理机构与企业签订补充合同进行合同进度调整。

合同进度调整超出项目对外实施协议规定期限的,项目管理机构应与受援方签订对外实施补充合同。

第五十七条 项目施工期间,除以下情况外,工程总承包企业不得自行暂停项目部分或全部的施工:

(一)由于本办法规定的业主责任或不可抗力风险导致不能继续施工的;

(二)为应对重大质量安全事故需要暂停项目某一部分或全部施工的;

(三)发现勘察设计或施工质量问题,继续施工可能会导致更大损失的。

工程总承包企业应及时向项目管理企业提出部分停工或停工申请,说明理由以及恢复施工时间或条件,经批准后暂停施工。

在暂停期间,工程总承包企业应进行保护、保管,保证该部分或全部工程不产生变质、损失或损害。

具备恢复施工条件后,工程总承包企业应及时向项目管理企业提出复工申请，经批准后恢复施工。

项目管理企业为履行项目管理职责，也可以主动向工程总承包企业下达停工令，明确停工理由及恢复施工时间或条件。

项目管理企业应将全部停工及超过七天以上的部分停工事项报项目管理机构备案。

第七章　中方代建项目投资管理

第五十八条　商务部和项目管理机构负责根据立项批准的项目投资限额，对项目投资全过程实施限额目标管理和逐级投资控制。

特殊情况下确需调整项目投资限额的，商务部应按原立项程序重新批准。

第五十九条　项目立项准备阶段，商务部依据项目可行性研究报告和立项建议书审定投资预估算，并以此为基准增列一定比例的风险准备金后确定投资限额。风险准备金用于补充在项目实施过程中非因项目管理企业或工程总承包企业责任导致的投资增加。商务部负责审批风险准备金的使用。

风险准备金的调整系数根据受援国和项目所在地政治安全形势、受援方履行中外分工的能力、项目技术复杂程度、项目实施方式等综合因素确定，具体确定办法详见附表1。

第六十条　承担项目方案设计的企业应以方案设计为基准编制项目投资估算，并报项目管理机构备案。投资估算应控制在投资预估算范围内。

项目投资估算应遵循以下原则：

（一）涵盖项目建设所需全部费用；

（二）保证投资与拟建项目内容相匹配；

（三）各类间接费费率符合商务部规定取费标准；

（四）合理预估项目实施过程中的不可预见因素和物价上涨风险。

第六十一条　采用P－C承包方式的项目，由项目管理企业按深化设计文件编制投资概算，报项目管理机构备案。采用EPC承包方式的项目，由工程总承包企业按深化设计文件和行业要求编制投资概算，报项目管理企业审查。

投资概算应控制在投资估算范围内，并与深化设计内容相匹配，科学设定项目单位造价、设备和材料总价、材料用量、单位用工量、国际和当地运保费、综合人工单价和工期等主要经济技术指标。

第六十二条　项目投资由勘察设计费、项目管理费、项目前期工程费、建筑安装工程费和工程独立费五部分组成，项目投资的具体费用构成详见附表2。

第六十三条 项目投资涉及的实物工程量或工作量应主要采取定额法编制,具体适用的投资编报定额根据工程设计阶段由项目管理机构确定。工程量或工作量单价根据对外援助有关规定或市场价格据实组价。

项目(修正)概算应以人民币、美元和当地货币分列,均以人民币为最终计价单位。人民币与美元的汇价,按编制(修正)概算时中国银行公布的美元卖出价计算,当地货币按受援国中央银行的美元对当地货币的美元买入价计算。

第八章 中方代建项目安全生产管理

第六十四条 项目管理企业和工程总承包企业按照本办法和合同约定承担项目的安全生产责任。项目管理机构负责对安全生产责任的落实进行监督管理。

项目的安全生产管理应遵守"安全第一、预防为主"的原则。

第六十五条 承担项目工程勘察任务的企业应依照中国有关工程勘察的强制性标准和受援国法律法规有关工程勘察的强制性规定进行工程勘察,确保所提供的工程勘察文件真实、准确,满足项目安全生产的需要。在进行勘察时,责任企业应遵守勘察作业操作规程,采取措施保证各类管线、设施和周边建筑物、构筑物的安全。

第六十六条 承担项目方案设计、深化设计和施工详图设计任务的企业应确保设计内容符合工程勘察结果和合同约定的技术规范标准,遵守中国国家标准和受援方法律法规有关工程安全的强制性规定,不存在可能导致安全事故的不合理设计内容。

对于项目设计采用的新技术、新工艺和新材料,责任企业应确保技术、工艺和材料的可靠性与安全性,并在设计中研究提出保障施工作业安全和预防安全生产事故的技术措施。

对于项目的隐蔽工程、主体结构等关键部位以及特殊结构,责任企业应在进行模型安全试验或严格计算的基础上确定设计方案。

对于项目涉及的维修、改扩建和拆除工程,责任企业应在对原建筑物或构筑物的结构安全性做出鉴定的基础上确定设计方案。

责任企业应在深化设计文件中制定安全专篇,重点阐明:针对施工现场和毗邻设施、管线的安全防护措施要求;针对安全施工所涉施工机械机具的特殊技术要求;针对分部分项工程内危险性较大部位和环节的安全技术措施等。

第六十七条 工程总承包企业应在项目施工建设过程中建立健全安全生

产规章制度和操作规程，落实安全生产责任制。

工程总承包企业应在施工技术组设立安全生产管理机构，成立以施工技术组组长为首的安全生产领导小组，负责现场安全施工。

工程总承包企业应在施工技术组配备安全员。安全员应具有本办法规定的岗位资格，上岗前接受援外管理制度和贯彻职业健康安全管理体系标准的专业培训，履行监督安全生产制度执行、组织安全生产教育和定期专项安全检查等岗位职责。

工程总承包企业应在经项目管理企业批准的施工组织设计指导下，按照规定的施工规范和标准组织施工。涉及危险性较大的分部分项工程和施工现场易发生安全生产事故的部位、环节，应在施工前编制专项安全施工方案并附具安全验算结果，必要时，应组织专家对安全施工方案进行论证和审查。

工程总承包企业应在工序施工前组织安全施工技术交底，落实安全施工技术要求并做好技术交底记录。

工程总承包企业应建立健全特种施工作业人员管理制度，对于从事垂直运输、安装拆卸、登高架设等特种施工作业人员，核验其技术资质后方可准予上岗操作，并建立完善特种施工作业人员管理档案，完善日常岗位培训。

工程总承包企业应建立健全施工现场垂直运输、起重升降等特种作业设备的管理制度，严格特种作业设备的安全检测，规范安装调试后的验收程序，定期进行检查和维修保养并建立维护管理档案。

工程总承包企业应对施工现场作业人员采取妥善的安全防护措施，采购、租赁和使用符合安全标准的防护用具用品、施工机械、机具，严格安全防护用具用品发放和施工机械、机具的检查、维修、保养，规范施工现场安全警示标识。

工程总承包企业应完善施工现场的消防安全管理，制定和实施消防安全操作规程，设置消防通道、消防水源，配备消防设施和灭火器材，规范消防安全标识。

工程总承包企业应按安全性要求合理选址和设置临时生产生活设施，在施工过程中贯彻 GB/T28000 职业健康安全标准，建立健全贯彻标准的保证体系，对职业健康安全危险源持续采取辨识、风险评估和风险控制措施。

第六十八条 项目管理企业和工程总承包企业应为本企业派赴境外执行项目任务的中方人员办理人身意外伤害保险，保险责任和保险条件以中国相关法律法规为准，应覆盖境外执行任务的主要风险，并承担保险费用。

项目管理企业和工程总承包企业应为本企业在境外雇佣承担项目任务的外方工程技术人员或劳务人员办理人身意外伤害保险，保险责任和保险条件以受援国当地相关法律法规为准，并承担保险费用。

第九章 中方代建项目风险管理

第六十九条 商务部按照市场化原则建立项目的风险承担机制，明确项目涉及的风险，规范风险承担主体责任，并配套完善相应的责任保险和工程保险制度。

第七十条 项目涉及的风险因素主要包括政治外交风险、业主责任风险、不可抗力风险、设计变更风险和经营性风险等五类。对于项目实施过程中发生的政治外交风险和业主责任风险，商务部通过合同补款方式承担责任；商务部以承担工程保险费用为限和相关企业分担不可抗力风险；设计变更风险和经营性风险，由相关企业承担。

第七十一条 商务部按照“政策性保障、市场化运作”的原则建立健全项目的配套工程保险和责任保险制度。

工程保险用于分担不可抗力风险，由责任企业作为投保主体，责任企业和商务部为保险共同受益人，保险费用由商务部承担。超出工程保险以外的不可抗力风险，由相关责任企业承担。

职业责任保险用于承担项目勘察设计和项目管理的职业责任，由责任企业作为投保主体，商务部为保险受益人，保险费用由责任企业承担。

工程质量缺陷保险用于承担项目工程质量的无缺陷保证责任，由责任企业作为投保主体，商务部为保险受益人，保险费用由责任企业承担。

具体保险方案由商务部另行规定。

第七十二条 项目实施过程中发生政治外交风险和业主责任风险的，责任企业应在出险后六十日内根据实际损失情况和合同约定及时提出合同价款和合同期限补偿申请，说明事由、责任方及报价依据，经项目管理企业审核后报项目管理机构。

项目管理机构应对材料的真实性、报价的合理性、理由的合规性进行复核后报商务部审批，并在商务部批准后与相关企业签订补充合同予以规定。必要时，项目管理机构应赴现场核实情况。

责任企业无正当理由，在出险后六十日内未及时提出补偿申请的，项目管理机构可不再受理，相关损失由责任企业承担。

第十章 中方代建项目技术资料管理

第七十三条 项目管理企业和工程总承包企业应在承包责任范围内，依据本办法和合同归集、整理项目技术资料，并将全套技术资料在项目完成竣工验收且办妥对外技术验收手续后六十日内向项目管理机构移交。

第七十四条 项目技术资料具体划分为勘察设计文件、施工建设文件、竣工文件、检查验收文件和项目管理文件五个部分。

其中，勘察设计文件由承担勘察设计任务的企业承担管理责任；施工建设文件、竣工文件由工程总承包企业承担管理责任；检查验收文件和项目管理文件由项目管理企业承担管理责任。

第七十五条 项目管理企业和工程总承包企业应随项目进度及时归集、整理项目技术资料，做到分类准确、资料齐全、字迹清楚、记录详实且无未了事项，真实、完整反映项目的实际情况，并具有可追溯性。

任何单位和个人不得伪造、变造、抽撤或故意损毁项目技术资料。

第七十六条 项目技术资料的保存期应按照工程设计的合理使用年限确定，其中，竣工文件应永久保存。

第七十七条 商务部建立项目技术资料库，委托相关项目管理机构负责技术资料库的具体管理。商务部负责保障技术资料库建设管理所需配套条件。

项目管理机构应加强技术资料库的规范化管理和安全防护，提高信息化水平，并按年度向商务部提交技术资料库管理的专题报告。

第十一章 中方代建项目检查和验收

第七十八条 项目的工程检查和验收分中期验收和竣工验收，由项目管理机构组织实施。

项目主体工程已按设计要求完工，自检并经项目管理企业检查合格，相关技术资料已按本办法规定整理完毕的，经项目管理企业会同工程总承包企业向项目管理机构正式提交申请，可以组织中期验收。

项目全部工程已按设计要求完工，主要工艺设备或配套装备经联运负荷试运行达到功能要求或形成生产能力，自检并经项目管理企业检查合格，相关技术资料已按本办法规定整理完毕的，经项目管理企业会同工程总承包企业向项目管理机构正式提交申请，可以组织竣工验收。

如提交验收申请的项目经现场核查实际不具备上述规定的中期验收或竣工验收条件，项目管理机构不得组织验收。

对于投资限额在五千万元人民币以下、技术较为简单的项目，项目管理机构可不从国内派组进行中期验收。

第七十九条 项目管理机构应依法选定经商务部认定资格的顾问咨询单位组成验收专家组赴现场对项目进行验收,具体专家组组成人选由项目管理机构审定。

验收专家组组长应具有相关技术专业的高级技术职称或执业资格和工程管理或质量管理经验,成员应具有中级技术职称或执业资格和从事本专业工作经验,熟悉有关工程验收标准或相关施工技术规范。验收专家组成员不得与项目管理企业或工程总承包企业存在可能影响公正验收的利害关系。

第八十条 在交付项目管理机构组织验收前,项目应按建设项目、单项工程、单位工程、分部工程和分项工程分为五个项目划分等级,完成质量检查并确认合格:

(一)建设项目是指按一个总体设计进行施工,由一个或几个单项工程组成的工程整体,由项目管理企业在工程总承包企业自检基础上进行质量检查并确认合格。

(二)单项工程是指具有独立的设计文件,竣工后可以独立发挥工程作用和效益的工程,由项目管理企业在工程总承包企业自检基础上进行质量检查并确认合格。

(三)单位工程是单项工程的组成部分,一般项目主要划分为土木工程和设备安装工程两个单位工程,由项目管理企业在工程总承包企业自检基础上进行质量检查并确认合格。

(四)分部工程是单位工程的组成部分,一般按不同工程部位或专业工程类别进行划分,由工程总承包企业自检合格,报项目管理企业复核确认。

(五)分项工程或检验批是分部工程的组成部分,主要按专业工种进行划分,由工程总承包企业自检合格,报项目管理企业抽检复核确认。

第八十一条 项目工程验收应依据政府立项协议、对外实施协议、内部承包合同和招投标承诺、工程设计文件和技术洽商以及合同约定的施工质量验收标准进行,按本办法规定的项目划分方式分级作出验收结果。

验收结果分为优良、合格和不合格三个评定等级:

(一)合格。分部工程以下评定等级按有关行业施工质量验收标准进行;所有分部工程合格,该单位工程方可评定为合格;所有单位工程合格,该单项工程方可评定为合格;所有单项工程合格,该建设项目方可评定为合格。

(二)优良。质量控制资料完整、有关安全和功能的检验和抽样检测数量应符合有关规定。

分项工程以下,质量检查项目每项抽样检验 100% 符合设计要求和有关行业施工质量验收规范规定,计数抽样检测项目每项抽验点中,90% 以上(钢结构工程为95%以上)实测值在有关行业施工质量验收规范规定的允许偏差范围内,且其它实测值最大偏差不超过允许偏差的1.2倍(钢结构工程为1.1倍),该检验批可评定为优良。

分项工程所含检验批的抽样检测全部合格,60%以上评定为优良,该分项工程可评定为优良。分部工程所含分项工程的抽样检测全部合格,60%以上评定为优良,该分部工程可评为优良。

单位工程所含分部工程全部合格,60%以上评定为优良,且主体结构、装饰装修工程及项目管理机构在合同中指明的分部工程应达到优良,感观质量评定得分率应达到85%以上,该单位工程可评定为优良。

单项工程所含单位工程均为优良,该单项工程可评定为优良;

所有单项工程优良,无重大质量安全事故、无重大违反合同行为和违规审批行为,该建设项目方可评定为优良。

第八十二条 分项工程质量不符合有关行业质量验收标准合格的规定时,应进行及时处理,并按以下规定确定其质量等级:

(一)返工重做的可重新评定质量等级。

(二)经加固补强或经法定检测单位鉴定能够达到设计要求的,其质量仅应评定为合格。

(三)经法定检测单位鉴定达不到原设计要求,但经项目管理企业认可能够满足结构安全和使用功能要求可不加固补强的;或经加固补强改变外形尺寸或造成永久性缺陷的,其质量可定为合格,但所在分部工程不应评为优良。

第八十三条 项目工程验收应由验收专家组按以下规定程序进行:

(一)合同履约专项核查。

对项目管理企业和工程总承包企业履行合同规定的质量、进度、安全生产和投资控制责任包括现场技术洽商与变更审批、人员和劳务管理的合规性管理等进行专项评定。

合同履约存在严重缺陷或问题致使不能确认其工程质量结果的,应中止验收。

(二)施工技术资料核查。

全面审阅验收范围内工程的施工技术资料,主要包括:设备材料、构配件的质量合格证和检测试验报告;施工试验记录;施工记录;技术复核记录;隐蔽工程验收记录;分部分项工程质量自检和检查记录等。

施工技术资料管理存在严重缺陷或问题致使不能确定其工程质量结果的,应中止验收。

(三)复核确认。

对于已经工程已隐蔽部位或此前已经中期验收部分的验收结论予以复核确认,必要时,可进行破损检查和检测。

(四)实测检查。

通过抽查和核对、观感评定和实测实量相结合,按项目划分方式分级验收并评定等级。对于有特殊需要的项目,应提高抽查率。

(五)作出验收结论。

综合上述检查验收结果,依据本办法规定,按照“集体讨论、一致意见”的原则作出验收结论。特殊情况有保留意见但不影响作出验收结论的,应在验收结论中将保留意见予以充分披露。

(六)报告验收结果。

应向驻受援国使领馆经商机构全面汇报验收工作情况和验收结果。如在验收过程中发现重大问题,应及时会同驻受援国使领馆经商机构向项目管理机构专题报告。

第八十四条 验收专家组应根据验收结论现场编制中期或竣工验收报告,明确质量评定等级和专项评定结果,并对存在问题及后续工作提出处理意见和建议。

验收报告经验收专家组全体成员、现场管理组组长签字后生效。施工技术组组长或工程总承包企业现场负责人一般应对验收报告附署签字确认,未附署确认或拒绝附署确认的,不影响上述验收报告的效力。

第八十五条 工程总承包企业应对工程质量验收过程中所发现的问题和验收报告提出的问题及时进行整改。

验收期间整改完毕的问题,由验收专家组作出整改结论并写入验收报告;无法在工程质量验收期间完成整改的问题,由项目管理企业监督工程总承包企业在规定期限内进行整改,将整改结果报验收专家组补充作出整改结论。

第十二章 受援方自建项目管理

第八十六条 为提高受援方的自主发展能力,中方鼓励采取受援方自建模式组织实施成套项目或成套项目的主要任务阶段。在受援方有明确意愿或中方代建存在实际困难的情况下,对于符合以下条件的成套项目,经与受援方商定,可以采取受援方自建模式:

(一)受援方有完备的工程建设招投标法律法规制度和管理体系;

(二)受援方有独立承担工程勘察设计能力或接受认可中方已完成的可行性研究、勘察设计等前期工作,具备组织实施的经验,并愿意接受中方的外部监管；

（三）项目投资限额明确，中方和受援方的分工责任和费用承担划分清楚，风险可控。

第八十七条 采取受援方自建模式的项目，由受援方从中方推荐企业范围内依据其法律法规规定的招标程序选定实施企业；经双方协商，也可以由受援方在受援方企业范围内选定实施企业。

项目管理机构负责与受援方商定推荐实施企业的范围和条件。项目管理机构在征求驻受援国使领馆经商机构和行业组织意见后，根据企业技术资质、项目实施能力及诚信表现等条件确定向受援国推荐的中资企业名单。

推荐的中资企业可与受援方当地企业组成联合体或建立专业分包关系。

第八十八条 采取受援方自建模式的成套项目，项目管理机构应与受援方签订项目实施纪要，具体约定受援方自建的项目内容、技术标准、投资控制、监管代表和监管程序以及中外双方权利义务等。

项目管理机构应依法选定项目管理企业对受援方自建项目实施进行有限监管，确保受援方按政府间立项协议和项目实施纪要完成项目。项目管理企业应编制并执行项目监管计划，主要包括：

（一）按中方评估的可行性研究报告和政府间立项协议监督受援方的招标准备技术工作；

（二）监督受援方的招投标程序，评估其招投标程序的合规性并对招投标结果予以确认；

（三）对项目合同执行情况及项目质量、进度、安全和投资控制进行监控，定期向项目管理机构提交专题报告；

（四）审核受援方提出的拨款申请；

（五）对受援方提交的项目变更申请进行初步审查并向项目管理机构提出处理意见。

在实施有限监管过程中，项目管理企业发现正在或将要发生对项目质量、安全、工期等造成重大危害的违约或违规事项，应当以书面形式向受援方提出整改建议。如受援方未及时采取有效措施，项目管理企业应及时报告项目管理机构，项目管理机构可以暂停或终止对项目资金拨付申请的审核。

第八十九条 采取受援方自建模式的项目，项目资金应依据受援方与实施企业签订的合同和经项目管理企业审核签发的拨款申请直接拨付到实施企业账户，并接受相关主管部门对资金使用情况的监督检查。

第九十条 采取受援方自建模式的项目结束后，项目管理企业和受援方共同对项目进行竣工验收。

项目管理企业应及时促请受援方提交项目验收报告和配套成果文件,并报项目管理机构备案。

项目管理机构负责与受援方办理项目完成确认证书。

第九十一条 对于采取受援方自建模式的项目,项目管理机构依据立项确定的投资预估算对受援方进行投资目标控制。受援方与相关实施企业签订的实施合同总价应控制在投资预估算范围内。

项目实施过程中,因合同变更、索赔等原因造成合同超支的,超出部分由受援方承担;调减合同价款的,按照调减后的合同价款进行资金拨付。

第九十二条 对于采取受援方自建模式的项目,符合以下情形之一的,项目管理机构可以不委派项目管理企业,采取资金审计、巡回检查等其他非派驻方式进行有限监管:

(一)因安全因素无法派遣项目管理企业赴受援国的;

(二)派遣项目管理企业费用占项目总成本过大的。

第十三章 监督管理

第九十三条 项目管理机构应按本办法组织实施项目,规范向商务部备案和报批的程序;建立健全信息报告制度,按月向商务部报送项目执行情况;针对项目执行过程中出现的重大质量、进度、安全生产和投资控制问题,及时向商务部专题报告。

商务部对项目管理机构组织实施项目进行监督检查。

第九十四条 项目管理机构应按本办法建立项目技术性监督审查制度,依法组织稳定的独立专家队伍对项目管理企业和工程总承包企业阶段性报送的成果文件进行全过程的专项技术监督,监督重点包括安全性、投资匹配性和立项意图一致性等,及时发现存在的重大技术、安全和投资失控问题,出具监督审查意见,并采取措施监督相关责任企业及时纠正。

第九十五条 项目管理机构建立重大项目巡视检查制度,现场监督检查项目管理企业和工程总承包企业落实项目各项管理制度和合同约定的情况。

第九十六条 项目管理机构依据合同对管理企业和工程总承包企业境内境外资金进行监督管理,确保援外资金专款专用,单独核算,不挪作他用。

第九十七条 项目管理机构应建立健全项目的技术争议处理机制,通过组建项目咨询专家委员会,规范专家委员会咨询、议事和仲裁规程,对项目实施过程中项目管理企业和工程总承包企业之间出现的合同争议、技术争议和重大质量安全争议进行第三方评审和仲裁,切实提高项目技术管理的质量和效率。

第九十八条 项目发生质量安全事故,造成人员伤亡和财产损失的,项目管理机构应统一指挥项目管理企业和工程总承包企业进行事故应急救援和现场处置,防止事故扩大,保护事故现场,进行初步调查取证,并及时向商务部报告。

项目质量安全事故按一般、重大、特大和特别重大四个等级进行处理。

发生一般质量安全事故的,项目管理机构应在事故发生后三个自然日内报告商务部。项目管理机构负责事故处理,并在三十个工作日内作出处理决定。

发生重大或特大质量安全事故的,项目管理机构应在事故发生后二十四小时内向商务部报告。商务部负责组织事故调查处理,并在六十日内作出处理决定。遇有特殊情况,可适当延长处理期限。

发生特别重大质量安全事故的,项目管理机构应在事故发生后二十四小时内向商务部报告。商务部应在接到事故报告后十二小时内报告国务院,并根据国务院决定会同国务院有关主管部门组成事故调查组进行调查处理,在九十日内完成事故调查并向国务院提交事故调查报告,经国务院批复后执行。

第十四章 法律责任

第九十九条 成套项目实施企业有以下行为之一的,除按合同规定承担赔偿责任外,商务部给予行政警告,可以并处三万元人民币以下罚款,并可以依法公布处罚决定;违反相关法律、行政法规规定的,依法给予行政处罚;构成犯罪的,依法追究刑事责任:

(一)违反本办法规定,将所承担的实施任务转包或违法分包的;

(二)违反安全生产规定,造成重大安全生产事故的;

(三)造成项目质量事故或形成项目质量隐患,商务部责令限期改正,逾期未改正的;

(四)导致项目投资失控并造成国家财政资金损失的;

(五)在设计文件中指定或变相指定产品的;

(六)越权批准设计变更导致项目建设偏离中方和受援方商定的立项内容的;

(七)未按照合同履行义务或延迟履行义务,影响项目正常实施,造成严重不良影响的;

(八)擅自变更相关人员的,商务部责令限期改正,逾期未改正的;

(九)未依法管理人员造成严重不良影响的;

（十）违反本办法规定挪用援外项目资金的。

项目实施企业违反本条第一款规定受到行政、刑事处罚的，自行政处罚生效之日起两至六年内，不选定其参与成套项目。

第一百条 成套项目实施企业在参与项目采购过程中，有下列情形之一的，商务部给予警告，可以并处三万元人民币以下罚款；违反相关法律、行政法规规定的，依法给予行政处罚；构成犯罪的，依法追究刑事责任：

（一）弄虚作假，获取不正当竞争优势的；

（二）与其他参与采购单位串通，谋取非法利益的；

（三）与采购代理机构恶意串通，或向采购代理机构、评审专家行贿或提供其他不正当利益的；

（四）在采购承诺有效期内实质性变更承诺的。

第一百零一条 成套项目实施企业主要负责人或项目负责人及直接责任人未履行法律法规和本办法规定的，商务部责令限期改正；逾期未改正，或造成重大安全事故或重大质量事故等严重后果的，商务部给予警告，可以并处三万元人民币以下罚款；违反相关法律、行政法规规定的，依法给予行政处罚；构成犯罪的，依法追究刑事责任。

第一百零二条 国家机关和项目管理机构工作人员在项目管理过程中有下列行为之一，视情节轻重给予相应的行政处分；构成犯罪的，依法追究刑事责任：

（一）利用职务便利索取他人财物，或非法收受他人财物为他人谋取利益的；

（二）滥用职权、玩忽职守或徇私舞弊，致使国家利益遭受损失的；

（三）泄露国家秘密的。

第十五章　附　　则

第一百零三条 对优惠贷款项下的援外项目、因严重自然灾害或其他不可抗力事件所实施的紧急援助项目以及涉及国家安全和秘密的成套项目，另有规定的，从其规定。

第一百零四条 本办法所称的“以上”和“以下”包含本数。

第一百零五条 本办法所涉及的术语解释见附件。

第一百零六条 本办法由商务部负责解释。

第一百零七条 本办法自2016年1月8日起施行。施行之日起，《对外援助成套项目管理办法（试行）》（商务部令2008年第18号）、《对外援助成套项目安全生产管理办法（试行）》（商务部令2006年第15号）同时废止。

附件：

《对外援助成套项目管理办法(试行)》术语解释

一、第四章

方案设计：是指在中、外双方确认的建设边界范围内系统性地确定项目整体布局、平面组合、空间形体、功能布置、建筑材料、主体结构等初步设计规划和内容，并在投资预估算范围内按投资匹配原则相应编制投资估算。

专业考察：是指在可行性研究报告的基础上，进一步汇集项目建设的经济、技术资料，详细了解受援国有关法律法规、设计规范、技术标准和常规做法；修改完善设计方案，并在技术层面与受援方明确建设场址和建设边界、设计方案、建设标准、双方分工、工作进度安排等设计事宜；协助项目管理机构与受援方具体商定方案设计。

深化设计：是指确定项目的详细建设规划，确定平面和立面设计，确定各分部分项工程的形状尺寸、材质要求、装饰装修效果，确定各配套系统及机电安装工程的系统布置、功能选型、安装要求，详细编制可供主要设备、材料具体选型、定型的技术规范书，明示施工阶段可能会出现的风险因素，并在投资估算范围内按投资匹配原则相应编制工程量清单和投资概算。

施工详图设计：是指在充分结合施工现场情况和施工技术措施的基础上明确深化设计各部分的详细施工做法。

维护使用指导手册：是指包含建成项目日常维护使用的各分部分项工程、主要设备材料的质量保证期限、维护保养要求、正常使用操作指南、异常情况处理、主要设备材料的厂商信息及维修联系方式等内容的项目维护使用说明。

长效技术支持：是指在项目建成后，由工程总承包企业提供操作和管理人员培训、长期零配件供应、技术指导和运营管理支持性服务工作，保证项目的持续有效运行。

项目的设计指导原则是指：

(一)规范适用设计原则。坚持将中国工程设计规范和技术标准与受援国当地实际相结合，对于中国规范和标准中明显脱离受援国社会经济发展水平的超前技术内容以及其他涉及舒适性及经济性的内容，不强制推行；对于与受援国当地市政配套、与当地自然条件相适应或涉及当地建设法规、职业安全和环境保护等强制性要求的内容，优先选用当地通用规范或习惯做法。

(二)整体规划设计原则。切实树立整体规划的设计指导思想，以受援国现有的基础设施能力和配套条件为主要依据，确保使用功能完善、配套设施齐全、技术先进适用，在整体上满足“交钥匙”和示范性要求。

（三）功能优先设计原则。将人性化功能设计放在优先位置，强化“以人为本”的设计理念，在保障内在功能设计的前提下兼顾装饰装修等外在表现效果，以提升项目设计的整体档次和水平。

（四）投资匹配设计原则。保证设计内容与投资安排相匹配，适当超前设定建设标准和提高投资规模，树立在受援国当地的援助示范形象。

（五）技术创新设计原则。充分鼓励设计创新，按照“可靠适用、经济合理”的原则积极引入能够体现工程建设发展水平的新技术和新材料。

（六）绿色环保设计原则。强调绿色环保设计，对于可能给环境造成重大影响的项目，全面引入环境评价和受援国自主环境评估；对于产生重大污染物的项目，妥善制订环保技术处理方案，实现无害排放；对于在人文和社会环境特色鲜明地区的项目，充分尊重当地人文环境风格和风俗习惯，实现与环境的和谐融合。

（七）便利维护设计原则。技术设备的选型应满足受援方长期承担维护保养和定期大修的可行性、便利性要求，保障大型技术设备在受援方当地的基本售后服务条件。

（八）持续发展设计原则。把项目的可持续发展问题纳入设计考虑范围，从设计方案、工艺技术措施、设备材料选型、投资控制等各个方面考虑项目全周期的维护管理和成本，为项目建成后实现可持续运行与发展创造有利条件。

二、第九章

政治外交风险：是指政治外交变动或政策性调整对项目实施造成的影响，主要包括：国与国战争和涉核战争；中国与受援国外交关系变化；受援国合法当局没收、征用；与项目实施相关的法律、法规变动或政策调整等。

业主责任风险：是指由于商务部的责任或经商务部同意承担的受援方责任对项目实施造成的影响，主要包括：商务部与受援方商定调整项目建设内容、建设标准、建设期限、中外双方职责分工等立项内容；商务部主动要求变动项目合同条件；商务部在项目管理中的违约责任及商务部同意承担受援方的违约责任等。

不可抗力风险：是指不可预见、不可克服、不可避免的客观情况对项目实施造成的影响，主要包括：自然灾害；意外事故；受援国国内战乱、罢工、暴乱、民众骚乱等突发情况。

设计变更风险：是指因勘察设计或勘察设计管理失误、缺陷、错漏等对项目实施造成的影响。

经营性风险：是指因市场变动或工程总承包企业自身经营管理责任对项目实施造成的影响，主要包括投标报价以外发生的物价和汇率波动、工程量差异以及施工现场零星变更等经营性意外。

三、第十章

技术资料：是指项目准备、勘察设计和组织实施过程中形成的具有保存价值的各类技术文件和反映项目准备和实施情况的有关载体的总称。

勘察设计文件：主要包括可行性研究报告、立项建议书（含投资预估算）及其审批文件、专业考察报告、方案设计文件和投资估算、工程勘察文件、深化设计文件和投资概算，以及分阶段设计自检或对内、对外审查批准文件等。

施工建设文件：主要包括项目采购约定文件、施工详图设计文件、施工组织设计、专项保证计划和专项技术方案，现场人员管理文件和劳动合同，设备材料、施工机械和机具的采购、运输、检验、签认资料，施工过程的检测、试验、检查、验收记录，施工日志，现场财务资料，定期报告和专题报告等。

竣工文件：主要包括竣工图、维护使用指导手册和无缺陷质量保证书等。

检查验收文件：主要包括中期检查申请及其附交资料、中期检查报告，竣工验收申请及其附交资料、竣工验收报告，对外技术验收纪要等。

项目管理文件：主要包括项目管理计划和项目管理实施细则，开工和停复工审批文件，入场分包单位核验记录，主要设备材料国内验货记录，入场人员、设备材料、施工机械和机具核验记录，施工过程检查验收记录，项目管理日志，技术洽商文件，管理通知和指令，项目管理例会纪要或记录，受援方工地代表签认的施工凭据、通知、会议纪要等对外协调磋商文件，现场财务资料，定期报告和专题报告等。

四、第十三章

一般质量安全事故：是指死亡2人（含）以下，或财产损失在10万元人民币（含）以上、30万元人民币（含）以下的质量安全事故。

重大质量安全事故：是指死亡3－9人，或财产损失在30万元人民币以上、100万元人民币以下的质量安全事故。

特大质量安全事故：是指死亡10人以上，或财产损失在100万元人民币以上、300万元人民币（含）以下的质量安全事故。

特别重大质量安全事故：是指死亡30人（含）以上，或财产损失在300万元人民币以上的质量安全事故。

附表 1：

风险准备金系数取值参考表

投资预估算（人民币）	风险准备金系数（%）	
	主要系数	调整系数
预估算≤1 亿元	11	0 – 4
1 亿元 < 预估算≤3 亿元	9	
3 亿元 < 预估算≤5 亿元	7	
5 亿元 < 预估算	5	

1. 在计算投资限额时，风险准备金整体按投资（预）估算的 5% – 15% 把握。

2. 根据项目本身的抗风险能力，确定项目的风险准备金主要系数。项目投资越大，抗风险能力越强，所需风险准备金越少，反之亦然。

3. 根据项目所在地实际情况、项目技术复杂程度、项目招标深度等确定风险准备金调整系数。

（1）项目所在地风险高，可能对实施造成影响的，调整系数取值增加 1%，反之不增加；

（2）中外分工可能会调整的，调整系数取值增加 1%，反之不增加；

（3）因项目技术复杂，招标深度等原因，可能造成项目重大变化的，调整系数增加 2%，反之不增加。

4. 受援方自建项目的风险准备金，以派遣成套项目管理企业所需费用为基数计算。

附表2：

成套项目费用构成及取费参考表

<table>
<tr><th>费用名称</th><th>技术内容</th><th>主要取费方式</th><th>参考标准</th></tr>
<tr><td colspan="4">一、勘察设计费</td></tr>
<tr><td>专业考察费</td><td>赴受援国进行专业技术考察所需的出国团组费及筹组所需的其他必要的支出。</td><td colspan="2">根据因公临时出国经费标准或援外人员待遇标准（三个月以上）据实计取。</td></tr>
<tr><td>工程勘察费</td><td>工程地质勘察、测绘的费用，包括勘察费、勘察机具使用费、出国团组费和其他专题研究费用。</td><td colspan="2">根据援外成套项目勘察取费标准、因公临时出国经费标准或援外人员待遇标准（三个月以上）及实际工作量计取。</td></tr>
<tr><td>设计费</td><td>包括方案设计、深化设计服务，提供智力成果以及对外设计审查服务等费用。</td><td colspan="2">根据援外成套项目设计取费标准及承担具体设计任务内容计取，设计对外审查费用据实计取。</td></tr>
<tr><td colspan="4">二、项目管理费</td></tr>
<tr><td>现场办公费</td><td>援外成套项目管理企业现场独立办公费</td><td colspan="2">根据市场询价据实计取。</td></tr>
<tr><td>现场人员费</td><td>援外成套项目管理企业现场管理人员费用</td><td colspan="2">根据援外人员待遇标准、因公临时出国经费标准及市场询价计取。</td></tr>
<tr><td>施工监理费</td><td>对施工质量、进度、投资、安全进行监督控制所需费用</td><td colspan="2">根据援外成套项目施工监理取费标准计取。</td></tr>
<tr><td>协调管理费</td><td>援外成套项目实施全过程总体规划、统筹、协调、管理所需费用</td><td colspan="2">建筑安装工程费价格乘以管理费率。</td></tr>
<tr><td colspan="4">三、前期工程费</td></tr>
<tr><td>场地准备费</td><td>场地平整、土石方平衡等所发生费用</td><td colspan="2" rowspan="3">按定额法计取。无法采用定额法的，根据实物工程量计取。</td></tr>
<tr><td>市政配套工程费</td><td>为施工而引入现场的给水、排水、供电、通讯、临时道路工程所发生费用。</td></tr>
<tr><td>其他前期费</td><td>施工场地征地、建筑物拆迁、构筑物或障碍物拆除以及地下管线迁移所发生费用。</td></tr>
</table>

续表

<table>
<tr><th colspan="3">费用名称</th><th>技术内容</th><th>主要取费方式</th><th>参考标准</th></tr>
<tr><td colspan="6">四、建筑安装工程费</td></tr>
<tr><td colspan="3">施工详图设计费</td><td>在深化设计基础上进行施工详图设计和装饰装修二次深化设计所需费用。</td><td colspan="2">根据援外成套项目设计取费标准计取。</td></tr>
<tr><td rowspan="6">工程直接费</td><td colspan="2">人工费</td><td>包括中国人工费和当地人工费，工程总承包企业管理人员费用除外。</td><td colspan="2">按定额法计取，综合人工单价根据援外人员待遇标准、当地人工市场价格以及工效比和用工比综合计算（注1）。</td></tr>
<tr><td colspan="2">设备费</td><td>采购、运输、仓储、保管、安装设备所需费用。</td><td colspan="2" rowspan="2">按定额法计取，不能按定额计取的，根据实物工程量计取；设备材料价格以市场询价据实计取。</td></tr>
<tr><td colspan="2">材料费</td><td>采购、运输、仓储、保管工程建设使用材料所需费用，包括输运损耗。</td></tr>
<tr><td colspan="2">施工机械费</td><td>施工机械和小型机具使用费和租赁费。</td><td colspan="2">按定额法计取，施工机械工地价格和租赁费以市场询价据实计取；无法采用定额法的，根据项目类型按前期工程费、直接费一定比例计取。</td></tr>
<tr><td rowspan="2">施工措施费</td><td>其它措施费</td><td>冬季、雨季、夜间施工增加费、施工辅助费、二次搬运、施工降排水费用等施工过程中发生的直接用于工程的措施性费用。</td><td colspan="2">根据工程现场（自然）条件、运输条件、需采取的特殊施工方案等，据实计取。</td></tr>
<tr><td>临时设施费</td><td>施工所必需的生活和生产用临时建筑物、构筑物和其他临时设施费用等。</td><td>根据实物工程量按定额法计取；无法采用定额法的，按工程直接费一定比例计取。</td><td>按比例计取费率不超过2.5%。</td></tr>
<tr><td rowspan="2">间接费</td><td colspan="2">管理费</td><td>工程总承包企业管理人员费用，办公费、差旅交通费、固定资产、工器具使用费、劳动保护费、培训费、人员医疗及意外保险费、学习文娱费、外事活动费、安全保卫费、办理履约担保函费用以及其他管理费用。</td><td rowspan="2">前期工程费、工程直接费、临时设施费的一定比例。</td><td>一般为6%-8%。</td></tr>
<tr><td colspan="2">计划利润</td><td>施工企业的预期利润。</td><td>一般不超过的5%。</td></tr>
</table>

续表

费用名称		技术内容	主要取费方式	参考标准
预备费	不可预见费	施工过程中根据现场实际情况必须进行设计变更导致的费用增加。	前期工程费、工程直接费、临时设施费的一定比例。	一般不超过5%。
	风险预涨费	因设备和材料价差、汇率变化、零星工程费用、工程报价错漏项、招标工程量与实际施工工程量差异以及施工现场的零星变更等造成的工程总承包企业成本增加。		一般不超过8%。
五、工程独立费				
检测试验费		自备检测仪器设备的使用费和委托检测试验费。	据实计取。	
生产技术资料费		工业性项目投产所需的技术资料费用，包括产品设计费和生产工艺技术资料费。	根据相关行业取费标准	
工程保险费		投保工程一切险及第三者责任险的费用。	前期工程费、建筑安装工程费价格乘以保险费率。	
防恐措施费		在恐怖主义重点防范国家，加强防恐措施的费用。	根据商务部关于援外人员防范恐怖主义威胁的指导性意见据实计取。	
试生产费		按协议规定进行试生产所发生的费用，包括人员工资和有关福利待遇；原辅料、半成品、配件和水电燃料、管理和人员培训等。	按试生产期3－6个月据实计取。	
工艺装饰费		需单独委托专业艺术机构进行艺术美化的工艺装饰所需费用。	根据市场价格据实计取。	
咨询费用		包括中期验收和竣工验收费用等经济技术咨询费用	根据咨询费用取费标准计取	
技术服务费		项目建成后，由中方提供长效技术支持所需费用，包括人员工资、备件材料、办公、住宿、交通、通信、水电燃料等费用。	根据技术服务方案据实计取。	
其他独立费用		结合项目实际情况、中外双方分工及相关政策，中方承担的其他独立费用。	结合相关费用标准和市场询价计取费。	

注1:综合人工单价=(中国工人工日单价+当地工人工日单价×中、外用工比×中、外工效比)÷(1+中、外用工比)

(1)中国工人工日单价以现行援外人员待遇标准规定的国外平均月收入(按固定汇率1美元=8元人民币)为基准。可根据国别情况和项目类别进行一定比例上浮,最高上浮比例不超过20%。

(2)在充分考虑受援国工人的工作效率和项目进度要求的基础上确定中、外工效比和用工比。

工效比的控制幅度为1:1.5~1:2.0。中、外用工比按照综合用工比的原则确定。

中外综合用工比=Σ[推荐用工比╳(工种定额工日/总工日)]

根据项目类型、地区差异和工种差异,推荐使用下列用工比指标,并可根据实际情况在±20%范围内浮动。

工种/地区	非洲(含西亚)	亚洲	美大
土建/土建设备	1:8	1:6	1:4
装饰装修	1:2	1:2	1:1.5
专业/工艺设备	1:1.5	1:1.5	1:1

注2:本表主要供立项和勘察设计阶段编制投资预估算、投资估算和(修正)概算时参考使用。

对外援助物资项目管理办法(试行)

(2015 年 12 月 9 日商务部令 2015 年第 4 号公布　自 2016 年 1 月 8 日起施行)

第一章　总　则

第一条　为加强对外援助物资项目的管理,保证项目质量,提高援助效果,依据有关法律、行政法规的规定,制定本办法。

第二条　本办法所称物资项目,是指中方在援外资金项下,向受援方提供一般生产生活物资、技术性产品或单项设备,并承担必要配套技术服务的援助项目。

第三条　物资项目一般由中方负责组织实施,实行企业承包责任制。

物资项目总承包企业及相关人员应遵守中国和受援方法律法规,尊重受援方风俗习惯,根据本办法规定和合同实施物资项目,并承担相应的法律责任。

由于受援方对援助物资有特别需求,须在受援方当地采购的物资项目,经中方与受援方商定,可以采用中方代理采购方式组织实施。

第四条　商务部负责物资项目的立项、管理和监督。

援外项目管理机构依据本办法规定具体组织、管理和监督物资项目的实施,并接受商务部的监督检查。

第五条　驻受援国使领馆经济商务机构协助商务部办理与物资援助有关的政府间事务,负责物资项目实施的境外监督管理。

第六条　各省级商务主管部门协助商务部处理物资项目援助管理事务。

第七条　除涉及两用物项和技术出口管制的管理外,对外援助物资出口不纳入配额和许可证管理。

第二章　供货指导目录

第八条　商务部制定并发布《对外援助物资供货指导目录》(以下简称《指导目录》),明确中国政府对外提供援助物资的原则和导向。

《指导目录》用于指导物资项目可行性研究(含拟供货物清单编制)和立

项工作。列入《指导目录》的援助物资应为本国货物,满足可标准化、技术成熟、质量优良、合理适用、绿色环保、售后服务可保障等要求,符合有关产品出口的法律法规和中国缔结或参加的国际条约、协定,并通过法定的强制性产品认证。

对于受援方提出《指导目录》以外的援助物资,应在可行性研究中增加对该项物资的专题政策评估和技术评价。

第九条 《指导目录》的编制应本着“科学合理、客观准确、政策引导、动态管理”的原则,重点规范产品的品名、海关 HS 编码、产品描述、技术要求和产品标准。

第十条 商务部对《指导目录》实行动态管理,根据对外援助需要及援助效果、技术标准变化等情况,每四年进行一次全面修订;并对《指导目录》内产品的产品描述、技术要求和标准等内容进行随时更新。

第三章 项目采购管理

第十一条 项目管理机构根据援外项目采购规定,在经商务部资格认定的援外项目实施企业范围内选定总承包企业。

商务部可根据国家区域发展政策选定对外援助物资项目实施企业。

第十二条 商务部在可行性研究阶段确定项目的投资估算和投资限额。

商务部制定项目的费用构成及取费参考标准,供编制项目估算和报价时参考使用。

第十三条 物资项目项下某一项或若干项物资经立项确定由唯一供货企业提供,项目管理机构根据援外项目采购规定,提前与唯一供货企业议定采购价格和条件,列入项目招标文件,并监督唯一供货企业向所有竞标单位落实议定采购价格和条件。

中标的总承包企业应按招标文件列明的议定采购价格和条件与唯一供货企业签订内部供货合同。

第十四条 项目管理机构代表商务部向中标的总承包企业下达物资项目实施任务通知函。

物资项目实施任务通知函是总承包企业办理援外物资采购、仓储、检验、通关、运输和相关人员出入境手续的依据。

第十五条 中标的总承包企业不得将承包责任范围内的任务转包或违法分包。

项目涉及的部分物资采购、配套工程建设、设备安装或其他技术服务任务有特殊经营许可或专业技术资质要求，而拟投标的总承包企业自身资质不能覆盖的，可以分包给其他专业单位合作承担，其分包内容、分包单位选定和分包金额应在投标文件中载明。

分包方式一旦确定，不得变更。中标的总承包企业应按投标文件中载明的分包方式签订分包合同并报项目管理机构备案。因特殊原因确需变更或新增分包单位的，应按变更合同程序办理。

第四章 实施管理程序

第十六条 商务部审批物资项目的可行性研究报告和立项建议书，与受援方确认项目供货清单（包括品种、数量和主要技术参数等），并办理立项。

立项后，项目管理机构在政府间立项协议以及商务部批准的可行性研究报告和立项建议书范围内，按照确认的供货清单组织项目实施和管理。

第十七条 物资项目政府间协议要求签订对外实施协议的，项目管理机构应与受援方指定机构签订项目对外实施协议。

对外实施协议应规定中、外双方的合作方式、管理程序和实施全过程的权利、义务。

第十八条 项目管理机构根据采购结果与总承包企业签订内部总承包合同，明确项目组织实施的具体事宜和双方权利义务。

总承包企业根据本办法规定和合同约定负责组织所供物资的生产采购、仓储包装、检验检疫和运输，按期完成物资交付，并提供相应的配套技术服务。

第十九条 总承包企业应当与物资生产企业或供货企业签订供货合同，不得在签订供货合同时擅自改变采购承诺。

总承包企业建立并执行产品收货前检查验收制度，验明产品合格证明和其他标识，确保援外物资质量。

第二十条 总承包企业按照合同约定办理物资的仓储和包装，采取合理措施保证项目下产品的质量及安全。

第二十一条 总承包企业按合同约定办理物资运抵指定交付地点的全程运输，并支付所有运费。总承包企业应妥善保管提单、保险单、装箱单等单证，并在物资启运后及时将有关情况通知受援方指定收货人、驻受援国使领馆经商机构和项目管理机构。

因不可抗力或外方需求变化等原因，确需变更运输方案的，总承包企业应事先报商务部同意。

第二十二条 总承包企业按合同约定办理货物运输保险及其他必要的保

险。属于保险责任范围内的损失,总承包企业应向保险公司索赔;未按规定办理保险的,总承包企业承担有关损失。

第二十三条 总承包企业将所供物资运抵指定交付地点后,应及时与受援方办理物资交付手续,确认物资交付的数量和实际运抵时间等。

第二十四条 总承包企业按合同约定组织实施项目配套技术服务任务,包括选派技术服务人员赴受援方当地组织开展安装、调试、技术指导和人员培训以及接待受援方技术人员来华实习培训等。

总承包企业应保证实施技术服务所需的物质条件和技术条件,确保技术服务质量。

第二十五条 总承包企业定期向项目管理机构、驻受援国使领馆经商机构报送工作简报,内容包括项目执行进展、遇到有关问题及解决措施、下阶段工作计划和实施方案等。遇有重大质量安全问题和可能影响项目实施的突发事件应及时专题报告。

项目实施完毕后,总承包企业应向项目管理机构书面提交项目总结报告,内容包括项目总体实施情况、取得的援助效果及受援方总体评价、项目执行过程中遇到的问题或突发事件情况及采取的应对措施等。

第二十六条 在项目实施过程中,总承包企业应及时整理、妥善保存项目资料。在物资对外移交一个月内,向项目管理机构提交项目相关文件资料。

第二十七条 物资项目项下所供物资交付受援方并完成政府间立项协议及对外实施协议规定的中方义务后,项目管理机构代表商务部及时与受援方办理政府间移交手续。

其中,需要提供后续技术服务的项目,可在所供物资交付受援方并完成所需安装调试及操作培训等主要技术服务工作后,办理政府间移交手续。

项目完成政府间移交手续后,项目管理机构应及时向商务部提交项目完成报告。

第五章 进度管理

第二十八条 商务部一般在立项阶段根据合理进度规划确定项目实施期限。

受援方对缩短项目实施期限有特殊要求的,商务部将特殊期限及由此产生的配套措施(如改变运输方式)和额外投资一并纳入立项范围与受援方商定。

第二十九条 项目实施期限一经确定,不得随意变动。

由于本办法规定的业主责任、政治外交风险和不可抗力风险等非企业责任原因，且相关总承包企业已主动采取必要措施应对不利情况，仍导致项目的实施期限不能实现约定进度的，项目管理机构可与总承包企业调整合同进度。

总承包企业应提出合同进度调整方案报项目管理机构，经项目管理机构与实施企业协商一致后，通过合同调整程序签订补充合同规定。

合同进度调整超出项目对外实施协议规定期限的，项目管理机构应与受援方签订补充对外实施协议。

第六章　质量保证和售后服务

第三十条　总承包企业承担项目的质量责任，保证所供物资符合合同约定和采购承诺的质量标准，不得擅自变更物资品名、品牌、规格型号、技术参数、供货数量、生产厂商和包装方式等实质性内容。

项目管理机构负责对总承包企业的质量责任的落实进行监督管理。

第三十一条　总承包企业应对其承包责任范围内所供物资在合理使用期限内承担无缺陷质量保证责任。

无缺陷质量保证期由商务部根据项目可行性研究结果在立项阶段分产品设定，并由项目管理机构根据立项要求和采购结果，在项目内部承包合同中与总承包企业明确约定。

无缺陷质量保证期自总承包企业将所供物资运抵合同指定交付地点之日起算。

在无缺陷质量保证期内，非因受援方使用或保管不当产生的产品质量问题，总承包企业应及时修复、更换和赔偿，并承担由此产生的全部费用。

总承包企业应向项目管理机构提交无缺陷质量保证金保函，并承担保函费用。保函金额不低于所保证产品货值的10%，保函期限应按产品质量保证的最长期限设定，但不超过五年。

第三十二条　对于项目项下有长期维护和维修服务要求的大型机电设备等产品，总承包企业应在立项阶段确定的合理期限内确保受援方在当地得到及时、有效的维护和维修服务。对于超过产品质量保证期，且未列入中方技术服务范围的维护和维修服务费用，由受援方按商业化原则承担。

总承包企业对所供大型机电设备提供长期维护和维修服务的具体方式包括总承包企业或供货企业在受援方当地设立服务网点，或长期授权受援方当地合作机构，或第三国技术服务网络覆盖受援方等。

项目管理机构应监督总承包企业编制并向受援方提交所供大型机电设备

的维修保养手册，详细说明所供大型机电设备的维护保养期限、维护保养条件和费用承担、正常使用操作指南、异常情况处理以及提供维护保养服务的当地厂商信息及联系方式等。维修保养手册须用中、外文对应编制，确保内容完整、准确。

总承包企业应定期跟踪受援方对大型机电设备的使用情况和评价，并向商务部及项目管理机构及时反馈。

第七章　监　　造

第三十三条　本办法所称监造，是指承担监造任务的单位根据总承包合同或供货合同规定的货物质量标准，以及国家有关法律法规和技术标准，对设备在制造和生产过程中的工艺流程、制造质量和设备制造单位质量体系的运行进行监督。

第三十四条　对于进行非标设计或有特殊建造需求的技术复杂或专业性强的重大设备等物资，项目管理机构应根据商务部下达的物资项目管理通知要求组织实施监造。

第三十五条　项目监造原则上采用独立第三方监造的方式，监造单位由项目管理机构根据援外项目采购规定选定。

第三十六条　项目管理机构依据采购结果，与监造单位签订委托监造合同，明确双方权利义务及相应的责任。

第三十七条　监造单位应根据本办法及国家有关法律规定，选派监造代表组驻厂监造，严格履行监造职责，并对被监造设备的制造质量承担法律责任。

第三十八条　监造代表组应编写监造工作实施细则，对设备制造、装配和整体试验过程进行监督和抽查，定期向项目管理机构提供监造工作简报，并在监造工作结束后提交总结报告。

第三十九条　总承包企业和相关设备生产企业应积极配合监造代表组的工作，提供监造所需标准、图纸及检验记录等资料并提供工作便利。

第八章　风险管理

第四十条　商务部按照市场化原则建立项目风险承担机制，明确界定项目涉及的风险因素，规范风险承担主体责任。

第四十一条　项目涉及的风险因素主要包括政治外交风险、业主责任风险、不可抗力风险和经营性风险。

政治外交风险是指政治外交变动或政策性调整对项目实施造成的影响，主要包括：国与国战争和涉核战争；中国与受援国外交关系变化；受援国合法当局没收、征用；与项目实施相关的法律、法规变动或政策调整等，风险责任由商务部承担。

业主责任风险是指由于商务部的责任或经商务部同意承担受援方责任对项目实施造成的影响，风险责任由商务部承担。

不可抗力风险是指不可预见、不可克服、不可避免的客观情况对项目造成的影响，主要包括：自然灾害；意外事故；受援国国内战乱、罢工、暴乱、民众骚乱等突发情况，风险责任由项目实施单位和商务部分担。

经营性风险是指因市场变动或总承包企业自身经营管理责任对项目造成的影响，包括投标报价以外的物价和汇率波动等经营性意外，由总承包企业承担。

第四十二条 商务部通过合同补款方式对项目实施过程中发生的政治外交风险和业主责任风险承担责任。

商务部通过合同约定的货物运输保险及其他必要的保险，合理分担总承包企业的不可抗力风险。超出合同约定保险以外的不可抗力风险由总承包企业承担。

第九章 中方代理采购

第四十三条 受援方提出的援助物资需求符合中方代理采购的实施条件，经中方与受援方商定采用中方代理采购方式的，有关实施方式应在中外双方签订的立项协议（或其他政府间文件）中明确。

第四十四条 采取中方代理采购方式的项目，由受援方从中方推荐企业范围内依据其法律法规规定的程序选定代理企业。

项目管理机构负责与受援方商定推荐中方代理企业的范围和条件。项目管理机构在征求驻受援国使领馆经商机构意见后，在受援方当地依法注册或设有分支机构的中资企业范围内，根据企业资质、项目实施能力及诚信表现等条件确定向受援方推荐的中资企业名单。

有关经商机构监督中方代理企业与受援方签订委托代理合同，明确双方权利义务。

第四十五条 中方代理采购的项目，由受援方选定产品，明确品牌、规格型号，与供货商议定或在中方代理企业协助下与供货商议定供货价格和供货条件。

中方代理企业应将受援方确定的物资清单及与供货商议定的供货价格和供货条件等报有关经商机构复核确认。

第四十六条 项目管理机构负责与中方代理企业签订内部合同，明确双方权利义务和项目价款结算。

第四十七条 中方代理企业按照与受援方签订的委托代理合同，按与供货商议定的价格和供货条件等负责采购受援方指定产品，并办理受援方委托的国内运输、仓储等相关事宜。

中方代理企业完成项目有关任务后，应将拨款申请和各项费用有关单据送经商机构审核后报送项目管理机构，由项目管理机构按照有关规定进行资金拨付和结算申请复核。

第四十八条 中方代理采购相关产品的质量责任及售后服务应列入供货条件，由受援方与供货商落实。

第十章 监督管理

第四十九条 商务部负责对项目组织实施工作进行监督管理，建立项目实施企业诚信评价体系，引导企业诚实守信经营。

商务部根据需要会同有关部门对项目执行情况进行审计。

第五十条 项目管理机构依据实施合同对总承包企业履行合同义务情况进行监督管理，并定期向商务部报告项目执行情况。

项目管理机构采取检查等有效方式对项目实施进行事中和事后监管，确保监管效果。

第五十一条 项目有关资金应专款专用，单独核算，任何单位和个人不得将援外资金挪作他用。

第五十二条 对于项目项下需从中国境内采购、发运的物资，商务部会同有关部门共同建立援外出口物资的检验监管和口岸验放制度。

在中国关税境外采购、发运的援外物资实行采购地检验和验放制度。

第五十三条 商务部建立援外项目评估制度，对项目的实施情况和实施效果进行全过程评估。

第十一章 法律责任

第五十四条 项目可行性研究单位及可行性研究评估单位有下列行为之

一的，除按合同规定承担赔偿责任外，商务部给予警告，可以并处以三万元人民币以下罚款：

（一）提供的可行性研究意见、拟供货物清单存在重大失误或质量低劣，对项目实施造成严重影响；

（二）与总承包企业或供货企业串通、在采购文件发布前泄露拟供货清单内容或擅自指定或变相指定唯一供货产品。

第五十五条 总承包企业在参与项目采购过程中，有下列情形之一的，商务部给予警告，可以并处三万元人民币以下罚款；违反相关法律、行政法规规定的，依法给予行政处罚；构成犯罪的，依法追究刑事责任：

（一）弄虚作假，获取不正当竞争优势的；

（二）与其他参与采购单位串通，谋取非法利益的；

（三）与采购代理机构恶意串通，或向采购代理机构、评审专家行贿或提供其他不正当利益的；

（四）在采购承诺有效期内实质性变更承诺的。

第五十六条 总承包企业在项目实施过程中有下列行为之一的，除按合同规定承担赔偿责任外，商务部给予警告，可以并处以三万元人民币以下的罚款。违反相关法律、行政法规规定的，依法给予行政处罚；构成犯罪的，依法追究刑事责任：

（一）未履行合同义务或承诺，严重影响项目的正常实施的；

（二）违反本办法规定，将所承担的项目任务转包或违法分包的；

（三）违反本办法规定，挪用援外项目资金的；

（四）因货物或技术服务质量问题对外造成严重不良影响的；

（五）其他违反本办法规定，造成重大损失或严重不良影响的。

第五十七条 总承包企业主要负责人、项目负责人及直接责任人未履行法律法规和对外援助管理有关规定，造成严重后果的，商务部给予警告，可以并处以三万元人民币以下罚款；违反相关法律、行政法规规定的，依法给予行政处罚；构成犯罪的，依法追究刑事责任。

第五十八条 商务部和项目管理机构工作人员在项目管理和组织实施过程中有下列行为之一，视情节轻重给予相应的行政处分；构成犯罪的，依法追究刑事责任：

（一）利用职务便利索取他人财物，或非法收受他人财物为他人谋取利益的；

（二）滥用职权、玩忽职守或徇私舞弊，致使国家利益遭受损失的；

（三）泄露国家秘密的。

第十二章 附 则

第五十九条 对优惠贷款项下的援外项目、因严重自然灾害或其他不可抗力事件所实施的紧急援助项目以及涉及国家安全和秘密的物资项目，另有规定的，从其规定。

第六十条 本办法所称“以下”包含本数。

第六十一条 本办法由商务部负责解释。

第六十二条 本办法自2016年1月8日起施行。施行之日起，《对外援助物资项目管理办法》（商务部令2011年第1号）同时废止。

对外技术援助项目管理办法（试行）

（2015年12月9日商务部令2015年第5号公布 自2016年1月8日起施行）

第一章 总 则

第一条 为加强对外技术援助项目的管理，保证项目质量，提高援助效果，依据有关法律、行政法规的规定，制定本办法。

第二条 本办法所称技术援助项目，是指中方在援外资金项下，综合采用选派专家、技术工人或提供设备等手段，帮助受援方实现特定技术目标的援助项目。

第三条 技术援助项目一般由中方负责组织实施。如受援方有组织实施意愿，中方可结合项目实际情况与受援方商定，将技术援助项目交由受援方组织实施。

第四条 商务部负责技术援助项目的立项、管理和监督。

援外项目管理机构依据本办法规定具体组织、监督和管理技术援助项目的实施，并接受商务部的监督检查。

第五条 驻受援国使领馆经济商务机构协助商务部办理与技术援助项目有关的政府间事务，负责技术援助项目实施的境外监督管理。

第六条 各省级商务主管部门协助商务部处理对外技术援助管理事务。

第二章　项目采购管理

第七条　项目管理机构在经商务部认定资格的援外项目实施企业范围内根据援外项目采购规定选定技术援助项目实施单位。

商务部可根据国家区域发展政策选定对外技术援助项目实施单位。

中标的技术援助项目实施单位对所承担的技术援助项目任务实行企业承包责任制。

第八条　技术援助项目采购以技术援助方案的技术可靠性、方案成熟度和经济合理性作为主要选择标准。

技术援助方案是指根据技术援助项目可行性研究报告和立项建议书的要求，提出的要素整合方式、技术实现手段和标准，实现技术援助目标的规划、路径和程序等内容。其中，技术援助要素主要包括人力资源开发、智力支持、技术服务和转让、管理合作、提供物资设备和提供工程服务等不同类型。

对于技术实现路径简单明确的技术援助项目，项目管理机构可以在采购程序中确定统一的技术援助方案，并根据方案响应性和经济合理性依法选定实施单位；对于实现同一技术目标路径多元的技术援助项目，项目管理机构应当在采购程序中依法选定技术援助方案及实施单位。

第九条　对于技术援助项目内容较为复杂或有特殊安全性要求，所需主项技术资质为两项以上的，可由符合所有主项技术资质的单位单独投标，也可由投标单位组成联合体投标。联合体各方不得再单独或者与其他投标单位另外组成联合体参与投标。

联合体牵头单位应当具备技术援助项目实施单位资格。联合体各方在项目中标后应当共同与项目管理机构签订项目实施合同，并承担连带法律责任。

第十条　根据立项要求或实施管理实际情况，如技术援助项目涉及由唯一供货单位提供的物资或唯一服务单位提供的专利、专有技术服务，项目管理机构应根据援外项目采购规定，提前与相应物资或服务提供单位议定采购价格和条件，列入项目招标文件，并监督相应物资或服务提供单位向所有竞标单位落实议定采购价格和条件。

中标的技术援助项目实施单位应按招标文件列明的议定采购价格和条件与唯一供货企业和专利或专有技术服务提供单位签订内部分包合同，并将分包的物资或服务任务的进度、质量、安全和投资控制纳入技术援助总承包责任范围。

第十一条　项目管理机构代表商务部向中标的技术援助项目实施单位下

达实施任务通知函。

技术援助项目实施单位凭实施任务通知函办理技术援助人员出入境以及设备物资的检验通关。

第十二条 中标单位不得将承包责任范围内的任务进行转包,也不得将承包责任范围内的关键性或主体性工作任务分包或分解成若干部分分包。

中标单位将本单位技术资质不能覆盖的非关键性或非主体性任务分包给其他专业技术单位的,其分包内容、分包单位选择和分包金额应当在技术援助项目投标书中载明,作为中标条件审定并写入合同约定。

分包方式一旦确定,不得变更。中标单位应当按投标文件中载明的分包方式签订分包合同并报项目管理机构备案。确需变更或新增分包的,应当按变更合同程序办理。

第十三条 合规分包不排除技术援助项目实施单位承包责任范围内的任何义务。

第三章　项目管理程序

第十四条 商务部负责审批技术援助项目的可行性研究报告和立项建议书,并办理立项。

立项后,项目管理机构在政府间立项协议以及商务部批准的可行性研究报告和立项建议书范围内组织项目实施和管理。

第十五条 技术援助项目政府间协议要求签订对外实施协议的,项目管理机构应当在实施单位与受援方正式确认技术援助方案的基础上,负责与受援方指定机构签订项目对外实施协议。

对外实施协议应当细化规定中、外双方的合作方式、管理程序和实施全过程的权利、义务。

第十六条 技术援助项目实施单位应当严格按照政府间协议、对外实施协议及与商务部订立的项目实施合同的规定,执行技术援助方案,确保整合提供人力、技术、管理、物资和工程服务等各项要素的质量和效率,在规定期限内实现技术援助目标,并在承包责任范围内承担全部的经济、技术和法律责任。

第十七条 技术援助项目实施单位应当成立技术援助专家组并指定组长,负责在受援国当地技术援助任务的组织实施和管理。

技术援助专家组接受驻受援国使领馆经济商务机构的监督管理。

第十八条 技术援助项目实施单位应当定期向项目管理机构报送工作简报,内容涵盖项目执行进展、遇到有关问题及解决措施、下阶段工作计划和实施方案等。遇有重大质量安全问题和可能影响项目实施的突发事件应当及时专题报告。

技术援助项目实施完毕后，实施单位应当向项目管理机构书面提交项目总结报告，内容涵盖项目总体实施情况、取得的援助效果和经济社会效益、受援方对项目实施的总体评价、项目执行过程中遇到的问题及解决措施、有关突发紧急情况的处理应对以及项目是否延续的有关建议等。

第十九条 项目管理机构在技术援助项目实施单位基本履行完毕政府间协议、对外实施协议和项目实施合同规定的义务后，可依法选定经商务部认定资格的顾问咨询单位组成专家组进行技术援助项目验收。

验收专家组的具体组成方式和人员资格由项目管理机构根据技术援助项目性质和特点决定。验收专家组成员不得与技术援助项目实施单位存在可能影响公正验收的利害关系。

技术援助项目验收以政府间协议、对外实施协议、项目实施合同规定以及技术援助方案为主要依据，对技术援助项目项下人力资源开发、智力支持、技术服务和转让、管理合作的实物工作量、智力成果和援助效果进行综合评估，对实施单位的履约情况和专家服务情况进行确认，对附带物资设备和工程服务进行核验和验收，最终对技术援助目标的实现作出结论。验收结论分为合格和不合格两个评定等级。

验收专家组应当根据验收结果向项目管理机构提交验收报告。验收报告经验收专家组全体成员签字后生效。

第二十条 技术援助项目实施单位应当对验收过程中发现的问题和验收报告提出的问题及时进行整改。

验收期间整改完毕的问题，由验收专家组作出整改结论并写入验收报告；无法在验收期间完成整改的问题，由实施单位在规定期限内进行整改，将整改结果报验收专家组补充作出整改结论。

第二十一条 技术援助项目验收合格后，项目管理机构代表商务部，应当及时通过外交渠道与受援方办理政府间移交手续。

项目管理机构应当在完成政府间移交手续后及时向商务部提交技术援助项目完成报告。

第二十二条 技术援助项目实施单位应当在承包责任范围内，负责归集、整理项目技术资料，并在项目完成验收且办理对外移交手续后六十日内向项目管理机构移交。

纳入管理和移交的技术援助项目技术资料是指项目实施过程中形成的、具有保存价值的各类技术文件和反映项目准备、实施过程情况的有关载体。

技术援助项目技术资料纳入商务部建立的对外援助成套项目技术资料库统一管理。附带工程的技术资料管理要求按照《对外援助成套项目管理办法(试行)》执行。

第四章　技术专家管理

第二十三条　对于技术援助项目项下需要派遣中方专家(以下简称技术援助专家)赴受援国执行人力资源开发、智力支持、技术服务和转让、管理合作等专业技术任务的,项目管理机构应当根据技术援助项目的实际需要,在项目采购时明确技术援助专家的专业资质或同等技术要求。

第二十四条　技术援助项目实施单位应当保证所派技术援助专家达到项目所要求的专业资质或同等技术水平,具体人选由项目管理机构通过项目采购程序确定。

确定的技术援助专家人选非因特殊情况不得随意变更。确需变更的,技术援助项目实施单位应当将变更后的人员资质、条件等情况重新报项目管理机构确定。

第二十五条　技术援助项目实施单位应当主要选派本单位人员担任技术援助专家。因专业特殊或技术资质限制需要外聘人员担任技术援助专家的,应当对外聘人员进行必要的审查,并与外聘人员签订劳动合同,明确双方在执行项目期间的权利和义务。

第二十六条　项目管理机构应当在技术援助项目执行完毕前,提请驻受援国使领馆经济商务机构对技术援助专家的服务质量和效果出具履职评估意见。

驻受援国使领馆经济商务机构出具的技术援助专家履职评估意见应当如实反映中方专家在受援国工作期间的工作绩效及履职情况,并充分听取受援方意见。

技术援助专家履职评估意见应当作为项目验收时,验收专家组确认专家服务情况的重要依据。

第二十七条　技术援助项目实施单位应当切实保障技术援助专家的待遇,包括在受援国执行技术援助任务期间的国内职位、岗位、职称待遇、工作保障和社会福利待遇不变,充分享有技术援助专家的国外津贴、艰苦地区补贴、医疗费用、休假、境外人身意外伤害保险及食宿、办公、交通等在国外履行公务所必需的工作和生活条件等。

驻受援国使领馆经济商务机构应当协助技术援助项目实施单位,督促受援方根据政府间协议或对外实施协议的规定，为技术援助专家提供出入境、当地居留和执行援助任务的便利，并保障技术援助专家的人身和财产安全。

第五章　智力成果管理

第二十八条　技术援助项目的智力成果是指技术援助项目实施单位在技术援助项下开展人力资源开发、智力支持、技术服务和转让、管理合作等活动所形成的一切有价值的精神财富或智力产品，包括：

（一）技术建议书、规划报告、咨询报告、分析研究报告、论文、课程讲义等资料；

（二）专利、专有技术、实用技术、版权等知识产权成果；

（三）具有经济和技术价值的操作规程、工艺流程、工作程序、实施模式和管理经验等技术解决方案。

第二十九条　技术援助项目实施单位应当依据技术援助方案单独制定智力成果的工作方案，明确不同阶段具体技术任务及其配套智力成果完成的目标、时限、条件和程序，确保智力成果提供的质量。

项目实施单位应当将项目执行期间取得的智力成果进行系统整理，形成书面材料后提交项目管理机构和商务部。

第三十条　验收专家组应当在技术援助项目验收过程中，对技术援助项目项下形成的智力成果进行专业评审，确认智力成果的创新性、适用性和援助效果。

对智力成果的专业评审结果应当作为技术援助项目验收时，验收专家组确认实现技术援助目标的重要依据。

第三十一条　技术援助项目实施单位在执行技术援助任务过程中形成或创造的智力成果，应当归属中方和受援方共同所有。具体归属安排及后续成果使用由中方与受援方在政府间协议或对外实施协议中约定。

未经商务部批准，技术援助项目实施单位无权公开、转让技术援助项目的智力成果或许可其他单位和个人使用智力成果。

第六章　附带物资管理

第三十二条　技术援助项目项下提供的援助物资主要分为专家物资、零配件和技术物资三类。

第三十三条　技术援助项目项下附带物资，符合以下情形之一的，应当单

独立项并按照《对外援助物资项目管理办法(试行)》组织实施:

(一)供货总额(含运、保费)在五百万元人民币以上;

(二)所占技术援助项目估算投资比重在50%以上;

(三)技术物资供货总额(含运、保费)在三百万元人民币以上;

(四)技术物资供货总额在一百万元人民币以上不足三百万元人民币,且所占技术援助项目投资估算比重在35%以上。

第三十四条 专家物资主要是为满足中方技术援助专家在受援国执行援助任务的工作和生活需要所提供的交通车辆、办公设备、耐用消费品和一般消费品等物资,按照固定资产和消耗品分别进行管理。

专家物资项下的消耗品由技术援助项目实施单位负责采购、使用、分配和管理。任务完成后仍有使用价值的消耗品由技术援助项目实施单位自行向受援方移交。

专家物资项下使用援款单独购置并按固定资产进行管理的交通车辆、办公设备以及耐用消费品的产权归受援方所有,由技术援助项目实施单位负责采购,在技术援助项目执行期间由中方专家使用和管理。

项目管理机构应当与技术援助项目实施单位明确约定列入管理范围的固定资产清单(作为合同附件),并将固定资产清单及时通报驻受援国使领馆经济商务机构。技术援助项目执行完毕后,驻受援国使领馆经济商务机构应当监督技术援助项目实施单位对固定资产进行盘点,及时移交受援方主管部门,并办理移交确认手续,有关书面交接材料报项目管理机构备案。

第三十五条 零配件主要是指技术援助项目项下为保证相关技术设备、装备恢复功能或长期使用所提供的合理数量的易损件、备件、配件或维修工器具等。

零配件由技术援助项目实施单位负责采购、使用和管理。技术援助项目执行完毕后,驻受援国使领馆经济商务机构应当监督技术援助项目实施单位对剩余零配件进行盘点,及时移交受援方主管部门,并办理移交确认手续,有关书面交接材料报项目管理机构备案。

第三十六条 技术物资是指技术援助项目项下使用援款单独购置且用于实现技术援助目标的各类技术设备、装备、器材及生产物资等。

技术物资的产权归受援方所有。除本办法另有规定外,技术物资由技术援助项目实施单位负责采购,在技术援助项目执行期间由中方专家使用和管理。项目管理机构应当与技术援助项目实施单位明确约定技术物资清单,并将技术物资清单及时通报驻受援国使领馆经济商务机构。技术援助项目执行完毕后,驻受援国使领馆经济商务机构应当监督技术援助项目实施单位对技术物资进行盘点，及时移交受援方主管部门，并办理相应移交确认手续，有关书面交接材料报项目管理机构备案。

第三十七条 技术援助项目项下专家物资、技术物资和零配件的供货企业应当依法承担所供物资的质量保证责任，对于在合同约定的质量保证期内出现的非受援国原因导致的产品质量问题，应当负责修理或更换，并承担所需费用。

第七章 附带工程管理

第三十八条 技术援助项目项下附带工程，符合以下情形之一的，应当单独立项并按照《对外援助成套项目管理办法（试行）》组织实施：

（一）投资规模在一千万元人民币以上；

（二）所占技术援助项目估算投资比重在50%以上。

第三十九条 除第三十八条规定情形外，技术援助项目附带工程由技术援助项目实施单位依法组织实施或委托受援国当地有技术能力的中资单位或当地工程承包商组织实施。

其中，对于技术援助项下一定规模以上附带工程，即投资规模在五百万元人民币以上不足一千万元人民币的附带新建工程，项目管理机构应依据援外项目采购规定的程序，从具备援外成套项目实施企业资格的单位中择优选定项目管理公司承担附带工程管理任务。

第四十条 技术援助项目项下附带工程应当坚持基本建设程序，按照"先勘察、后设计、再施工"的原则组织实施，具体承包模式、实施程序和管理要求参照《对外援助成套项目管理办法（试行）》的相关规定执行。

技术援助项目实施单位对附带工程的进度、质量、安全和投资控制承担总承包责任。如将附带工程整体或部分任务委托分包单位进行实施的，承担附带工程勘察设计任务的企业对勘察设计的质量、进度、安全生产及项目投资控制负连带责任；承担附带工程建设任务的企业对附带工程建设所涉及的质量、进度、安全生产以及工程建成后的质量保证和配套技术服务负连带责任。

承担附带工程管理任务的企业应当对附带工程勘察设计及工程建设全过程进行协调、控制和管理，并对涉及的质量、进度、安全生产及投资控制负连带责任。

第四十一条 技术援助项目项下一定规模以上附带工程的质量检查由项目管理公司会同技术援助项目实施单位共同负责组织。对于附带投资规模较小的零星土建工程和小型修缮工程的质量检查，由技术援助项目实施单位负责组织。

技术援助项目项下附带工程的验收由项目管理机构组织。

附带工程检查验收的程序和标准参照《对外援助成套项目管理办法(试行)》的相关规定执行。

第四十二条 除因受援方使用不当引致的质量问题外,对于技术援助项目项下附带工程,技术援助项目实施单位应当在合理使用期限内承担无缺陷质量保证责任。

技术援助项目实施单位应当在附带工程验收时向项目管理机构出具无缺陷质量保证书,明确附带工程各部分及设备材料的无缺陷质量保证范围、保证期限和相关的保修责任,自行制订并相应实施质量保修计划,至少在验收后两年内现场留驻质量保修团队,确保质量保证期限内返工、返修所需人力物资等配套资源提供和及时抵达现场,并自行承担质量保修所需全部费用。

第八章 风险管理

第四十三条 商务部按照市场化原则建立技术援助项目的风险承担机制,明确界定技术援助项目涉及的风险因素,规范风险承担主体责任。

第四十四条 技术援助项目涉及的风险因素主要包括政治外交风险、业主责任风险、不可抗力风险、技术方案变动风险和经营性风险等。

政治外交风险是指政治外交变动或政策性调整对技术援助项目实施造成的影响,主要包括:国与国战争和涉核战争;中国与受援方外交关系变化;受援方合法当局没收、征用;与项目实施相关的法律、法规变动或政策调整等,风险责任由商务部承担。

业主责任风险是指由于商务部的责任或商务部同意承担受援方责任对技术援助项目实施造成的影响,风险责任由商务部承担。

不可抗力风险是指不可预见、不可克服、不可避免的客观情况对技术援助项目造成的影响,主要包括:自然灾害;意外事故;受援方国内战乱、罢工、暴乱、民众骚乱等突发情况,风险责任由技术援助项目实施单位和商务部分担。

技术方案变动风险是指因原定技术援助方案的失误、缺陷、错漏等导致不能实现预定技术援助目标,应当相应调整技术援助方案造成的影响,风险责任由技术援助项目实施单位承担。

经营性风险是指因市场变动或实施单位自身经营管理责任对技术援助项目造成的影响,包括投标报价以外的物价和汇率波动、实物工作量差异等经营性意外,风险责任由技术援助项目实施单位承担。

第四十五条 商务部通过合同补款方式对于技术援助项目实施过程中发生的政治外交风险和业主责任风险承担责任。

第四十六条 商务部通过承担合同约定项目附带货物运输保险及其他必要的保险费用,以及将项目附带工程纳入商务部统一建立的成套项目工程保险制度范围投保并承担相关保险费用,合理分担总承包企业的不可抗力风险。超出约定保险以外的不可抗力风险由总承包企业承担。

第九章 受援方组织实施项目的管理程序

第四十七条 由受援方组织实施的技术援助项目,商务部应当在可行性研究阶段与受援方确认以下条件:

(一)受援方具备完备的招投标法律制度和管理体系;

(二)受援方具有独立组织实施的能力与经验,并愿意接受中方的外部监管;

(三)项目投资限额明确,中方和受援方的分工责任和费用承担划分清楚,风险可控。

受援方组织实施的技术援助项目原则上不附带工程。

第四十八条 对于受援方组织实施的技术援助项目,由受援方从中方推荐企业范围内依据其法律法规规定的招标程序选定实施企业。

项目管理机构负责与受援方商定推荐实施企业的范围和条件。项目管理机构在征求驻受援国使领馆经济商务机构和行业组织意见后,根据企业技术资质、项目实施能力及诚信表现等条件确定向受援国推荐的中资企业名单。

推荐的中资企业可与受援方当地企业组成联合体或建立专业分包关系。

第四十九条 对于受援方组织实施的技术援助项目,项目管理机构负责与受援方签订项目实施纪要,约定双方权利义务。

项目管理机构应当按援外项目采购规定选定中方项目管理单位对受援方组织实施技术援助项目进行有限监管。

技术援助项目管理单位的职责主要包括:

(一)监督受援方的招投标程序,评估其招投标程序的合规性并对招投标结果予以确认;

(二)对项目合同执行情况进行监控,定期向项目管理机构提交专题报告;

(三)审核受援方提出的拨款申请;

(四)对受援方提交的项目实施内容变更申请进行初步审查,并向项目管理机构提出处理意见。

在实施监管过程中,技术援助项目管理单位发现正在或将要发生偏离技术援助目标的违约或违规事项,应当以书面形式向受援方提出整改建议。如受援方未及时采取有效措施,技术援助项目管理单位应当及时报告项目管理机构,项目管理机构可以暂停或终止对项目资金拨付申请的审核。

第五十条 对于受援方组织实施的技术援助项目,项目资金应当依据受援方与实施企业签订的合同和经技术援助项目管理单位审核签发的拨款申请直接拨付到实施企业账户。

第五十一条 受援方组织实施的技术援助项目完成后,技术援助项目管理单位负责对技术成果的内容完整性、深度的符合性及科技创新性进行预审核,并与受援方共同对技术援助项目进行成果验收。

技术援助项目管理单位应当及时促请受援方提交相关技术资料及成果文件,并报项目管理机构备案。

项目管理机构负责与受援方办理技术援助项目完成确认证书,并及时向商务部提交技术援助项目完成报告。

第五十二条 对于受援方组织实施的技术援助项目,项目管理机构依据立项确定的投资预估算对受援方进行投资目标控制。受援方与相关实施企业签订的实施合同总价应当控制在投资预估算范围内。

项目实施过程中,因合同变更、索赔等原因造成合同超支的,超出部分由受援方承担;调减合同价款的,按照调减后的合同价款进行资金拨付。

第十章　监督管理

第五十三条 项目管理机构应当按照本办法规定的职责组织实施技术援助项目,并向商务部履行有关备案和报批手续;建立健全信息报告制度,按月向商务部报送项目执行情况;针对项目执行过程中出现的重大问题,及时向商务部专题报告。

商务部负责对项目管理机构组织实施的技术援助项目进行监督检查。

第五十四条 项目管理机构依据合同对技术援助项目实施单位境内境外资金进行监督管理,确保援外资金专款专用,单独核算,不挪作他用。

第五十五条 项目管理机构应当建立重大技术援助项目巡视检查制度,现场监督检查技术援助项目实施单位及其附带工程实施企业落实援外项目管理制度和合同约定的情况。

第十一章　法律责任

第五十六条　技术援助项目实施单位有以下行为之一的,除按合同规定承担赔偿责任外,商务部给予警告,可以并处三万元人民币以下罚款,并可以依法公布处罚决定;违反相关法律、行政法规规定的,依法给予行政处罚;构成犯罪的,依法追究刑事责任:

(一)违反本办法规定,将所承担的实施任务转包或违法分包的;

(二)违反本办法规定,挪用援外项目资金的;

(三)擅自改变经审定的技术专家、技术方案、工艺或实施流程,造成项目无法实现援助效果的;

(四)未按照合同履行或延迟履行义务,影响项目正常实施,对外造成不良影响的。

项目实施单位违反本条第一款规定受到行政、刑事处罚的,自行政处罚生效之日起二至六年内,不选定其参与技术援助项目。

第五十七条　技术援助项目实施单位在参与技术援助项目采购过程中,有下列情形之一的,商务部给予警告,可以并处三万元人民币以下罚款;违反相关法律、行政法规规定的,依法给予行政处罚;构成犯罪的,依法追究刑事责任:

(一)弄虚作假,获取不正当竞争优势的;

(二)与其他参与采购单位串通,谋取非法利益的;

(三)与采购代理机构恶意串通,或向采购代理机构、评审专家行贿或提供其他不正当利益的;

(四)在采购承诺有效期内实质性变更承诺的。

第五十八条　技术援助项目实施单位主要负责人、项目负责人及直接责任人未履行法律法规和对外援助管理有关规定,造成严重后果的,商务部给予警告,可以并处三万元人民币以下罚款;违反相关法律、行政法规规定的,依法给予行政处罚;构成犯罪的,依法追究刑事责任。

第五十九条　商务部和援外项目管理机构工作人员在项目管理和组织实施过程中有下列行为之一的,视情节轻重给予相应的行政处分;构成犯罪的,依法追究刑事责任:

(一)利用职务便利索取他人财物,或非法收受他人财物为他人谋取利益的;

(二)滥用职权、玩忽职守或徇私舞弊,致使国家利益遭受损失的;

(三)泄露国家秘密的。

第十二章　附　　则

第六十条　对优惠贷款项下的援外项目、因严重自然灾害或其他不可抗力事件所实施的紧急援助项目以及涉及国家安全和秘密的援助项目，另有规定的，从其规定。

第六十一条　本办法所称“以上”、“以下”包含本数。

第六十二条　本办法由商务部负责解释。

第六十三条　本办法自2016年1月8日起施行。

建设项目环境影响后评价管理办法（试行）

（2015年12月10日环境保护部令第37号公布　自2016年1月1日起施行）

第一条　为规范建设项目环境影响后评价工作，根据《中华人民共和国环境影响评价法》，制定本办法。

第二条　本办法所称环境影响后评价，是指编制环境影响报告书的建设项目在通过环境保护设施竣工验收且稳定运行一定时期后，对其实际产生的环境影响以及污染防治、生态保护和风险防范措施的有效性进行跟踪监测和验证评价，并提出补救方案或者改进措施，提高环境影响评价有效性的方法与制度。

第三条　下列建设项目运行过程中产生不符合经审批的环境影响报告书情形的，应当开展环境影响后评价：

（一）水利、水电、采掘、港口、铁路行业中实际环境影响程度和范围较大，且主要环境影响在项目建成运行一定时期后逐步显现的建设项目，以及其他行业中穿越重要生态环境敏感区的建设项目；

（二）冶金、石化和化工行业中有重大环境风险，建设地点敏感，且持续排放重金属或者持久性有机污染物的建设项目；

（三）审批环境影响报告书的环境保护主管部门认为应当开展环境影响后评价的其他建设项目。

第四条　环境影响后评价应当遵循科学、客观、公正的原则，全面反映建设项目的实际环境影响，客观评估各项环境保护措施的实施效果。

第五条 建设项目环境影响后评价的管理，由审批该建设项目环境影响报告书的环境保护主管部门负责。

环境保护部组织制定环境影响后评价技术规范，指导跨行政区域、跨流域和重大敏感项目的环境影响后评价工作。

第六条 建设单位或者生产经营单位负责组织开展环境影响后评价工作，编制环境影响后评价文件，并对环境影响后评价结论负责。

建设单位或者生产经营单位可以委托环境影响评价机构、工程设计单位、大专院校和相关评估机构等编制环境影响后评价文件。编制建设项目环境影响报告书的环境影响评价机构，原则上不得承担该建设项目环境影响后评价文件的编制工作。

建设单位或者生产经营单位应当将环境影响后评价文件报原审批环境影响报告书的环境保护主管部门备案，并接受环境保护主管部门的监督检查。

第七条 建设项目环境影响后评价文件应当包括以下内容：

（一）建设项目过程回顾。包括环境影响评价、环境保护措施落实、环境保护设施竣工验收、环境监测情况，以及公众意见收集调查情况等；

（二）建设项目工程评价。包括项目地点、规模、生产工艺或者运行调度方式，环境污染或者生态影响的来源、影响方式、程度和范围等；

（三）区域环境变化评价。包括建设项目周围区域环境敏感目标变化、污染源或者其他影响源变化、环境质量现状和变化趋势分析等；

（四）环境保护措施有效性评估。包括环境影响报告书规定的污染防治、生态保护和风险防范措施是否适用、有效，能否达到国家或者地方相关法律、法规、标准的要求等；

（五）环境影响预测验证。包括主要环境要素的预测影响与实际影响差异，原环境影响报告书内容和结论有无重大漏项或者明显错误，持久性、累积性和不确定性环境影响的表现等；

（六）环境保护补救方案和改进措施；

（七）环境影响后评价结论。

第八条 建设项目环境影响后评价应当在建设项目正式投入生产或者运营后三至五年内开展。原审批环境影响报告书的环境保护主管部门也可以根据建设项目的环境影响和环境要素变化特征，确定开展环境影响后评价的时限。

第九条 建设单位或者生产经营单位可以对单个建设项目进行环境影响后评价，也可以对在同一行政区域、流域内存在叠加、累积环境影响的多个建设项目开展环境影响后评价。

第十条 建设单位或者生产经营单位完成环境影响后评价后，应当依法公开环境影响评价文件，接受社会监督。

第十一条 对未按规定要求开展环境影响后评价，或者不落实补救方案、改进措施的建设单位或者生产经营单位，审批该建设项目环境影响报告书的环境保护主管部门应当责令其限期改正，并向社会公开。

第十二条 环境保护主管部门可以依据环境影响后评价文件，对建设项目环境保护提出改进要求，并将其作为后续建设项目环境影响评价管理的依据。

第十三条 建设项目环境影响报告书经批准后，其性质、规模、地点、工艺或者环境保护措施发生重大变动的，依照《中华人民共和国环境影响评价法》第二十四条的规定执行，不适用本办法。

第十四条 本办法由环境保护部负责解释。

第十五条 本办法自2016年1月1日起施行。

中国银监会现场检查暂行办法

（2015年12月10日中国银行业监督管理委员会令2015年第10号公布　自2016年2月14日起施行）

第一章　总　　则

第一条 为加强对银行业的监督管理，规范现场检查行为，提升现场检查质效，促进银行业健康发展，根据《中华人民共和国银行业监督管理法》、《中华人民共和国商业银行法》等有关法律法规，制定本办法。

第二条 本办法所称现场检查，是指银监会及派出机构派出检查人员在银行业金融机构的经营管理场所以及其他相关场所，采取查阅、复制文件资料、采集数据信息、查看实物、外部调查、访谈、询问、评估及测试等方式，对其公司治理、风险管理、内部控制、业务活动和风险状况等情况进行监督检查的行为。

第三条 现场检查是银监会及派出机构监管流程的重要组成部分，通过发挥查错纠弊、校验核实、评价指导、警示威慑等功能，督促银行业金融机构贯彻落实国家宏观政策及监管政策，提高经营管理水平、合法稳健经营，维护银行业金融机构和体系安全，更好服务实体经济发展。

第四条 银监会及派出机构开展现场检查应依照法律、行政法规、规章和规范性文件确定的职责、权限和程序进行。

第五条 银监会及派出机构和实施现场检查的人员(以下简称检查人员)依法实施现场检查,应当客观公正,实事求是,忠诚履职,廉洁奉公,保守秘密。

银监会及派出机构应加强现场检查纪律和廉政制度建设,加强对检查人员廉洁从政情况的监督。

第六条 银监会及派出机构依法开展现场检查,被查机构及其工作人员应当配合,保证提供的有关文件资料真实、准确、完整、及时,不得拒绝、阻碍和隐瞒。检查期间,被查机构应为现场检查工作提供必要的办公条件和工作保障。

被查机构及其工作人员未经银监会及派出机构同意,不得将检查情况和相关信息向外透露。

第七条 本办法所指现场检查包括全面检查、专项检查、后续检查、临时检查和稽核调查。

全面检查是在一定周期内对法人机构公司治理、经营管理和业务活动及其风险状况进行的全面性检查,原则上每5年至少安排一次。

专项检查是对被查机构某些业务领域、区域进行的专门检查。

后续检查是对被查机构以往现场检查中发现的重大问题整改落实情况进行的检查。

临时检查是根据上级部门重大工作部署或针对银行业金融机构的重大突发事件开展的检查。

稽核调查是采用现场检查方法对特定事项进行专门调查的活动。

第八条 银监会及派出机构应建立和完善现场检查管理信息系统,实现检查资源共享,提高现场检查效率。

第九条 银监会及派出机构应严格按照法律法规规定的程序编制现场检查项目经费预算,合规使用检查费用。

第十条 银监会及派出机构应配备与承担的检查任务相适应的检查力量,加强现场检查专业人才培养,提升现场检查水平,将现场检查作为培养银行业监管队伍和提高监管能力的重要途径。

第十一条 银监会及派出机构在现场检查工作中应加强沟通协调,建立有效的现场检查联动机制。

第二章 职责分工

第十二条 银监会及派出机构按照“谁立项、谁组织、谁负责”的工作机制,开展现场检查。

第十三条 银监会负责统筹全系统现场检查工作,组织对全国性银行业金融机构的现场检查,组织全系统重大专项检查、临时检查和稽核调查,对地方性法人机构的现场检查进行统筹和指导,对派出机构的现场检查工作进行考核和评价。

第十四条 各派出机构负责统筹辖内现场检查工作,组织对辖内银行业金融机构的现场检查,组织全辖专项检查、临时检查和稽核调查,完成上级部门部署的现场检查任务,对下级部门的现场检查工作进行指导、考核和评价。

第十五条 根据需要,银监会可对银监局或银监分局监管的机构、银监局可对辖内银监分局监管的机构直接开展现场检查。

第十六条 银监会现场检查部门负责现场检查的归口管理。银监会及派出机构承担现场检查职责的部门负责现场检查立项,组织实施现场检查,提出现场检查处理意见,评估被查机构整改情况,就现场检查情况及时与机构监管、功能监管等部门进行沟通。

银监会及派出机构的机构监管、功能监管等部门,根据自身职责,配合开展现场检查工作,负责提出现场检查立项建议,提供现场检查所需的数据、资料和相关信息,并可根据需要开展有关的现场检查,跟踪检查意见的整改情况。

第十七条 银监会及派出机构应加强与政府相关部门的工作联动,沟通检查情况,依法共享检查信息,必要时可联合其他部门开展对银行业金融机构相关业务领域的现场检查。

第十八条 银监会及派出机构在开展跨境现场检查时,应根据监管备忘录等合作协议的规定,加强与境外监管机构的沟通协作。

第三章　立项管理

第十九条 银监会及派出机构应加强现场检查立项管理,根据银行业金融机构的依法合规情况、评级情况、风险状况和以往检查情况等,确定对其现场检查的频率、范围,确保检查项目科学、合理、可行。未经立项审批程序,不得开展现场检查。

第二十条 银监会现场检查部门应在征求机构监管、功能监管等部门以及各银监局意见基础上,结合检查资源情况,制定年度现场检查计划,报主席会议审议决定或由银监会主要负责人签发。

第二十一条 银监会按年度制定现场检查计划,现场检查计划一经确定原则上不作更改。

列入年度计划的个别项目确需调整的，应当说明调整意见及理由，每年中期集中调整一次。调整时，对于银监会负责的项目，应经银监会负责人审批；对于派出机构负责的项目，经银监局负责人审批同意后，应按要求向银监会现场检查部门报告。

第二十二条 经银监会或银监局主要负责人批准，银监会或银监局可立项开展临时检查。

各银监局应在临时检查立项后10个工作日内，将立项情况向上级部门报告。

第二十三条 稽核调查可纳入年度现场检查计划，也可适用临时检查立项程序。

第四章 检查实施

第二十四条 银监会及派出机构组织实施现场检查可采取以下方式：

（一）由立项单位组织人员实施；

（二）由上级部门部署下级部门实施；

（三）对专业性强的领域，可要求银行业金融机构选聘符合条件的第三方机构进行检查，并将检查结果报告监管部门；

（四）采用符合法律法规及规章规定的其他方式实施。

第二十五条 银监会及派出机构依法组织实施现场检查时，检查人员不得少于二人，并应当出示合法证件和检查通知书。

检查人员少于二人或未出示合法证件和检查通知书的，银行业金融机构有权拒绝检查。

第二十六条 银行业金融机构及相关人员存在不配合检查、不如实反映情况或拒绝、阻碍检查等行为的，银监会及派出机构可根据情节轻重，对相关机构和个人依法采取监督管理措施和行政处罚。

第二十七条 现场检查人员执行现场检查任务时，应当保持应有的独立性，存在影响或者可能影响依法公正履行职责情况的，应实行回避，不得参加相关事项的讨论、审核和决定，不得以任何方式对相关事项施加影响。

被查机构认为检查人员与其存在利害关系的，有权申请检查人员回避。

第二十八条 银监会及派出机构应当在实施现场检查前组成检查组，根据检查任务，合理配备检查人员。

检查组实行组长负责制。检查组组长在检查组成员中确定主查人，负责现场检查工作的具体组织和实施。

第二十九条 检查组根据检查项目需要，开展查前调查，进行检查分析和模型分析，制定检查方案，做好查前培训。

第三十条 检查组应提前或进场时向被查机构发出书面检查通知，组织召开进点会谈，并向被查机构提出配合检查工作的要求。同时由检查组组长或负责人宣布现场检查工作纪律和有关规定，告知被查机构对检查人员履行监管职责和执行工作纪律、廉政纪律情况进行监督。

第三十一条 检查人员应按要求做好工作记录、检查取证、事实确认和问题定性。

第三十二条 检查过程中，应加强质量控制，做到检查事实清楚、问题定性准确、责任认定明晰、定性依据充分、取证手续齐全。

第三十三条 检查组可通过事实确认书、检查事实与评价等方式就检查过程中发现的问题与被查机构交换意见。

承担现场检查职责的部门与相关部门应加强对检查情况的沟通。

第三十四条 检查结束后，检查组应制作现场检查工作报告，并向被查机构出具现场检查意见书。必要时，可将检查意见告知被查机构的上级管理部门或被查机构的董事会、监事会、高级管理层或主要股东等。

第三十五条 检查人员应当认真收集、整理检查资料，将记录检查过程、反映检查结果、证实检查结论的各类文件、数据、资料等纳入检查档案范围。

第三十六条 稽核调查参照一般现场检查程序，根据工作要求和实际情况，可以简化流程，不收集证据，不与调查对象交换意见，不出具检查工作报告和检查意见书，以调查报告作为稽核调查的成果。

调查过程中如发现涉及需要采取监管措施或行政处罚的事项，应当按照相关要求收集证据，并依程序进行处理。

第三十七条 对于有特殊需要的现场检查项目，经检查组组长确定，可适当简化检查程序，包括但不限于不进行查前培训、不组织进点会谈等。

第五章 检查方式

第三十八条 检查过程中，检查人员可查阅文件和资料、查看经营管理场所、采集数据信息、测试有关系统设备设施、访谈或询问相关人员，并可根据需要，收集原件、原物，进行复制、记录、录音、录像、照相等。

对可能被转移、隐匿或者毁损的文件、资料，经检查组组长同意可以封存。

第三十九条 银监会及派出机构应持续完善检查分析系统，充分运用信息技术手段，开展检查分析，实施现场检查，提高现场检查质效。

银行业金融机构应按照银监会及派出机构要求，完成检查分析系统所需数据整理、报送等工作,保证相关数据的真实、准确、规范和及时。

第四十条 检查人员可就检查事项约谈银行业金融机构外聘审计机构人员,了解审计情况。

银行业金融机构外聘审计机构时,应在相关合同或协议中明确外聘审计人员有配合银监会及派出机构检查的责任。

第四十一条 检查组可抽调被查机构内审人员参与现场检查,被查机构应予以配合。必要时,可要求银行业金融机构内审部门对特定项目进行检查。内审部门应按照监管要求实施检查、形成报告报送监管部门。银监会及派出机构应加强检查指导,对检查实行质量控制和评价。

第四十二条 检查过程中,为查清事实,检查组需向除被查机构以外的其他银行业金融机构了解情况的,可要求相关机构予以配合。

经银监会现场检查部门相关负责人批准,检查人员可直接向相关银行业金融机构了解情况,也可委托相关机构所在地银监局予以协助。

涉及跨银监局辖区的协查事项,经银监局相关负责人批准,可发函要求相关机构所在地银监局予以协助。银监局辖内的协查事项,由各银监局自行确定相关程序和要求。

协查人员负责调取相关资料,查明相关情况,检查责任由检查组承担。

第四十三条 银监会及派出机构依法对银行业金融机构进行检查时,为了查清涉嫌违法行为,经设区的市一级以上银行业监督管理机构负责人批准,可以根据《中华人民共和国银行业监督管理法》的规定对相关单位和个人进行调查。

第四十四条 银监会及派出机构行使相关调查权应当符合以下条件:

(一)在检查中已获取银行业金融机构或相关人员涉嫌违法的初步证据;

(二)相关调查权行使对象限于与涉嫌违法事项有关的单位和个人。

第四十五条 与涉嫌违法事项有关的单位和个人包括与涉嫌违法行为有直接关系的民事主体,也包括没有参与违法行为,但掌握违法行为情况的单位和个人。主要指:

(一)银行业金融机构的股东、实际控制人、关联企业和个人等;

(二)银行业金融机构的客户及其交易对手等;

(三)为银行业金融机构提供产品和服务的企业、市场中介机构和专业人士等;

(四)通过协议、合作、关联方关系等合法途径扩大对银行业金融机构的控制比例或巩固其控制地位的自然人、法人或其他组织;

(五)其他与银行业金融机构涉嫌违法事项有关的单位和个人。

第四十六条 开展相关调查时,调查人员不得少于二人,并应当出示合法证件和调查通知书。

调查人员少于二人或未出示合法证件和调查通知书的,有关单位或者个人有权拒绝调查。

第四十七条 开展相关调查时,调查人员可采取下列措施:

(一)询问有关单位或者个人,要求其对有关情况作出说明;

(二)查阅、复制有关财务会计、财产权登记等文件、资料;

(三)对可能被转移、隐匿、毁损或者伪造的文件资料,予以先行登记保存。

第四十八条 调查人员依法开展相关调查时,被调查单位和个人应当配合,如实说明有关情况,并提供有关文件、资料,不得拒绝、阻碍和隐瞒。

阻碍银监会及派出机构工作人员依法执行调查任务的,由银监会及派出机构提请公安机关依法给予治安管理处罚,构成犯罪的,依法追究刑事责任。

第六章 检查处理

第四十九条 对于检查中发现的问题,银监会及派出机构应在检查意见书中责令被查机构限期改正。被查机构应在规定时间内,向决定作出机关提交整改报告。

第五十条 银监会及派出机构可将现场检查情况通报被查机构的上级部门或主要股东,也可以与被查机构的董事、监事、高级管理人员进行监管谈话,要求其就检查发现的问题作出说明和承诺。

第五十一条 银监会及派出机构在检查中发现被查机构存在违反法律法规、审慎经营规则情形的,应依法采取《中华人民共和国银行业监督管理法》规定的监管措施。

第五十二条 银监会及派出机构在现场检查中发现涉及行政处罚的违法违规行为的,应按照《中华人民共和国银行业监督管理法》和《中国银监会行政处罚办法》的规定办理。

第五十三条 银监会及派出机构在现场检查中发现银行业金融机构及其工作人员、客户以及其他相关组织、个人涉嫌犯罪的,应当根据银监会有关规定,依法向公安机关、人民检察院等部门移送。

第五十四条 检查结束后,承担现场检查职责的部门应将现场检查意见书及时抄送机构监管部门及其他相关部门。机构监管部门应根据检查意见,督促被查机构落实整改要求。必要时,可设立一定的整改观察期。

第五十五条 承担现场检查职责的部门负责对被查机构整改情况进行评

估。评估过程中，可查阅被查机构的整改报告、要求被查机构补充相关材料、约谈被查机构相关人员、听取机构监管部门等相关部门意见，必要时可进行后续检查。

第五十六条 被查机构未按要求整改的，银监会及派出机构可根据《中华人民共和国银行业监督管理法》规定采取监管措施或进行行政处罚。

第五十七条 银监会及派出机构应当加强对检查情况和整改情况的统计、分析，建立现场检查信息反馈和共享机制，以及本次现场检查与以往检查结果、后续现场检查部署的衔接和研判机制。

对于检查中发现的普遍性、系统性风险和问题，应及时采取监管通报、风险提示等措施。

对于检查中发现的监管机制和制度存在的问题，应及时提出修订和完善监管机制与制度的建议。

第五十八条 银监会及派出机构应将现场检查发现的情况和问题，在被查机构的监管评级和风险评估中反映，必要时相应调整被查机构的监管评级和风险评估，并在市场准入工作中予以参考。

第五十九条 银监会及派出机构有权按照相关规定，在一定范围内披露检查信息。

第七章 考核评价

第六十条 银监会及派出机构应建立现场检查工作质量控制和考核评价机制，对检查立项的科学性、检查实施的合规性、检查成果的有效性以及现场检查人员的履职尽责情况等进行质量控制和考核评价。

第六十一条 银监会及派出机构应建立现场检查正向激励机制，对于检查能力突出、查实重大违法违规问题、发现重大案件或重大风险隐患、挽回重大经济损失的检查人员，可给予表彰奖励。

第六十二条 银监会及派出机构应当按照权责一致、宽严适度、教育与惩戒相结合的原则，完善现场检查工作问责和免责机制。对于在现场检查工作中不依法合规履职的，应在查清事实的基础上依照有关法律法规及银监会履职问责有关规定，对相关检查人员予以问责。对于有证据表明检查人员已履职尽责的，免除检查人员的责任。

第六十三条 对于滥用职权、徇私舞弊、玩忽职守、泄露所知悉的被查机构商业秘密等严重违反现场检查纪律的人员，依法给予行政处分；构成犯罪的，依法追究刑事责任。

第八章 附 则

第六十四条 银监会及派出机构根据日常监管需要，开展的信访举报和投诉核查、行政处罚立案调查、监管走访、督查或调研等活动，不属于本办法规定的现场检查。

第六十五条 本办法所称银行业金融机构，包括：

（一）在中华人民共和国境内依法设立的政策性银行和商业银行、农村信用社等吸收公众存款的金融机构；

（二）在中华人民共和国境内依法设立的金融资产管理公司、信托公司、企业集团财务公司、金融租赁公司以及经银监会及派出机构批准设立的其他非银行金融机构；

（三）经银监会及派出机构批准在境外设立的金融机构。

第六十六条 银监会及派出机构可以根据自身职责，依照本办法制定现场检查规程和实施细则。

第六十七条 本办法由银监会负责解释。

第六十八条 本办法自2016年2月14日起施行。本办法施行前有关规定与本办法不一致的，以本办法为准。

会计档案管理办法

（2015年12月11日财政部、国家档案局令第79号公布 自2016年1月1日起施行）

第一条 为了加强会计档案管理，有效保护和利用会计档案，根据《中华人民共和国会计法》《中华人民共和国档案法》等有关法律和行政法规，制定本办法。

第二条 国家机关、社会团体、企业、事业单位和其他组织（以下统称单位）管理会计档案适用本办法。

第三条 本办法所称会计档案是指单位在进行会计核算等过程中接收或形成的，记录和反映单位经济业务事项的，具有保存价值的文字、图表等各种形式的会计资料，包括通过计算机等电子设备形成、传输和存储的电子会计档案。

第四条 财政部和国家档案局主管全国会计档案工作,共同制定全国统一的会计档案工作制度,对全国会计档案工作实行监督和指导。

县级以上地方人民政府财政部门和档案行政管理部门管理本行政区域内的会计档案工作,并对本行政区域内会计档案工作实行监督和指导。

第五条 单位应当加强会计档案管理工作,建立和完善会计档案的收集、整理、保管、利用和鉴定销毁等管理制度,采取可靠的安全防护技术和措施,保证会计档案的真实、完整、可用、安全。

单位的档案机构或者档案工作人员所属机构(以下统称单位档案管理机构)负责管理本单位的会计档案。单位也可以委托具备档案管理条件的机构代为管理会计档案。

第六条 下列会计资料应当进行归档:

(一)会计凭证,包括原始凭证、记账凭证;

(二)会计账簿,包括总账、明细账、日记账、固定资产卡片及其他辅助性账簿;

(三)财务会计报告,包括月度、季度、半年度、年度财务会计报告;

(四)其他会计资料,包括银行存款余额调节表、银行对账单、纳税申报表、会计档案移交清册、会计档案保管清册、会计档案销毁清册、会计档案鉴定意见书及其他具有保存价值的会计资料。

第七条 单位可以利用计算机、网络通信等信息技术手段管理会计档案。

第八条 同时满足下列条件的,单位内部形成的属于归档范围的电子会计资料可仅以电子形式保存,形成电子会计档案:

(一)形成的电子会计资料来源真实有效,由计算机等电子设备形成和传输;

(二)使用的会计核算系统能够准确、完整、有效接收和读取电子会计资料,能够输出符合国家标准归档格式的会计凭证、会计账簿、财务会计报表等会计资料,设定了经办、审核、审批等必要的审签程序;

(三)使用的电子档案管理系统能够有效接收、管理、利用电子会计档案,符合电子档案的长期保管要求,并建立了电子会计档案与相关联的其他纸质会计档案的检索关系;

(四)采取有效措施,防止电子会计档案被篡改;

(五)建立电子会计档案备份制度,能够有效防范自然灾害、意外事故和人为破坏的影响;

(六)形成的电子会计资料不属于具有永久保存价值或者其他重要保存价值的会计档案。

第九条 满足本办法第八条规定条件,单位从外部接收的电子会计资料附有符合《中华人民共和国电子签名法》规定的电子签名的,可仅以电子形式归档保存,形成电子会计档案。

第十条 单位的会计机构或会计人员所属机构(以下统称单位会计管理机构)按照归档范围和归档要求,负责定期将应当归档的会计资料整理立卷,编制会计档案保管清册。

第十一条 当年形成的会计档案,在会计年度终了后,可由单位会计管理机构临时保管一年,再移交单位档案管理机构保管。因工作需要确需推迟移交的,应当经单位档案管理机构同意。

单位会计管理机构临时保管会计档案最长不超过三年。临时保管期间,会计档案的保管应当符合国家档案管理的有关规定,且出纳人员不得兼管会计档案。

第十二条 单位会计管理机构在办理会计档案移交时,应当编制会计档案移交清册,并按照国家档案管理的有关规定办理移交手续。

纸质会计档案移交时应当保持原卷的封装。电子会计档案移交时应当将电子会计档案及其元数据一并移交,且文件格式应当符合国家档案管理的有关规定。特殊格式的电子会计档案应当与其读取平台一并移交。

单位档案管理机构接收电子会计档案时,应当对电子会计档案的准确性、完整性、可用性、安全性进行检测,符合要求的才能接收。

第十三条 单位应当严格按照相关制度利用会计档案,在进行会计档案查阅、复制、借出时履行登记手续,严禁篡改和损坏。

单位保存的会计档案一般不得对外借出。确因工作需要且根据国家有关规定必须借出的,应当严格按照规定办理相关手续。

会计档案借用单位应当妥善保管和利用借入的会计档案,确保借入会计档案的安全完整,并在规定时间内归还。

第十四条 会计档案的保管期限分为永久、定期两类。定期保管期限一般分为10年和30年。

会计档案的保管期限,从会计年度终了后的第一天算起。

第十五条 各类会计档案的保管期限原则上应当按照本办法附表执行,本办法规定的会计档案保管期限为最低保管期限。

单位会计档案的具体名称如有同本办法附表所列档案名称不相符的,应当比照类似档案的保管期限办理。

第十六条 单位应当定期对已到保管期限的会计档案进行鉴定,并形成会计档案鉴定意见书。经鉴定,仍需继续保存的会计档案,应当重新划定保管期限;对保管期满,确无保存价值的会计档案,可以销毁。

第十七条 会计档案鉴定工作应当由单位档案管理机构牵头,组织单位会计、审计、纪检监察等机构或人员共同进行。

第十八条 经鉴定可以销毁的会计档案,应当按照以下程序销毁:

(一)单位档案管理机构编制会计档案销毁清册,列明拟销毁会计档案的名称、卷号、册数、起止年度、档案编号、应保管期限、已保管期限和销毁时间等内容。

(二)单位负责人、档案管理机构负责人、会计管理机构负责人、档案管理机构经办人、会计管理机构经办人在会计档案销毁清册上签署意见。

(三)单位档案管理机构负责组织会计档案销毁工作,并与会计管理机构共同派员监销。监销人在会计档案销毁前,应当按照会计档案销毁清册所列内容进行清点核对;在会计档案销毁后,应当在会计档案销毁清册上签名或盖章。

电子会计档案的销毁还应当符合国家有关电子档案的规定,并由单位档案管理机构、会计管理机构和信息系统管理机构共同派员监销。

第十九条 保管期满但未结清的债权债务会计凭证和涉及其他未了事项的会计凭证不得销毁,纸质会计档案应当单独抽出立卷,电子会计档案单独转存,保管到未了事项完结时为止。

单独抽出立卷或转存的会计档案,应当在会计档案鉴定意见书、会计档案销毁清册和会计档案保管清册中列明。

第二十条 单位因撤销、解散、破产或其他原因而终止的,在终止或办理注销登记手续之前形成的会计档案,按照国家档案管理的有关规定处置。

第二十一条 单位分立后原单位存续的,其会计档案应当由分立后的存续方统一保管,其他方可以查阅、复制与其业务相关的会计档案。

单位分立后原单位解散的,其会计档案应当经各方协商后由其中一方代管或按照国家档案管理的有关规定处置,各方可以查阅、复制与其业务相关的会计档案。

单位分立中未结清的会计事项所涉及的会计凭证,应当单独抽出由业务相关方保存,并按照规定办理交接手续。

单位因业务移交其他单位办理所涉及的会计档案,应当由原单位保管,承接业务单位可以查阅、复制与其业务相关的会计档案。对其中未结清的会计事项所涉及的会计凭证,应当单独抽出由承接业务单位保存,并按照规定办理交接手续。

第二十二条 单位合并后原各单位解散或者一方存续其他方解散的,原各单位的会计档案应当由合并后的单位统一保管。单位合并后原各单位仍存续的，其会计档案仍应当由原各单位保管。

第二十三条 建设单位在项目建设期间形成的会计档案，需要移交给建设项目接受单位的，应当在办理竣工财务决算后及时移交，并按照规定办理交接手续。

第二十四条 单位之间交接会计档案时，交接双方应当办理会计档案交接手续。

移交会计档案的单位，应当编制会计档案移交清册，列明应当移交的会计档案名称、卷号、册数、起止年度、档案编号、应保管期限和已保管期限等内容。

交接会计档案时，交接双方应当按照会计档案移交清册所列内容逐项交接，并由交接双方的单位有关负责人负责监督。交接完毕后，交接双方经办人和监督人应当在会计档案移交清册上签名或盖章。

电子会计档案应当与其元数据一并移交，特殊格式的电子会计档案应当与其读取平台一并移交。档案接受单位应当对保存电子会计档案的载体及其技术环境进行检验，确保所接收电子会计档案的准确、完整、可用和安全。

第二十五条 单位的会计档案及其复制件需要携带、寄运或者传输至境外的，应当按照国家有关规定执行。

第二十六条 单位委托中介机构代理记账的，应当在签订的书面委托合同中，明确会计档案的管理要求及相应责任。

第二十七条 违反本办法规定的单位和个人，由县级以上人民政府财政部门、档案行政管理部门依据《中华人民共和国会计法》《中华人民共和国档案法》等法律法规处理处罚。

第二十八条 预算、计划、制度等文件材料，应当执行文书档案管理规定，不适用本办法。

第二十九条 不具备设立档案机构或配备档案工作人员条件的单位和依法建账的个体工商户，其会计档案的收集、整理、保管、利用和鉴定销毁等参照本办法执行。

第三十条 各省、自治区、直辖市、计划单列市人民政府财政部门、档案行政管理部门，新疆生产建设兵团财务局、档案局，国务院各业务主管部门，中国人民解放军总后勤部，可以根据本办法制定具体实施办法。

第三十一条 本办法由财政部、国家档案局负责解释，自2016年1月1日起施行。1998年8月21日财政部、国家档案局发布的《会计档案管理办法》（财会字〔1998〕32号）同时废止。

附表：1. 企业和其他组织会计档案保管期限表

2. 财政总预算、行政单位、事业单位和税收会计档案保管期限表

附表 1

企业和其他组织会计档案保管期限表

序号	档案名称	保管期限	备注
一	**会计凭证**		
1	原始凭证	30 年	
2	记账凭证	30 年	
二	**会计账簿**		
3	总账	30 年	
4	明细账	30 年	
5	日记账	30 年	
6	固定资产卡片		固定资产报废清理后保管 5 年
7	其他辅助性账簿	30 年	
三	**财务会计报告**		
8	月度、季度、半年度财务会计报告	10 年	
9	年度财务会计报告	永久	
四	**其他会计资料**		
10	银行存款余额调节表	10 年	
11	银行对账单	10 年	
12	纳税申报表	10 年	
13	会计档案移交清册	30 年	
14	会计档案保管清册	永久	
15	会计档案销毁清册	永久	
16	会计档案鉴定意见书	永久	

附表 2

财政总预算、行政单位、事业单位和税收会计档案保管期限表

序号	档案名称	保管期限			备注
		财政总预算	行政单位事业单位	税收会计	
一	会计凭证				
1	国家金库编送的各种报表及缴库退库凭证	10 年		10 年	
2	各收入机关编送的报表	10 年			
3	行政单位和事业单位的各种会计凭证		30 年		包括:原始凭证、记账凭证和传票汇总表
4	财政总预算拨款凭证和其他会计凭证	30 年			包括:拨款凭证和其他会计凭证
二	会计账簿				
5	日记账		30 年	30 年	
6	总账	30 年	30 年	30 年	
7	税收日记账(总账)			30 年	
8	明细分类、分户账或登记簿	30 年	30 年	30 年	
9	行政单位和事业单位固定资产卡片				固定资产报废清理后保管 5 年
三	财务会计报告				
10	政府综合财务报告	永久			下级财政、本级部门和单位报送的保管 2 年
11	部门财务报告		永久		所属单位报送的保管 2 年
12	财政总决算	永久			下级财政、本级部门和单位报送的保管 2 年
13	部门决算		永久		所属单位报送的保管 2 年

续表

序号	档案名称	保管期限			备注
		财政总预算	行政单位事业单位	税收会计	
14	税收年报(决算)			永久	
15	国家金库年报(决算)	10年			
16	基本建设拨、贷款年报(决算)	10年			
17	行政单位和事业单位会计月、季度报表		10年		所属单位报送的保管2年
18	税收会计报表			10年	所属税务机关报送的保管2年
四	**其他会计资料**				
19	银行存款余额调节表	10年	10年		
20	银行对账单	10年	10年	10年	
21	会计档案移交清册	30年	30年	30年	
22	会计档案保管清册	永久	永久	永久	
23	会计档案销毁清册	永久	永久	永久	
24	会计档案鉴定意见书	永久	永久	永久	

注:税务机关的税务经费会计档案保管期限,按行政单位会计档案保管期限规定办理。

水利部关于废止和修改部分规章的决定

（2015年12月16日水利部令第47号公布　自公布之日起施行）

为了依法推进水利行政审批制度改革，促进和保障水利管理由事前审批更多地转为事中事后监管。根据2014年7月22日，2015年2月24日、5月10日和10月11日国务院关于取消调整行政审批项目、清理规范中介服务等事项的决定和国务院关于推进注册资本登记制度改革的决定，水利部对涉及的部门规章进行了清理，经商有关部门，决定废止1件、修改8件。

一、废止《水文水资源调查评价资质和建设项目水资源论证资质管理办法（试行）》（2003年2月21日水利部令第17号发布，2005年7月8日水利部令第24号修改）。

二、删去《建设项目水资源论证管理办法》（2002年3月24日水利部、国家发展计划委员会令第15号公布）第五条。

第六条改为第五条，修改为："业主单位应当按照建设项目水资源论证报告书编制基本要求，自行或者委托有关单位对其建设项目进行水资源论证。"

第十三条改为第十二条，修改为："业主单位或者其委托的从事建设项目水资源论证工作的单位，在建设项目水资源论证工作中弄虚作假的，由水行政主管部门处违法所得三倍以下，最高不超过三万元的罚款。违反《取水许可和水资源费征收管理条例》第五十条的，依照其规定处罚。"

三、将《开发建设项目水土保持设施验收管理办法》（2002年10月14日水利部令第16号发布，2005年7月8日水利部令第24号修改）第九条第一款修改为："国务院水行政主管部门负责验收的开发建设项目，应当由国务院水行政主管部门委托有关技术机构进行技术评估。"

删去第十条第一款。

四、将《入河排污口监督管理办法》（2004年11月30日水利部令第22号公布）第十条修改为："排污单位应当按照有关技术要求，自行或者委托有关单位编制入河排污口设置论证报告。"

五、将《水工程建设规划同意书制度管理办法（试行）》（2007年11月29日水利部令第31号公布）第九条第一款修改为："水工程所在江河、湖泊的流域综合规划或者防洪规划尚未编制或者批复的，建设单位应当就水工程是否符合流域治理、开发、保护的要求或者防洪的要求编制专题论证报告。建设单位可以委托流域综合规划、防洪规划的编制单位或者其他有关单位承担专题论证报告编制工作。”

六、删去《水利工程建设监理单位资质管理办法》(2006 年 12 月 18 日水利部令第 29 号公布,2010 年 5 月 14 日水利部令第 40 号修改)第四条中的“注册资金”。

删去第十一条第一款第(三)项。

删去附件一第一部分第(五)项、第二部分第(五)项、第二部分最后一个自然段中的“(五)”和第三部分第(四)项。

七、将《取水许可管理办法》(2008 年 4 月 9 日水利部令第 34 号公布)第八条第一款修改为:“需要申请取水的建设项目,申请人应当按照《建设项目水资源论证管理办法》要求,自行或者委托有关单位编制建设项目水资源论证报告书。其中,取水量较少且对周边环境影响较小的建设项目,申请人可不编制建设项目水资源论证报告书,但应当填写建设项目水资源论证表。”

八、删去《水利工程启闭机使用许可管理办法》(2010 年 10 月 10 日水利部令第 41 号公布)第五条第一款第(二)项和第二款中的“(五)”。

删去附件第二部分。

九、将《水文监测环境和设施保护办法》(2011 年 2 月 18 日水利部令第 43 号公布)第十条第(二)项中的“具有相应等级水文水资源调查评价资质的单位”修改为“自行或者委托有关单位”。

同时,对相关规章的条文顺序作了相应调整。

本决定自公布之日起施行。

医疗器械通用名称命名规则

(2015 年 12 月 21 日国家食品药品监督管理总局令第 19 号公布　自 2016 年 4 月 1 日起施行)

第一条　为加强医疗器械监督管理,保证医疗器械通用名称命名科学、规范,根据《医疗器械监督管理条例》,制定本规则。

第二条　凡在中华人民共和国境内销售、使用的医疗器械应当使用通用名称,通用名称的命名应当符合本规则。

第三条　医疗器械通用名称应当符合国家有关法律、法规的规定,科学、明确，与产品的真实属性相一致。

第四条 医疗器械通用名称应当使用中文，符合国家语言文字规范。

第五条 具有相同或者相似的预期目的、共同技术的同品种医疗器械应当使用相同的通用名称。

第六条 医疗器械通用名称由一个核心词和一般不超过三个特征词组成。

核心词是对具有相同或者相似的技术原理、结构组成或者预期目的的医疗器械的概括表述。

特征词是对医疗器械使用部位、结构特点、技术特点或者材料组成等特定属性的描述。使用部位是指产品在人体的作用部位，可以是人体的系统、器官、组织、细胞等。结构特点是对产品特定结构、外观形态的描述。技术特点是对产品特殊作用原理、机理或者特殊性能的说明或者限定。材料组成是对产品的主要材料或者主要成分的描述。

第七条 医疗器械通用名称除应当符合本规则第六条的规定外，不得含有下列内容：

（一）型号、规格；

（二）图形、符号等标志；

（三）人名、企业名称、注册商标或者其他类似名称；

（四）“最佳”、“唯一”、“精确”、“速效”等绝对化、排他性的词语，或者表示产品功效的断言或者保证；

（五）说明有效率、治愈率的用语；

（六）未经科学证明或者临床评价证明，或者虚无、假设的概念性名称；

（七）明示或者暗示包治百病，夸大适用范围，或者其他具有误导性、欺骗性的内容；

（八）“美容”、“保健”等宣传性词语；

（九）有关法律、法规禁止的其他内容。

第八条 根据《中华人民共和国商标法》第十一条第一款的规定，医疗器械通用名称不得作为商标注册。

第九条 按照医疗器械管理的体外诊断试剂的命名依照《体外诊断试剂注册管理办法》（国家食品药品监督管理总局令第 5 号）的有关规定执行。

第十条 本规则自 2016 年 4 月 1 日起施行。

房地产广告发布规定

（2015 年 12 月 24 日国家工商行政管理总局令第 80 号公布
自 2016 年 2 月 1 日起施行）

第一条 发布房地产广告，应当遵守《中华人民共和国广告法》（以下简称《广告法》）、《中华人民共和国城市房地产管理法》、《中华人民共和国土地管理法》及国家有关规定。

第二条 本规定所称房地产广告，指房地产开发企业、房地产权利人、房地产中介服务机构发布的房地产项目预售、预租、出售、出租、项目转让以及其他房地产项目介绍的广告。

居民私人及非经营性售房、租房、换房广告，不适用本规定。

第三条 房地产广告必须真实、合法、科学、准确，不得欺骗、误导消费者。

第四条 房地产广告，房源信息应当真实，面积应当表明为建筑面积或者套内建筑面积，并不得含有下列内容：

（一）升值或者投资回报的承诺；

（二）以项目到达某一具体参照物的所需时间表示项目位置；

（三）违反国家有关价格管理的规定；

（四）对规划或者建设中的交通、商业、文化教育设施以及其他市政条件作误导宣传。

第五条 凡下列情况的房地产，不得发布广告：

（一）在未经依法取得国有土地使用权的土地上开发建设的；

（二）在未经国家征用的集体所有的土地上建设的；

（三）司法机关和行政机关依法裁定、决定查封或者以其他形式限制房地产权利的；

（四）预售房地产，但未取得该项目预售许可证的；

（五）权属有争议的；

（六）违反国家有关规定建设的；

（七）不符合工程质量标准，经验收不合格的；

（八）法律、行政法规规定禁止的其他情形。

第六条 发布房地产广告，应当具有或者提供下列相应真实、合法、有效的证明文件：

（一）房地产开发企业、房地产权利人、房地产中介服务机构的营业执照或者其他主体资格证明；

（二）建设主管部门颁发的房地产开发企业资质证书；

（三）土地主管部门颁发的项目土地使用权证明；

（四）工程竣工验收合格证明；

（五）发布房地产项目预售、出售广告，应当具有地方政府建设主管部门颁发的预售、销售许可证证明；出租、项目转让广告，应当具有相应的产权证明；

（六）中介机构发布所代理的房地产项目广告，应当提供业主委托证明；

（七）确认广告内容真实性的其他证明文件。

第七条 房地产预售、销售广告，必须载明以下事项：

（一）开发企业名称；

（二）中介服务机构代理销售的，载明该机构名称；

（三）预售或者销售许可证书号。

广告中仅介绍房地产项目名称的，可以不必载明上述事项。

第八条 房地产广告不得含有风水、占卜等封建迷信内容，对项目情况进行的说明、渲染，不得有悖社会良好风尚。

第九条 房地产广告中涉及所有权或者使用权的，所有或者使用的基本单位应当是有实际意义的完整的生产、生活空间。

第十条 房地产广告中对价格有表示的，应当清楚表示为实际的销售价格，明示价格的有效期限。

第十一条 房地产广告中的项目位置示意图，应当准确、清楚，比例恰当。

第十二条 房地产广告中涉及的交通、商业、文化教育设施及其他市政条件等，如在规划或者建设中，应当在广告中注明。

第十三条 房地产广告涉及内部结构、装修装饰的，应当真实、准确。

第十四条 房地产广告中不得利用其他项目的形象、环境作为本项目的效果。

第十五条 房地产广告中使用建筑设计效果图或者模型照片的，应当在广告中注明。

第十六条 房地产广告中不得出现融资或者变相融资的内容。

第十七条 房地产广告中涉及贷款服务的，应当载明提供贷款的银行名称及贷款额度、年期。

第十八条 房地产广告中不得含有广告主能够为入住者办理户口、就业、升学等事项的承诺。

第十九条 房地产广告中涉及物业管理内容的,应当符合国家有关规定;涉及尚未实现的物业管理内容,应当在广告中注明。

第二十条 房地产广告中涉及房地产价格评估的,应当表明评估单位、估价师和评估时间;使用其他数据、统计资料、文摘、引用语的,应当真实、准确,表明出处。

第二十一条 违反本规定发布广告,《广告法》及其他法律法规有规定的,依照有关法律法规规定予以处罚。法律法规没有规定的,对负有责任的广告主、广告经营者、广告发布者,处以违法所得三倍以下但不超过三万元的罚款;没有违法所得的,处以一万元以下的罚款。

第二十二条 本规定自 2016 年 2 月 1 日起施行。1998 年 12 月 3 日国家工商行政管理局令第 86 号公布的《房地产广告发布暂行规定》同时废止。

农药广告审查发布标准

(2015 年 12 月 24 日国家工商行政管理总局令第 81 号公布 自 2016 年 2 月 1 日起施行)

第一条 为了保证农药广告的真实、合法、科学,制定本标准。

第二条 发布农药广告,应当遵守《中华人民共和国广告法》(以下简称《广告法》)及国家有关农药管理的规定。

第三条 未经国家批准登记的农药不得发布广告。

第四条 农药广告内容应当与《农药登记证》和《农药登记公告》的内容相符,不得任意扩大范围。

第五条 农药广告不得含有下列内容:

(一)表示功效、安全性的断言或者保证;

(二)利用科研单位、学术机构、技术推广机构、行业协会或者专业人士、用户的名义或者形象作推荐、证明;

(三)说明有效率;

(四)违反安全使用规程的文字、语言或者画面;

(五)法律、行政法规规定禁止的其他内容。

第六条 农药广告不得贬低同类产品,不得与其他农药进行功效和安全性对比。

第七条 农药广告中不得含有评比、排序、推荐、指定、选用、获奖等综合性评价内容。

第八条 农药广告中不得使用直接或者暗示的方法,以及模棱两可、言过其实的用语,使人在产品的安全性、适用性或者政府批准等方面产生误解。

第九条 农药广告中不得滥用未经国家认可的研究成果或者不科学的词句、术语。

第十条 农药广告中不得含有“无效退款”、“保险公司保险”等承诺。

第十一条 农药广告的批准文号应当列为广告内容同时发布。

第十二条 违反本标准的农药广告,广告经营者不得设计、制作,广告发布者不得发布。

第十三条 违反本标准发布广告,《广告法》及其他法律法规有规定的,依照有关法律法规规定予以处罚。法律法规没有规定的,对负有责任的广告主、广告经营者、广告发布者,处以违法所得三倍以下但不超过三万元的罚款;没有违法所得的,处以一万元以下的罚款。

第十四条 本标准自2016年2月1日起施行。1995年3月28日国家工商行政管理局第28号令公布的《农药广告审查标准》同时废止。

兽药广告审查发布标准

(2015年12月24日国家工商行政管理总局令第82号公布
自2016年2月1日起施行)

第一条 为了保证兽药广告的真实、合法、科学,制定本标准。

第二条 发布兽药广告,应当遵守《中华人民共和国广告法》(以下简称《广告法》)及国家有关兽药管理的规定。

第三条 下列兽药不得发布广告:

(一)兽用麻醉药品、精神药品以及兽医医疗单位配制的兽药制剂;

(二)所含成份的种类、含量、名称与兽药国家标准不符的兽药;

(三)临床应用发现超出规定毒副作用的兽药;

(四)国务院农牧行政管理部门明令禁止使用的,未取得兽药产品批准文号或者未取得《进口兽药注册证书》的兽药。

第四条 兽药广告不得含有下列内容:

(一)表示功效、安全性的断言或者保证;

（二）利用科研单位、学术机构、技术推广机构、行业协会或者专业人士、用户的名义或者形象作推荐、证明；

（三）说明有效率；

（四）违反安全使用规程的文字、语言或者画面；

（五）法律、行政法规规定禁止的其他内容。

第五条 兽药广告不得贬低同类产品，不得与其他兽药进行功效和安全性对比。

第六条 兽药广告中不得含有"最高技术"、"最高科学"、"最进步制法"、"包治百病"等绝对化的表示。

第七条 兽药广告中不得含有评比、排序、推荐、指定、选用、获奖等综合性评价内容。

第八条 兽药广告不得含有直接显示疾病症状和病理的画面，也不得含有"无效退款"、"保险公司保险"等承诺。

第九条 兽药广告中兽药的使用范围不得超出国家兽药标准的规定。

第十条 兽药广告的批准文号应当列为广告内容同时发布。

第十一条 违反本标准的兽药广告，广告经营者不得设计、制作，广告发布者不得发布。

第十二条 违反本标准发布广告，《广告法》及其他法律法规有规定的，依照有关法律法规规定予以处罚。法律法规没有规定的，对负有责任的广告主、广告经营者、广告发布者，处以违法所得三倍以下但不超过三万元的罚款；没有违法所得的，处以一万元以下的罚款。

第十三条 本标准自2016年2月1日起施行。1995年3月28日国家工商行政管理局第26号令公布的《兽药广告审查标准》同时废止。

国家税务总局关于修改《车辆购置税征收管理办法》的决定

（2015年12月28日国家税务总局令第38号公布 自2016年2月1日起施行）

根据《国务院关于取消非行政许可审批事项的决定》（国发〔2015〕27号），国家税务总局决定对《车辆购置税征收管理办法》作如下修改：

将第二十一条修改为："国家税务总局定期编列免税图册。车辆购置税免税图册管理办法由国家税务总局另行制定。”

本决定自2016年2月1日起施行。

《车辆购置税征收管理办法》根据本决定作相应的修改，重新公布。

车辆购置税征收管理办法

（2014年12月2日国家税务总局令第33号公布　根据2015年12月28日《国家税务总局关于修改〈车辆购置税征收管理办法〉的决定》修正）

第一条　根据《中华人民共和国税收征收管理法》（以下简称税收征管法）、《中华人民共和国税收征收管理法实施细则》、《中华人民共和国车辆购置税暂行条例》（以下简称车辆购置税条例）及有关法律法规规定，制定本办法。

第二条　车辆购置税的征税、免税、减税范围按照车辆购置税条例的规定执行。

第三条　纳税人应到下列地点办理车辆购置税纳税申报：

（一）需要办理车辆登记注册手续的纳税人，向车辆登记注册地的主管税务机关办理纳税申报；

（二）不需要办理车辆登记注册手续的纳税人，向纳税人所在地的主管税务机关办理纳税申报。

第四条　车辆购置税实行一车一申报制度。

第五条　纳税人购买自用应税车辆的，应自购买之日起60日内申报纳税；进口自用应税车辆的，应自进口之日起60日内申报纳税；自产、受赠、获奖或者以其他方式取得并自用应税车辆的，应自取得之日起60日内申报纳税。

第六条　免税车辆因转让、改变用途等原因，其免税条件消失的，纳税人应在免税条件消失之日起60日内到主管税务机关重新申报纳税。

免税车辆发生转让，但仍属于免税范围的，受让方应当自购买或取得车辆之日起60日内到主管税务机关重新申报免税。

第七条　纳税人办理纳税申报时应如实填写《车辆购置税纳税申报表》（以下简称纳税申报表），同时提供以下资料：

（一）纳税人身份证明；

（二）车辆价格证明；

（三）车辆合格证明；

（四）税务机关要求提供的其他资料。

第八条 免税条件消失的车辆，纳税人在办理纳税申报时，应如实填写纳税申报表，同时提供以下资料：

（一）发生二手车交易行为的，提供纳税人身份证明、《二手车销售统一发票》和《车辆购置税完税证明》（以下简称完税证明）正本原件；

（二）未发生二手车交易行为的，提供纳税人身份证明、完税证明正本原件及有效证明资料。

第九条 车辆购置税计税价格按照以下情形确定：

（一）纳税人购买自用的应税车辆，计税价格为纳税人购买应税车辆而支付给销售者的全部价款和价外费用，不包含增值税税款；

（二）纳税人进口自用的应税车辆：

计税价格 = 关税完税价格 + 关税 + 消费税

（三）纳税人购买自用或者进口自用应税车辆，申报的计税价格低于同类型应税车辆的最低计税价格，又无正当理由的，计税价格为国家税务总局核定的最低计税价格；

（四）纳税人自产、受赠、获奖或者以其他方式取得并自用的应税车辆的计税价格，主管税务机关参照国家税务总局规定的最低计税价格核定；

（五）国家税务总局未核定最低计税价格的车辆，计税价格为纳税人提供的有效价格证明注明的价格。有效价格证明注明的价格明显偏低的，主管税务机关有权核定应税车辆的计税价格；

（六）进口旧车、因不可抗力因素导致受损的车辆、库存超过 3 年的车辆、行驶 8 万公里以上的试验车辆、国家税务总局规定的其他车辆，计税价格为纳税人提供的有效价格证明注明的价格。纳税人无法提供车辆有效价格证明的，主管税务机关有权核定应税车辆的计税价格；

（七）免税条件消失的车辆，自初次办理纳税申报之日起，使用年限未满 10 年的，计税价格以免税车辆初次办理纳税申报时确定的计税价格为基准，每满 1 年扣减 10%；未满 1 年的，计税价格为免税车辆的原计税价格；使用年限 10 年（含）以上的，计税价格为 0。

第十条 价外费用是指销售方价外向购买方收取的基金、集资费、违约金（延期付款利息）和手续费、包装费、储存费、优质费、运输装卸费、保管费以及其他各种性质的价外收费，但不包括销售方代办保险等而向购买方收取的保险费，以及向购买方收取的代购买方缴纳的车辆购置税、车辆牌照费。

第十一条 最低计税价格是指国家税务总局依据机动车生产企业或者经

销商提供的车辆价格信息,参照市场平均交易价格核定的车辆购置税计税价格。

车辆购置税最低计税价格管理办法由国家税务总局另行制定。

第十二条 纳税人购买自用或者进口自用的应税车辆,申报的计税价格低于同类型应税车辆的最低计税价格,又无正当理由的,是指除本办法第九条第(六)项规定车辆之外的情形。

第十三条 主管税务机关应对纳税申报资料进行审核,确定计税价格,征收税款,核发完税证明。

第十四条 主管税务机关对已经办理纳税申报车辆的征管资料及电子信息按规定保存。

第十五条 已缴纳车辆购置税的车辆,发生下列情形之一的,准予纳税人申请退税:

(一)车辆退回生产企业或者经销商的;

(二)符合免税条件的设有固定装置的非运输车辆但已征税的;

(三)其他依据法律法规规定应予退税的情形。

第十六条 纳税人申请退税时,应如实填写《车辆购置税退税申请表》(以下简称退税申请表),由本人、单位授权人员到主管税务机关办理退税手续,按下列情况分别提供资料:

(一)车辆退回生产企业或者经销商的,提供生产企业或经销商开具的退车证明和退车发票。

未办理车辆登记注册的,提供原完税凭证、完税证明正本和副本;已办理车辆登记注册的,提供原完税凭证、完税证明正本、公安机关车辆管理机构出具的机动车注销证明。

(二)符合免税条件的设有固定装置的非运输车辆但已征税的,未办理车辆登记注册的,提供原完税凭证、完税证明正本和副本;已办理车辆登记注册的,提供原完税凭证、完税证明正本。

(三)其他依据法律法规规定应予退税的情形,未办理车辆登记注册的,提供原完税凭证、完税证明正本和副本;已办理车辆登记注册的,提供原完税凭证、完税证明正本、公安机关车辆管理机构出具的机动车注销证明或者税务机关要求的其他资料。

第十七条 车辆退回生产企业或者经销商的,纳税人申请退税时,主管税务机关自纳税人办理纳税申报之日起,按已缴纳税款每满 1 年扣减 10% 计算退税额;未满 1 年的,按已缴纳税款全额退税。

其他退税情形,纳税人申请退税时,主管税务机关依据有关规定计算退税额。

第十八条 纳税人在办理车辆购置税免(减)税手续时,应如实填写纳税申报表和《车辆购置税免(减)税申报表》(以下简称免税申报表),除按本办法第七条规定提供资料外,还应根据不同情况,分别提供下列资料:

(一)外国驻华使馆、领事馆和国际组织驻华机构及其外交人员自用的车辆,分别提供机构证明和外交部门出具的身份证明;

(二)中国人民解放军和中国人民武装警察部队列入军队武器装备订货计划的车辆,提供订货计划的证明;

(三)设有固定装置的非运输车辆,提供车辆内、外观彩色5寸照片;

(四)其他车辆,提供国务院或者国务院授权的主管部门的批准文件。

第十九条 车辆购置税条例第九条"设有固定装置的非运输车辆",是指列入国家税务总局下发的《设有固定装置非运输车辆免税图册》(以下简称免税图册)的车辆。

第二十条 纳税人在办理设有固定装置的非运输车辆免税申报时,主管税务机关应当依据免税图册对车辆固定装置进行核实无误后,办理免税手续。

第二十一条 国家税务总局定期编列免税图册。车辆购置税免税图册管理办法由国家税务总局另行制定。

第二十二条 主管税务机关要加强完税证明管理,不得交由税务机关以外的单位核发。主管税务机关在税款足额入库后发放完税证明。

完税证明不得转借、涂改、买卖或者伪造。

第二十三条 完税证明分正本和副本,按车核发,每车一证。正本由车主保管,副本用于办理车辆登记注册。

税务机关积极推行与车辆登记管理部门共享车辆购置税完税情况电子信息。

第二十四条 购买二手车时,购买者应当向原车主索要完税证明。

第二十五条 完税证明发生损毁丢失的,车主在补办完税证明时,填写《车辆购置税完税证明补办表》(以下简称补办表),分别按照以下情形予以补办:

(一)车辆登记注册前完税证明发生损毁丢失的,主管税务机关应依据纳税人提供的车辆购置税完税凭证联次或者主管税务机关车辆购置税完税凭证留存联次或者其电子信息、车辆合格证明补办;

(二)车辆登记注册后完税证明发生损毁丢失的,主管税务机关应依据车主提供的《机动车行驶证》或者《机动车登记证书》,核发完税证明正本(副本留存)。

第二十六条 完税证明内容与原申报资料不一致时,纳税人可以到发证税务机关办理完税证明的更正。

第二十七条 完税证明的样式、规格、编号由国家税务总局统一规定并印制。

第二十八条 主管税务机关应加强税源管理。发现纳税人不按规定进行纳税申报,造成不缴或者少缴应纳税款的,按税收征管法有关规定处理。

第二十九条 本办法涉及的纳税申报表、补办表、退税申请表、免税申报表、车辆信息表的样式、规格由国家税务总局统一规定,另行下发。各省、自治区、直辖市和计划单列市国家税务局自行印制使用,纳税人也可在主管税务机关网站自行下载填写使用。

第三十条 本办法自2015年2月1日起实施。《车辆购置税征收管理办法》(国家税务总局令第15号)、《国家税务总局关于修改〈车辆购置税征收管理办法〉的决定》(国家税务总局令第27号)同时废止。

国家税务总局关于修改《税务行政复议规则》的决定

(2015年12月28日国家税务总局令第39号公布 自2016年2月1日起施行)

国家税务总局决定对《税务行政复议规则》作如下修改:

一、将第十九条第一款第一项修改为:"(一)对计划单列市国家税务局的具体行政行为不服的,向国家税务总局申请行政复议;对计划单列市地方税务局的具体行政行为不服的,可以选择向省地方税务局或者本级人民政府申请行政复议。"

二、将第五十二条修改为:"行政复议证据包括以下类别:

"(一)书证;

"(二)物证;

"(三)视听资料;

"(四)电子数据;

"(五)证人证言;

"(六)当事人的陈述;

"(七)鉴定意见;

"(八)勘验笔录、现场笔录。"

三、第八十六条增加一款,作为第二款:“行政复议审理期限在和解、调解期间中止计算。”

本决定自2016年2月1日起施行。

《税务行政复议规则》根据本决定作相应修改,重新公布。

税务行政复议规则

(2010年2月10日国家税务总局令第21号公布　根据2015年12月28日《国家税务总局关于修改〈税务行政复议规则〉的决定》修正)

第一章　总　　则

第一条　为了进一步发挥行政复议解决税务行政争议的作用,保护公民、法人和其他组织的合法权益,监督和保障税务机关依法行使职权,根据《中华人民共和国行政复议法》(以下简称行政复议法)、《中华人民共和国税收征收管理法》和《中华人民共和国行政复议法实施条例》(以下简称行政复议法实施条例),结合税收工作实际,制定本规则。

第二条　公民、法人和其他组织(以下简称申请人)认为税务机关的具体行政行为侵犯其合法权益,向税务行政复议机关申请行政复议,税务行政复议机关办理行政复议事项,适用本规则。

第三条　本规则所称税务行政复议机关(以下简称行政复议机关),指依法受理行政复议申请、对具体行政行为进行审查并作出行政复议决定的税务机关。

第四条　行政复议应当遵循合法、公正、公开、及时和便民的原则。

行政复议机关应当树立依法行政观念,强化责任意识和服务意识,认真履行行政复议职责,坚持有错必纠,确保法律正确实施。

第五条　行政复议机关在申请人的行政复议请求范围内,不得作出对申请人更为不利的行政复议决定。

第六条　申请人对行政复议决定不服的,可以依法向人民法院提起行政诉讼。

第七条　行政复议机关受理行政复议申请,不得向申请人收取任何费用。

第八条 各级税务机关行政首长是行政复议工作第一责任人,应当切实履行职责,加强对行政复议工作的组织领导。

第九条 行政复议机关应当为申请人、第三人查阅案卷资料、接受询问、调解、听证等提供专门场所和其他必要条件。

第十条 各级税务机关应当加大对行政复议工作的基础投入,推进行政复议工作信息化建设,配备调查取证所需的照相、录音、录像和办案所需的电脑、扫描、投影、传真、复印等设备,保障办案交通工具和相应经费。

第二章 税务行政复议机构和人员

第十一条 各级行政复议机关负责法制工作的机构(以下简称行政复议机构)依法办理行政复议事项,履行下列职责:

(一)受理行政复议申请。

(二)向有关组织和人员调查取证,查阅文件和资料。

(三)审查申请行政复议的具体行政行为是否合法和适当,起草行政复议决定。

(四)处理或者转送对本规则第十五条所列有关规定的审查申请。

(五)对被申请人违反行政复议法及其实施条例和本规则规定的行为,依照规定的权限和程序向相关部门提出处理建议。

(六)研究行政复议工作中发现的问题,及时向有关机关或者部门提出改进建议,重大问题及时向行政复议机关报告。

(七)指导和监督下级税务机关的行政复议工作。

(八)办理或者组织办理行政诉讼案件应诉事项。

(九)办理行政复议案件的赔偿事项。

(十)办理行政复议、诉讼、赔偿等案件的统计、报告、归档工作和重大行政复议决定备案事项。

(十一)其他与行政复议工作有关的事项。

第十二条 各级行政复议机关可以成立行政复议委员会,研究重大、疑难案件,提出处理建议。

行政复议委员会可以邀请本机关以外的具有相关专业知识的人员参加。

第十三条 行政复议工作人员应当具备与履行行政复议职责相适应的品行、专业知识和业务能力,并取得行政复议法实施条例规定的资格。

第三章　税务行政复议范围

第十四条　行政复议机关受理申请人对税务机关下列具体行政行为不服提出的行政复议申请：

(一)征税行为,包括确认纳税主体、征税对象、征税范围、减税、免税、退税、抵扣税款、适用税率、计税依据、纳税环节、纳税期限、纳税地点和税款征收方式等具体行政行为,征收税款、加收滞纳金,扣缴义务人、受税务机关委托的单位和个人作出的代扣代缴、代收代缴、代征行为等。

(二)行政许可、行政审批行为。

(三)发票管理行为,包括发售、收缴、代开发票等。

(四)税收保全措施、强制执行措施。

(五)行政处罚行为：

1. 罚款；

2. 没收财物和违法所得；

3. 停止出口退税权。

(六)不依法履行下列职责的行为：

1. 颁发税务登记；

2. 开具、出具完税凭证、外出经营活动税收管理证明；

3. 行政赔偿；

4. 行政奖励；

5. 其他不依法履行职责的行为。

(七)资格认定行为。

(八)不依法确认纳税担保行为。

(九)政府信息公开工作中的具体行政行为。

(十)纳税信用等级评定行为。

(十一)通知出入境管理机关阻止出境行为。

(十二)其他具体行政行为。

第十五条　申请人认为税务机关的具体行政行为所依据的下列规定不合法,对具体行政行为申请行政复议时,可以一并向行政复议机关提出对有关规定的审查申请;申请人对具体行政行为提出行政复议申请时不知道该具体行政行为所依据的规定的,可以在行政复议机关作出行政复议决定以前提出对该规定的审查申请：

(一)国家税务总局和国务院其他部门的规定。

（二）其他各级税务机关的规定。

（三）地方各级人民政府的规定。

（四）地方人民政府工作部门的规定。

前款中的规定不包括规章。

第四章 税务行政复议管辖

第十六条 对各级国家税务局的具体行政行为不服的，向其上一级国家税务局申请行政复议。

第十七条 对各级地方税务局的具体行政行为不服的，可以选择向其上一级地方税务局或者该税务局的本级人民政府申请行政复议。

省、自治区、直辖市人民代表大会及其常务委员会、人民政府对地方税务局的行政复议管辖另有规定的，从其规定。

第十八条 对国家税务总局的具体行政行为不服的，向国家税务总局申请行政复议。对行政复议决定不服，申请人可以向人民法院提起行政诉讼，也可以向国务院申请裁决。国务院的裁决为最终裁决。

第十九条 对下列税务机关的具体行政行为不服的，按照下列规定申请行政复议：

（一）对计划单列市国家税务局的具体行政行为不服的，向国家税务总局申请行政复议；对计划单列市地方税务局的具体行政行为不服的，可以选择向省地方税务局或者本级人民政府申请行政复议。

（二）对税务所（分局）、各级税务局的稽查局的具体行政行为不服的，向其所属税务局申请行政复议。

（三）对两个以上税务机关共同作出的具体行政行为不服的，向共同上一级税务机关申请行政复议；对税务机关与其他行政机关共同作出的具体行政行为不服的，向其共同上一级行政机关申请行政复议。

（四）对被撤销的税务机关在撤销以前所作出的具体行政行为不服的，向继续行使其职权的税务机关的上一级税务机关申请行政复议。

（五）对税务机关作出逾期不缴纳罚款加处罚款的决定不服的，向作出行政处罚决定的税务机关申请行政复议。但是对已处罚款和加处罚款都不服的，一并向作出行政处罚决定的税务机关的上一级税务机关申请行政复议。

有前款（二）、（三）、（四）、（五）项所列情形之一的，申请人也可以向具体行政行为发生地的县级地方人民政府提交行政复议申请，由接受申请的县级地方人民政府依法转送。

第五章　税务行政复议申请人和被申请人

第二十条　合伙企业申请行政复议的，应当以工商行政管理机关核准登记的企业为申请人，由执行合伙事务的合伙人代表该企业参加行政复议；其他合伙组织申请行政复议的，由合伙人共同申请行政复议。

前款规定以外的不具备法人资格的其他组织申请行政复议的，由该组织的主要负责人代表该组织参加行政复议；没有主要负责人的，由共同推选的其他成员代表该组织参加行政复议。

第二十一条　股份制企业的股东大会、股东代表大会、董事会认为税务具体行政行为侵犯企业合法权益的，可以以企业的名义申请行政复议。

第二十二条　有权申请行政复议的公民死亡的，其近亲属可以申请行政复议；有权申请行政复议的公民为无行为能力人或者限制行为能力人，其法定代理人可以代理申请行政复议。

有权申请行政复议的法人或者其他组织发生合并、分立或终止的，承受其权利义务的法人或者其他组织可以申请行政复议。

第二十三条　行政复议期间，行政复议机关认为申请人以外的公民、法人或者其他组织与被审查的具体行政行为有利害关系的，可以通知其作为第三人参加行政复议。

行政复议期间，申请人以外的公民、法人或者其他组织与被审查的税务具体行政行为有利害关系的，可以向行政复议机关申请作为第三人参加行政复议。

第三人不参加行政复议，不影响行政复议案件的审理。

第二十四条　非具体行政行为的行政管理相对人，但其权利直接被该具体行政行为所剥夺、限制或者被赋予义务的公民、法人或其他组织，在行政管理相对人没有申请行政复议时，可以单独申请行政复议。

第二十五条　同一行政复议案件申请人超过 5 人的，应当推选 1 至 5 名代表参加行政复议。

第二十六条　申请人对具体行政行为不服申请行政复议的，作出该具体行政行为的税务机关为被申请人。

第二十七条　申请人对扣缴义务人的扣缴税款行为不服的，主管该扣缴义务人的税务机关为被申请人；对税务机关委托的单位和个人的代征行为不服的，委托税务机关为被申请人。

第二十八条　税务机关与法律、法规授权的组织以共同的名义作出具体行政行为的，税务机关和法律、法规授权的组织为共同被申请人。

税务机关与其他组织以共同名义作出具体行政行为的，税务机关为被申请人。

第二十九条 税务机关依照法律、法规和规章规定，经上级税务机关批准作出具体行政行为的，批准机关为被申请人。

申请人对经重大税务案件审理程序作出的决定不服的，审理委员会所在税务机关为被申请人。

第三十条 税务机关设立的派出机构、内设机构或者其他组织，未经法律、法规授权，以自己名义对外作出具体行政行为的，税务机关为被申请人。

第三十一条 申请人、第三人可以委托1至2名代理人参加行政复议。申请人、第三人委托代理人的，应当向行政复议机构提交授权委托书。授权委托书应当载明委托事项、权限和期限。公民在特殊情况下无法书面委托的，可以口头委托。口头委托的，行政复议机构应当核实并记录在卷。申请人、第三人解除或者变更委托的，应当书面告知行政复议机构。

被申请人不得委托本机关以外人员参加行政复议。

第六章 税务行政复议申请

第三十二条 申请人可以在知道税务机关作出具体行政行为之日起60日内提出行政复议申请。

因不可抗力或者被申请人设置障碍等原因耽误法定申请期限的，申请期限的计算应当扣除被耽误时间。

第三十三条 申请人对本规则第十四条第(一)项规定的行为不服的，应当先向行政复议机关申请行政复议；对行政复议决定不服的，可以向人民法院提起行政诉讼。

申请人按照前款规定申请行政复议的，必须依照税务机关根据法律、法规确定的税额、期限，先行缴纳或者解缴税款和滞纳金，或者提供相应的担保，才可以在缴清税款和滞纳金以后或者所提供的担保得到作出具体行政行为的税务机关确认之日起60日内提出行政复议申请。

申请人提供担保的方式包括保证、抵押和质押。作出具体行政行为的税务机关应当对保证人的资格、资信进行审查，对不具备法律规定资格或者没有能力保证的，有权拒绝。作出具体行政行为的税务机关应当对抵押人、出质人提供的抵押担保、质押担保进行审查，对不符合法律规定的抵押担保、质押担保，不予确认。

第三十四条 申请人对本规则第十四条第(一)项规定以外的其他具体行政行为不服,可以申请行政复议,也可以直接向人民法院提起行政诉讼。

申请人对税务机关作出逾期不缴纳罚款加处罚款的决定不服的,应当先缴纳罚款和加处罚款,再申请行政复议。

第三十五条 本规则第三十二条第一款规定的行政复议申请期限的计算,依照下列规定办理:

(一)当场作出具体行政行为的,自具体行政行为作出之日起计算。

(二)载明具体行政行为的法律文书直接送达的,自受送达人签收之日起计算。

(三)载明具体行政行为的法律文书邮寄送达的,自受送达人在邮件签收单上签收之日起计算;没有邮件签收单的,自受送达人在送达回执上签名之日起计算。

(四)具体行政行为依法通过公告形式告知受送达人的,自公告规定的期限届满之日起计算。

(五)税务机关作出具体行政行为时未告知申请人,事后补充告知的,自该申请人收到税务机关补充告知的通知之日起计算。

(六)被申请人能够证明申请人知道具体行政行为的,自证据材料证明其知道具体行政行为之日起计算。

税务机关作出具体行政行为,依法应当向申请人送达法律文书而未送达的,视为该申请人不知道该具体行政行为。

第三十六条 申请人依照行政复议法第六条第(八)项、第(九)项、第(十)项的规定申请税务机关履行法定职责,税务机关未履行的,行政复议申请期限依照下列规定计算:

(一)有履行期限规定的,自履行期限届满之日起计算。

(二)没有履行期限规定的,自税务机关收到申请满60日起计算。

第三十七条 税务机关作出的具体行政行为对申请人的权利、义务可能产生不利影响的,应当告知其申请行政复议的权利、行政复议机关和行政复议申请期限。

第三十八条 申请人书面申请行政复议的,可以采取当面递交、邮寄或者传真等方式提出行政复议申请。

有条件的行政复议机关可以接受以电子邮件形式提出的行政复议申请。

对以传真、电子邮件形式提出行政复议申请的,行政复议机关应当审核确认申请人的身份、复议事项。

第三十九条 申请人书面申请行政复议的,应当在行政复议申请书中载明下列事项：

（一）申请人的基本情况，包括公民的姓名、性别、出生年月、身份证件号码、工作单位、住所、邮政编码、联系电话；法人或者其他组织的名称、住所、邮政编码、联系电话和法定代表人或者主要负责人的姓名、职务。

（二）被申请人的名称。

（三）行政复议请求、申请行政复议的主要事实和理由。

（四）申请人的签名或者盖章。

（五）申请行政复议的日期。

第四十条 申请人口头申请行政复议的，行政复议机构应当依照本规则第三十九条规定的事项，当场制作行政复议申请笔录，交申请人核对或者向申请人宣读，并由申请人确认。

第四十一条 有下列情形之一的，申请人应当提供证明材料：

（一）认为被申请人不履行法定职责的，提供要求被申请人履行法定职责而被申请人未履行的证明材料。

（二）申请行政复议时一并提出行政赔偿请求的，提供受具体行政行为侵害而造成损害的证明材料。

（三）法律、法规规定需要申请人提供证据材料的其他情形。

第四十二条 申请人提出行政复议申请时错列被申请人的，行政复议机关应当告知申请人变更被申请人。申请人不变更被申请人的，行政复议机关不予受理，或者驳回行政复议申请。

第四十三条 申请人向行政复议机关申请行政复议，行政复议机关已经受理的，在法定行政复议期限内申请人不得向人民法院提起行政诉讼；申请人向人民法院提起行政诉讼，人民法院已经依法受理的，不得申请行政复议。

第七章 税务行政复议受理

第四十四条 行政复议申请符合下列规定的，行政复议机关应当受理：

（一）属于本规则规定的行政复议范围。

（二）在法定申请期限内提出。

（三）有明确的申请人和符合规定的被申请人。

（四）申请人与具体行政行为有利害关系。

（五）有具体的行政复议请求和理由。

（六）符合本规则第三十三条和第三十四条规定的条件。

（七）属于收到行政复议申请的行政复议机关的职责范围。

（八）其他行政复议机关尚未受理同一行政复议申请，人民法院尚未受理同一主体就同一事实提起的行政诉讼。

第四十五条 行政复议机关收到行政复议申请以后，应当在5日内审查，决定是否受理。对不符合本规则规定的行政复议申请，决定不予受理，并书面告知申请人。

对不属于本机关受理的行政复议申请，应当告知申请人向有关行政复议机关提出。

行政复议机关收到行政复议申请以后未按照前款规定期限审查并作出不予受理决定的，视为受理。

第四十六条 对符合规定的行政复议申请，自行政复议机构收到之日起即为受理；受理行政复议申请，应当书面告知申请人。

第四十七条 行政复议申请材料不齐全、表述不清楚的，行政复议机构可以自收到该行政复议申请之日起5日内书面通知申请人补正。补正通知应当载明需要补正的事项和合理的补正期限。无正当理由逾期不补正的，视为申请人放弃行政复议申请。

补正申请材料所用时间不计入行政复议审理期限。

第四十八条 上级税务机关认为行政复议机关不予受理行政复议申请的理由不成立的，可以督促其受理；经督促仍然不受理的，责令其限期受理。

上级税务机关认为行政复议申请不符合法定受理条件的，应当告知申请人。

第四十九条 上级税务机关认为有必要的，可以直接受理或者提审由下级税务机关管辖的行政复议案件。

第五十条 对应当先向行政复议机关申请行政复议，对行政复议决定不服再向人民法院提起行政诉讼的具体行政行为，行政复议机关决定不予受理或者受理以后超过行政复议期限不作答复的，申请人可以自收到不予受理决定书之日起或者行政复议期满之日起15日内，依法向人民法院提起行政诉讼。

依照本规则第八十三条规定延长行政复议期限的，以延长以后的时间为行政复议期满时间。

第五十一条 行政复议期间具体行政行为不停止执行；但是有下列情形之一的，可以停止执行：

（一）被申请人认为需要停止执行的。

（二）行政复议机关认为需要停止执行的。

（三）申请人申请停止执行，行政复议机关认为其要求合理，决定停止执行的。

（四）法律规定停止执行的。

第八章　税务行政复议证据

第五十二条　行政复议证据包括以下类别：

（一）书证；

（二）物证；

（三）视听资料；

（四）电子数据；

（五）证人证言；

（六）当事人的陈述；

（七）鉴定意见；

（八）勘验笔录、现场笔录。

第五十三条　在行政复议中，被申请人对其作出的具体行政行为负有举证责任。

第五十四条　行政复议机关应当依法全面审查相关证据。行政复议机关审查行政复议案件，应当以证据证明的案件事实为依据。定案证据应当具有合法性、真实性和关联性。

第五十五条　行政复议机关应当根据案件的具体情况，从以下方面审查证据的合法性：

（一）证据是否符合法定形式。

（二）证据的取得是否符合法律、法规、规章和司法解释的规定。

（三）是否有影响证据效力的其他违法情形。

第五十六条　行政复议机关应当根据案件的具体情况，从以下方面审查证据的真实性：

（一）证据形成的原因。

（二）发现证据时的环境。

（三）证据是否为原件、原物，复制件、复制品与原件、原物是否相符。

（四）提供证据的人或者证人与行政复议参加人是否具有利害关系。

（五）影响证据真实性的其他因素。

第五十七条　行政复议机关应当根据案件的具体情况，从以下方面审查证据的关联性：

（一）证据与待证事实是否具有证明关系。

(二)证据与待证事实的关联程度。

(三)影响证据关联性的其他因素。

第五十八条 下列证据材料不得作为定案依据：

(一)违反法定程序收集的证据材料。

(二)以偷拍、偷录和窃听等手段获取侵害他人合法权益的证据材料。

(三)以利诱、欺诈、胁迫和暴力等不正当手段获取的证据材料。

(四)无正当事由超出举证期限提供的证据材料。

(五)无正当理由拒不提供原件、原物,又无其他证据印证,且对方不予认可的证据的复制件、复制品。

(六)无法辨明真伪的证据材料。

(七)不能正确表达意志的证人提供的证言。

(八)不具备合法性、真实性的其他证据材料。

行政复议机构依据本规则第十一条第(二)项规定的职责所取得的有关材料,不得作为支持被申请人具体行政行为的证据。

第五十九条 在行政复议过程中,被申请人不得自行向申请人和其他有关组织或者个人收集证据。

第六十条 行政复议机构认为必要时,可以调查取证。

行政复议工作人员向有关组织和人员调查取证时,可以查阅、复制和调取有关文件和资料,向有关人员询问。调查取证时,行政复议工作人员不得少于2人,并应当向当事人和有关人员出示证件。被调查单位和人员应当配合行政复议工作人员的工作,不得拒绝、阻挠。

需要现场勘验的,现场勘验所用时间不计入行政复议审理期限。

第六十一条 申请人和第三人可以查阅被申请人提出的书面答复、作出具体行政行为的证据、依据和其他有关材料,除涉及国家秘密、商业秘密或者个人隐私外,行政复议机关不得拒绝。

第九章　税务行政复议审查和决定

第六十二条 行政复议机构应当自受理行政复议申请之日起7日内,将行政复议申请书副本或者行政复议申请笔录复印件发送被申请人。被申请人应当自收到申请书副本或者申请笔录复印件之日起10日内提出书面答复,并提交当初作出具体行政行为的证据、依据和其他有关材料。

对国家税务总局的具体行政行为不服申请行政复议的案件,由原承办具体行政行为的相关机构向行政复议机构提出书面答复,并提交当初作出具体行政行为的证据、依据和其他有关材料。

第六十三条 行政复议机构审理行政复议案件，应当由2名以上行政复议工作人员参加。

第六十四条 行政复议原则上采用书面审查的办法，但是申请人提出要求或者行政复议机构认为有必要时，应当听取申请人、被申请人和第三人的意见，并可以向有关组织和人员调查了解情况。

第六十五条 对重大、复杂的案件，申请人提出要求或者行政复议机构认为必要时，可以采取听证的方式审理。

第六十六条 行政复议机构决定举行听证的，应当将举行听证的时间、地点和具体要求等事项通知申请人、被申请人和第三人。

第三人不参加听证的，不影响听证的举行。

第六十七条 听证应当公开举行，但是涉及国家秘密、商业秘密或者个人隐私的除外。

第六十八条 行政复议听证人员不得少于2人，听证主持人由行政复议机构指定。

第六十九条 听证应当制作笔录。申请人、被申请人和第三人应当确认听证笔录内容。

行政复议听证笔录应当附卷，作为行政复议机构审理案件的依据之一。

第七十条 行政复议机关应当全面审查被申请人的具体行政行为所依据的事实证据、法律程序、法律依据和设定的权利义务内容的合法性、适当性。

第七十一条 申请人在行政复议决定作出以前撤回行政复议申请的，经行政复议机构同意，可以撤回。

申请人撤回行政复议申请的，不得再以同一事实和理由提出行政复议申请。但是，申请人能够证明撤回行政复议申请违背其真实意思表示的除外。

第七十二条 行政复议期间被申请人改变原具体行政行为的，不影响行政复议案件的审理。但是，申请人依法撤回行政复议申请的除外。

第七十三条 申请人在申请行政复议时，依据本规则第十五条规定一并提出对有关规定的审查申请的，行政复议机关对该规定有权处理的，应当在30日内依法处理；无权处理的，应当在7日内按照法定程序逐级转送有权处理的行政机关依法处理，有权处理的行政机关应当在60日内依法处理。处理期间，中止对具体行政行为的审查。

第七十四条 行政复议机关审查被申请人的具体行政行为时，认为其依据不合法，本机关有权处理的，应当在30日内依法处理；无权处理的，应当在7日内按照法定程序逐级转送有权处理的国家机关依法处理。处理期间，中止对具体行政行为的审查。

第七十五条 行政复议机构应当对被申请人的具体行政行为提出审查意见,经行政复议机关负责人批准,按照下列规定作出行政复议决定:

(一)具体行政行为认定事实清楚,证据确凿,适用依据正确,程序合法,内容适当的,决定维持。

(二)被申请人不履行法定职责的,决定其在一定期限内履行。

(三)具体行政行为有下列情形之一的,决定撤销、变更或者确认该具体行政行为违法;决定撤销或者确认该具体行政行为违法的,可以责令被申请人在一定期限内重新作出具体行政行为:

1. 主要事实不清、证据不足的;
2. 适用依据错误的;
3. 违反法定程序的;
4. 超越职权或者滥用职权的;
5. 具体行政行为明显不当的。

(四)被申请人不按照本规则第六十二条的规定提出书面答复,提交当初作出具体行政行为的证据、依据和其他有关材料的,视为该具体行政行为没有证据、依据,决定撤销该具体行政行为。

第七十六条 行政复议机关责令被申请人重新作出具体行政行为的,被申请人不得以同一事实和理由作出与原具体行政行为相同或者基本相同的具体行政行为;但是行政复议机关以原具体行政行为违反法定程序决定撤销的,被申请人重新作出具体行政行为的除外。

行政复议机关责令被申请人重新作出具体行政行为的,被申请人不得作出对申请人更为不利的决定;但是行政复议机关以原具体行政行为主要事实不清、证据不足或适用依据错误决定撤销的,被申请人重新作出具体行政行为的除外。

第七十七条 有下列情形之一的,行政复议机关可以决定变更:

(一)认定事实清楚,证据确凿,程序合法,但是明显不当或者适用依据错误的。

(二)认定事实不清,证据不足,但是经行政复议机关审理查明事实清楚,证据确凿的。

第七十八条 有下列情形之一的,行政复议机关应当决定驳回行政复议申请:

(一)申请人认为税务机关不履行法定职责申请行政复议,行政复议机关受理以后发现该税务机关没有相应法定职责或者在受理以前已经履行法定职责的。

（二）受理行政复议申请后，发现该行政复议申请不符合行政复议法及其实施条例和本规则规定的受理条件的。

上级税务机关认为行政复议机关驳回行政复议申请的理由不成立的，应当责令限期恢复受理。行政复议机关审理行政复议申请期限的计算应当扣除因驳回耽误的时间。

第七十九条 行政复议期间，有下列情形之一的，行政复议中止：

（一）作为申请人的公民死亡，其近亲属尚未确定是否参加行政复议的。

（二）作为申请人的公民丧失参加行政复议的能力，尚未确定法定代理人参加行政复议的。

（三）作为申请人的法人或者其他组织终止，尚未确定权利义务承受人的。

（四）作为申请人的公民下落不明或者被宣告失踪的。

（五）申请人、被申请人因不可抗力，不能参加行政复议的。

（六）行政复议机关因不可抗力原因暂时不能履行工作职责的。

（七）案件涉及法律适用问题，需要有权机关作出解释或者确认的。

（八）案件审理需要以其他案件的审理结果为依据，而其他案件尚未审结的。

（九）其他需要中止行政复议的情形。

行政复议中止的原因消除以后，应当及时恢复行政复议案件的审理。

行政复议机构中止、恢复行政复议案件的审理，应当告知申请人、被申请人、第三人。

第八十条 行政复议期间，有下列情形之一的，行政复议终止：

（一）申请人要求撤回行政复议申请，行政复议机构准予撤回的。

（二）作为申请人的公民死亡，没有近亲属，或者其近亲属放弃行政复议权利的。

（三）作为申请人的法人或者其他组织终止，其权利义务的承受人放弃行政复议权利的。

（四）申请人与被申请人依照本规则第八十七条的规定，经行政复议机构准许达成和解的。

（五）行政复议申请受理以后，发现其他行政复议机关已经先于本机关受理，或者人民法院已经受理的。

依照本规则第七十九条第一款第（一）项、第（二）项、第（三）项规定中止行政复议，满60日行政复议中止的原因未消除的，行政复议终止。

第八十一条 行政复议机关责令被申请人重新作出具体行政行为的，被申请人应当在60日内重新作出具体行政行为；情况复杂，不能在规定期限内重新作出具体行政行为的，经行政复议机关批准，可以适当延期，但是延期不得超过30日。

公民、法人或者其他组织对被申请人重新作出的具体行政行为不服，可以依法申请行政复议，或者提起行政诉讼。

第八十二条 申请人在申请行政复议时可以一并提出行政赔偿请求，行政复议机关对符合国家赔偿法的规定应当赔偿的，在决定撤销、变更具体行政行为或者确认具体行政行为违法时，应当同时决定被申请人依法赔偿。

申请人在申请行政复议时没有提出行政赔偿请求的，行政复议机关在依法决定撤销、变更原具体行政行为确定的税款、滞纳金、罚款和对财产的扣押、查封等强制措施时，应当同时责令被申请人退还税款、滞纳金和罚款，解除对财产的扣押、查封等强制措施，或者赔偿相应的价款。

第八十三条 行政复议机关应当自受理申请之日起60日内作出行政复议决定。情况复杂，不能在规定期限内作出行政复议决定的，经行政复议机关负责人批准，可以适当延期，并告知申请人和被申请人；但是延期不得超过30日。

行政复议机关作出行政复议决定，应当制作行政复议决定书，并加盖行政复议机关印章。

行政复议决定书一经送达，即发生法律效力。

第八十四条 被申请人应当履行行政复议决定。

被申请人不履行、无正当理由拖延履行行政复议决定的，行政复议机关或者有关上级税务机关应当责令其限期履行。

第八十五条 申请人、第三人逾期不起诉又不履行行政复议决定的，或者不履行最终裁决的行政复议决定的，按照下列规定分别处理：

（一）维持具体行政行为的行政复议决定，由作出具体行政行为的税务机关依法强制执行，或者申请人民法院强制执行。

（二）变更具体行政行为的行政复议决定，由行政复议机关依法强制执行，或者申请人民法院强制执行。

第十章 税务行政复议和解与调解

第八十六条 对下列行政复议事项，按照自愿、合法的原则，申请人和被申请人在行政复议机关作出行政复议决定以前可以达成和解，行政复议机关也可以调解：

（一）行使自由裁量权作出的具体行政行为，如行政处罚、核定税额、确定应税所得率等。

（二）行政赔偿。

（三）行政奖励。

（四）存在其他合理性问题的具体行政行为。

行政复议审理期限在和解、调解期间中止计算。

第八十七条 申请人和被申请人达成和解的，应当向行政复议机构提交书面和解协议。和解内容不损害社会公共利益和他人合法权益的，行政复议机构应当准许。

第八十八条 经行政复议机构准许和解终止行政复议的，申请人不得以同一事实和理由再次申请行政复议。

第八十九条 调解应当符合下列要求：

（一）尊重申请人和被申请人的意愿。

（二）在查明案件事实的基础上进行。

（三）遵循客观、公正和合理原则。

（四）不得损害社会公共利益和他人合法权益。

第九十条 行政复议机关按照下列程序调解：

（一）征得申请人和被申请人同意。

（二）听取申请人和被申请人的意见。

（三）提出调解方案。

（四）达成调解协议。

（五）制作行政复议调解书。

第九十一条 行政复议调解书应当载明行政复议请求、事实、理由和调解结果，并加盖行政复议机关印章。行政复议调解书经双方当事人签字，即具有法律效力。

调解未达成协议，或者行政复议调解书不生效的，行政复议机关应当及时作出行政复议决定。

第九十二条 申请人不履行行政复议调解书的，由被申请人依法强制执行，或者申请人民法院强制执行。

第十一章　税务行政复议指导和监督

第九十三条 各级税务复议机关应当加强对履行行政复议职责的监督。

行政复议机构负责对行政复议工作进行系统督促、指导。

第九十四条 各级税务机关应当建立健全行政复议工作责任制，将行政复议工作纳入本单位目标责任制。

第九十五条 各级税务机关应当按照职责权限，通过定期组织检查、抽查等方式，检查下级税务机关的行政复议工作，并及时向有关方面反馈检查结果。

第九十六条 行政复议期间行政复议机关发现被申请人和其他下级税务机关的相关行政行为违法或者需要做好善后工作的，可以制作行政复议意见书。有关机关应当自收到行政复议意见书之日起60日内将纠正相关行政违法行为或者做好善后工作的情况报告行政复议机关。

行政复议期间行政复议机构发现法律、法规和规章实施中带有普遍性的问题，可以制作行政复议建议书，向有关机关提出完善制度和改进行政执法的建议。

第九十七条 省以下各级税务机关应当定期向上一级税务机关提交行政复议、应诉、赔偿统计表和分析报告，及时将重大行政复议决定报上一级行政复议机关备案。

第九十八条 行政复议机构应当按照规定将行政复议案件资料立卷归档。

行政复议案卷应当按照行政复议申请分别装订立卷，一案一卷，统一编号，做到目录清晰、资料齐全、分类规范、装订整齐。

第九十九条 行政复议机构应当定期组织行政复议工作人员业务培训和工作交流，提高行政复议工作人员的专业素质。

第一百条 行政复议机关应当定期总结行政复议工作。对行政复议工作中做出显著成绩的单位和个人，依照有关规定表彰和奖励。

第十二章 附 则

第一百零一条 行政复议机关、行政复议机关工作人员和被申请人在税务行政复议活动中，违反行政复议法及其实施条例和本规则规定的，应当依法处理。

第一百零二条 外国人、无国籍人、外国组织在中华人民共和国境内向税务机关申请行政复议，适用本规则。

第一百零三条 行政复议机关在行政复议工作中可以使用行政复议专用章。行政复议专用章与行政复议机关印章在行政复议中具有同等效力。

第一百零四条 行政复议期间的计算和行政复议文书的送达，依照民事诉讼法关于期间、送达的规定执行。

本规则关于行政复议期间有关“5 日”、“7 日”的规定指工作日，不包括法定节假日。

第一百零五条 本规则自 2010 年 4 月 1 日起施行，2004 年 2 月 24 日国家税务总局公布的《税务行政复议规则（暂行）》（国家税务总局令第 8 号）同时废止。

严重违法失信企业名单管理暂行办法

（2015 年 12 月 30 日国家工商行政管理总局令第 83 号公布 自 2016 年 4 月 1 日起施行）

第一条 为加强对严重违法失信企业的管理，促进企业守法经营和诚信自律，扩大社会监督，依据《企业信息公示暂行条例》等法律法规，制定本办法。

第二条 本办法所称严重违法失信企业，是指违反工商行政管理法律、行政法规且情节严重的企业。

第三条 本办法所称严重违法失信企业名单管理，是指对列入严重违法失信企业名单的企业实施信用约束、部门联合惩戒，并通过企业信用信息公示系统向社会公示。

第四条 国家工商行政管理总局负责指导、组织全国的严重违法失信企业名单管理工作。

县级以上工商行政管理部门负责本辖区的严重违法失信企业名单管理工作。

本办法所称工商行政管理部门，包括履行工商行政管理职能的市场监督管理部门。

第五条 企业有下列情形之一的，由县级以上工商行政管理部门列入严重违法失信企业名单管理：

（一）被列入经营异常名录届满 3 年仍未履行相关义务的；

（二）提交虚假材料或者采取其他欺诈手段隐瞒重要事实，取得公司变更或者注销登记，被撤销登记的；

（三）组织策划传销的，或者因为传销行为提供便利条件两年内受到三次以上行政处罚的；

（四）因直销违法行为两年内受到三次以上行政处罚的；

（五）因不正当竞争行为两年内受到三次以上行政处罚的；

（六）因提供的商品或者服务不符合保障人身、财产安全要求，造成人身伤害等严重侵害消费者权益的违法行为，两年内受到三次以上行政处罚的；

（七）因发布虚假广告两年内受到三次以上行政处罚的，或者发布关系消费者生命健康的商品或者服务的虚假广告，造成人身伤害的或者其他严重社会不良影响的；

（八）因商标侵权行为五年内受到两次以上行政处罚的；

（九）被决定停止受理商标代理业务的；

（十）国家工商行政管理总局规定的其他违反工商行政管理法律、行政法规且情节严重的。

企业违反工商行政管理法律、行政法规，有前款第（三）项至第（八）项规定行为之一，两年内累计受到三次以上行政处罚的，列入严重违法失信企业名单管理。

第六条 国家工商行政管理总局或者省、自治区、直辖市工商行政管理部门负责有本办法第五条第一款第（一）项规定情形的企业的严重违法失信企业名单的列入、移出工作。

县级以上工商行政管理部门负责其登记的有本办法第五条第一款第（二）项至第（十）项和第二款规定情形的企业的严重违法失信企业名单的列入、移出工作。

第七条 工商行政管理部门将企业列入严重违法失信企业名单的，应当作出列入决定。列入决定应当包括企业名称、统一社会信用代码/注册号、列入日期、列入事由、权利救济的期限和途径、作出决定机关。

第八条 企业有本办法第五条第一款第（一）项规定情形的，工商行政管理部门应当在企业被列入经营异常名录满3年前60日内，通过企业信用信息公示系统以公告方式提示其履行相关义务；满3年仍未履行相关义务的，自届满之日起10个工作日内将其列入严重违法失信企业名单。

企业有本办法第五条第一款第（二）项至第（十）项和第二款规定情形的，工商行政管理部门应当自相关信息在企业信用信息公示系统公示之日起10个工作日内将其列入严重违法失信企业名单。

第九条 企业自被列入严重违法失信企业名单之日起满5年未再发生第五条规定情形的，由有管辖权的工商行政管理部门移出严重违法失信企业名单。

工商行政管理部门依照前款规定将企业移出严重违法失信企业名单的，应当作出移出决定，并通过企业信用信息公示系统向社会公示。移出决定应当包括企业名称、统一社会信用代码/注册号、移出日期、移出事由、作出决定机关。

第十条 依照本办法第五条第一款第(一)项规定被列入严重违法失信企业名单的,工商行政管理部门应当自企业申请之日起5个工作日内作出移出决定。

依照本办法第五条第一款第(二)项至第(十)项和第二款规定被列入严重违法失信企业名单的,工商行政管理部门应当自列入严重违法失信企业名单届满之日起5个工作日内作出移出决定。

第十一条 企业对被列入严重违法失信企业名单有异议的,可以自公示之日起30日内向作出决定的工商行政管理部门提出书面申请并提交相关证明材料,工商行政管理部门应当在5个工作日内决定是否受理。予以受理的,应当在20个工作日内核实,并将核实结果书面告知申请人;不予受理的,将不予受理的理由书面告知申请人。

工商行政管理部门通过核实发现将企业列入严重违法失信企业名单存在错误的,应当自查实之日起5个工作日内予以更正。

第十二条 列入严重违法失信企业名单所依据的行政处罚决定被撤销的,工商行政管理部门应当自行政处罚决定被撤销之日起30个工作日内将企业移出严重违法失信企业名单。

第十三条 各级工商行政管理部门对被列入严重违法失信企业名单的企业实施下列管理:

(一)列为重点监督管理对象;

(二)依照本办法第五条第一款第(一)项规定被列入严重违法失信企业名单的企业的法定代表人、负责人,3年内不得担任其他企业的法定代表人、负责人;

(三)不予通过"守合同重信用"企业公示活动申报资格审核;

(四)不予授予相关荣誉称号。

第十四条 工商行政管理部门应当将列入严重违法失信企业名单的信息记录在该企业的公示信息中,并通过企业信用信息公示系统统一公示。

工商行政管理部门应当将严重违法失信企业名单信息与其他政府部门互联共享,实施联合惩戒。

第十五条 依照本办法第五条第一款第(一)项规定被列入严重违法失信企业名单的企业的法定代表人、负责人,已经担任其他企业的法定代表人、负责人的,有关企业应当依法办理法定代表人、负责人变更登记。通过登记的住所(经营场所)无法取得联系的,有关企业应当依法办理住所(经营场所)变更登记。有关企业未办理法定代表人、负责人变更登记或者住所(经营场所)变更登记的,工商行政管理部门应当依法予以查处。

第十六条 对企业被列入、移出严重违法失信企业名单的决定,可以依法申请行政复议或者提起行政诉讼。

第十七条 工商行政管理部门未依照本办法的有关规定履行职责的,由上一级工商行政管理部门责令改正;情节严重的,对负有责任的主管人员和其他直接责任人员依照有关规定予以处理。

第十八条 严重违法失信企业名单管理相关文书样式由国家工商行政管理总局统一制定。

第十九条 网络交易违法失信行为的管理办法,由国家工商行政管理总局另行制定。

第二十条 本办法由国家工商行政管理总局负责解释。

第二十一条 本办法自2016年4月1日起施行。

关于修改《证券发行与承销管理办法》的决定

(2015年12月30日中国证券监督管理委员会令第121号公布 自2016年1月1日起施行)

一、第四条修改为:“首次公开发行股票,可以通过向网下投资者询价的方式确定股票发行价格,也可以通过发行人与主承销商自主协商直接定价等其他合法可行的方式确定发行价格。公开发行股票数量在2000万股(含)以下且无老股转让计划的,应当通过直接定价的方式确定发行价格。发行人和主承销商应当在招股意向书(或招股说明书,下同)和发行公告中披露本次发行股票的定价方式。上市公司发行证券的定价,应当符合中国证监会关于上市公司证券发行的有关规定。”

二、第九条第一款改为第一款、第二款,修改为:“首次公开发行股票采用直接定价方式的,全部向网上投资者发行,不进行网下询价和配售。

“首次公开发行股票采用询价方式的,公开发行股票后总股本4亿股(含)以下的,网下初始发行比例不低于本次公开发行股票数量的60%;发行后总股本超过4亿股的,网下初始发行比例不低于本次公开发行股票数量的70%。其中,应当安排不低于本次网下发行股票数量的40%向通过公开募集方式设立的证券投资基金（以下简称公募基金）和社保基金投资管理人管理的社会保障基金（以下简称社保基金）配售，安排一定比例的股票向根据《企业年金基金管理办法》设立的企业年金基金和符合《保险资金运用管理暂行办法》等相关规定的保险资金（以下简称保险资金）配售。公募基金、社保基金、企业年金基金和保险资金有效申购不足安排数量的，发行人和主承销商可以向其他符合条件的网下投资者配售剩余部分。”

三、第十一条修改为：“首次公开发行股票，持有一定数量非限售股份的投资者才能参与网上申购。网上投资者应当自主表达申购意向，不得全权委托证券公司进行新股申购。采用其他方式进行网上申购和配售的，应当符合中国证监会的有关规定。”

四、第十二条第一款、第二款修改为：“首次公开发行股票的网下发行应和网上发行同时进行，网下和网上投资者在申购时无需缴付申购资金。投资者应当自行选择参与网下或网上发行，不得同时参与。

“发行人股东拟进行老股转让的，发行人和主承销商应当于网下网上申购前协商确定发行价格、发行数量和老股转让数量。采用询价方式且无老股转让计划的，发行人和主承销商可以通过网下询价确定发行价格或发行价格区间。网上投资者申购时仅公告发行价格区间、未确定发行价格的，主承销商应当安排投资者按价格区间上限申购。”

五、增加一条，作为第十三条：“网下和网上投资者获得配售后，应当按时足额缴付认购资金。网上投资者连续 12 个月内累计出现 3 次中签后未足额缴款的情形时，6 个月内不得参与新股申购。

“网下和网上投资者缴款认购的股份数量合计不足本次公开发行数量的 70% 时，可以中止发行。”

六、第三十三条改为第三十四条，第四项修改为：“（四）在发行结果公告中披露获配机构投资者名称、个人投资者个人信息以及每个获配投资者的报价、申购数量和获配数量等，并明确说明自主配售的结果是否符合事先公布的配售原则；对于提供有效报价但未参与申购，或实际申购数量明显少于报价时拟申购量的投资者应列表公示并着重说明；缴款后的发行结果公告中披露网上、网下投资者获配未缴款金额以及主承销商的包销比例，列表公示获得配售但未足额缴款的网下投资者；发行后还应披露保荐费用、承销费用、其他中介费用等发行费用信息。”

本决定自 2016 年 1 月 1 日起施行。

《证券发行与承销管理办法》根据本决定作相应的修改并对条文顺序作相应调整，重新公布。

证券发行与承销管理办法

（2013年10月8日中国证券监督管理委员会第11次主席办公会议审议通过　根据2014年3月21日中国证券监督管理委员会《关于修改〈证券发行与承销管理办法〉的决定》第一次修订　根据2015年12月30日中国证券监督管理委员会《关于修改〈证券发行与承销管理办法〉的决定》第二次修订）

第一章　总　则

第一条　为规范证券发行与承销行为，保护投资者合法权益，根据《证券法》和《公司法》，制定本办法。

第二条　发行人在境内发行股票或者可转换公司债券（以下统称证券）、证券公司在境内承销证券以及投资者认购境内发行的证券，适用本办法。

首次公开发行股票时公司股东公开发售其所持股份（以下简称老股转让）的，还应当符合中国证券监督管理委员会（以下简称中国证监会）的相关规定。

第三条　中国证监会依法对证券发行与承销行为进行监督管理。证券交易所、证券登记结算机构和中国证券业协会应当制定相关业务规则（以下简称相关规则），规范证券发行与承销行为。

证券公司承销证券，应当依据本办法以及中国证监会有关风险控制和内部控制等相关规定，制定严格的风险管理制度和内部控制制度，加强定价和配售过程管理，落实承销责任。

为证券发行出具相关文件的证券服务机构和人员，应当按照本行业公认的业务标准和道德规范，严格履行法定职责，对其所出具文件的真实性、准确性和完整性承担责任。

第二章　定价与配售

第四条　首次公开发行股票，可以通过向网下投资者询价的方式确定股票发行价格，也可以通过发行人与主承销商自主协商直接定价等其他合法可行的方式确定发行价格。公开发行股票数量在2000万股(含)以下且无老股转让计划的,应当通过直接定价的方式确定发行价格。发行人和主承销商应当在招股意向书(或招股说明书,下同)和发行公告中披露本次发行股票的定价方式。上市公司发行证券的定价,应当符合中国证监会关于上市公司证券发行的有关规定。

第五条 首次公开发行股票,网下投资者须具备丰富的投资经验和良好的定价能力,应当接受中国证券业协会的自律管理,遵守中国证券业协会的自律规则。

网下投资者参与报价时,应当持有一定金额的非限售股份。发行人和主承销商可以根据自律规则,设置网下投资者的具体条件,并在发行公告中预先披露。主承销商应当对网下投资者是否符合预先披露的条件进行核查,对不符合条件的投资者,应当拒绝或剔除其报价。

第六条 首次公开发行股票采用询价方式定价的,符合条件的网下机构和个人投资者可以自主决定是否报价,主承销商无正当理由不得拒绝。网下投资者应当遵循独立、客观、诚信的原则合理报价,不得协商报价或者故意压低、抬高价格。

网下投资者报价应当包含每股价格和该价格对应的拟申购股数,且只能有一个报价。非个人投资者应当以机构为单位进行报价。首次公开发行股票价格(或发行价格区间)确定后,提供有效报价的投资者方可参与申购。

第七条 首次公开发行股票采用询价方式的,网下投资者报价后,发行人和主承销商应当剔除拟申购总量中报价最高的部分,剔除部分不得低于所有网下投资者拟申购总量的10%,然后根据剩余报价及拟申购数量协商确定发行价格。剔除部分不得参与网下申购。

公开发行股票数量在4亿股(含)以下的,有效报价投资者的数量不少于10家;公开发行股票数量在4亿股以上的,有效报价投资者的数量不少于20家。剔除最高报价部分后有效报价投资者数量不足的,应当中止发行。

第八条 首次公开发行股票时,发行人和主承销商可以自主协商确定参与网下询价投资者的条件、有效报价条件、配售原则和配售方式,并按照事先确定的配售原则在有效申购的网下投资者中选择配售股票的对象。

第九条 首次公开发行股票采用直接定价方式的,全部向网上投资者发行,不进行网下询价和配售。

首次公开发行股票采用询价方式的,公开发行股票后总股本4亿股(含)以下的,网下初始发行比例不低于本次公开发行股票数量的60%;发行后总股本超过4亿股的,网下初始发行比例不低于本次公开发行股票数量的

70%。其中,应当安排不低于本次网下发行股票数量的40%优先向通过公开募集方式设立的证券投资基金(以下简称公募基金)和由社保基金投资管理人管理的社会保障基金(以下简称社保基金)配售,安排一定比例的股票向根据《企业年金基金管理办法》设立的企业年金基金和符合《保险资金运用管理暂行办法》等相关规定的保险资金(以下简称保险资金)配售。公募基金、社保基金、企业年金基金和保险资金有效申购不足安排数量的,发行人和主承销商可以向其他符合条件的网下投资者配售剩余部分。

对网下投资者进行分类配售的,同类投资者获得配售的比例应当相同。公募基金、社保基金、企业年金基金和保险资金的配售比例应当不低于其他投资者。

安排向战略投资者配售股票的,应当扣除向战略投资者配售部分后确定网下网上发行比例。

网下投资者可与发行人和主承销商自主约定网下配售股票的持有期限并公开披露。

第十条 首次公开发行股票网下投资者申购数量低于网下初始发行量的,发行人和主承销商不得将网下发行部分向网上回拨,应当中止发行。

网上投资者有效申购倍数超过50倍、低于100倍(含)的,应当从网下向网上回拨,回拨比例为本次公开发行股票数量的20%;网上投资者有效申购倍数超过100倍的,回拨比例为本次公开发行股票数量的40%;网上投资者有效申购倍数超过150倍的,回拨后网下发行比例不超过本次公开发行股票数量的10%。本款所指公开发行股票数量应按照扣除设定12个月及以上限售期的股票数量计算。

网上投资者申购数量不足网上初始发行量的,可回拨给网下投资者。

除本办法第七条和本条第一款规定的中止发行情形外,发行人和主承销商还可以约定中止发行的其他具体情形并事先披露。中止发行后,在核准文件有效期内,经向中国证监会备案,可重新启动发行。

第十一条 首次公开发行股票,持有一定数量非限售股份的投资者才能参与网上申购。网上投资者应当自主表达申购意向,不得全权委托证券公司进行新股申购。采用其他方式进行网上申购和配售的,应当符合中国证监会的有关规定。

第十二条 首次公开发行股票的网下发行应和网上发行同时进行,网下和网上投资者在申购时无需缴付申购资金。投资者应当自行选择参与网下或网上发行,不得同时参与。

发行人股东拟进行老股转让的,发行人和主承销商应于网下网上申购前协商确定发行价格、发行数量和老股转让数量。采用询价方式且无老股转让计划的，发行人和主承销商可以通过网下询价确定发行价格或发行价格区间。网上投资者申购时仅公告发行价格区间、未确定发行价格的，主承销商应当安排投资者按价格区间上限申购。

第十三条 网下和网上投资者获得配售后，应当按时足额缴付认购资金。网上投资者连续12个月内累计出现3次中签后未足额缴款的情形时，6个月内不得参与新股申购。

网下和网上投资者缴款认购的股份数量合计不足本次公开发行数量的70%时，可以中止发行。

第十四条 首次公开发行股票数量在4亿股以上的，可以向战略投资者配售股票。发行人应当与战略投资者事先签署配售协议。

发行人和主承销商应当在发行公告中披露战略投资者的选择标准、向战略投资者配售的股票总量、占本次发行股票的比例以及持有期限等。

战略投资者不参与网下询价，且应当承诺获得本次配售的股票持有期限不少于12个月，持有期自本次公开发行的股票上市之日起计算。

第十五条 首次公开发行股票数量在4亿股以上的，发行人和主承销商可以在发行方案中采用超额配售选择权。超额配售选择权的实施应当遵守中国证监会、证券交易所、证券登记结算机构和中国证券业协会的规定。

第十六条 首次公开发行股票网下配售时，发行人和主承销商不得向下列对象配售股票：

（一）发行人及其股东、实际控制人、董事、监事、高级管理人员和其他员工；发行人及其股东、实际控制人、董事、监事、高级管理人员能够直接或间接实施控制、共同控制或施加重大影响的公司，以及该公司控股股东、控股子公司和控股股东控制的其他子公司；

（二）主承销商及其持股比例5%以上的股东，主承销商的董事、监事、高级管理人员和其他员工；主承销商及其持股比例5%以上的股东、董事、监事、高级管理人员能够直接或间接实施控制、共同控制或施加重大影响的公司，以及该公司控股股东、控股子公司和控股股东控制的其他子公司；

（三）承销商及其控股股东、董事、监事、高级管理人员和其他员工；

（四）本条第（一）、（二）、（三）项所述人士的关系密切的家庭成员，包括配偶、子女及其配偶、父母及配偶的父母、兄弟姐妹及其配偶、配偶的兄弟姐妹、子女配偶的父母；

（五）过去6个月内与主承销商存在保荐、承销业务关系的公司及其持股5%以上的股东、实际控制人、董事、监事、高级管理人员，或已与主承销商签署保荐、承销业务合同或达成相关意向的公司及其持股5%以上的股东、实际控制人、董事、监事、高级管理人员；

（六）通过配售可能导致不当行为或不正当利益的其他自然人、法人和组织。

本条第（二）、（三）项规定的禁止配售对象管理的公募基金不受前款规定的限制，但应符合中国证监会的有关规定。

第十七条 发行人和承销商及相关人员不得泄露询价和定价信息；不得以任何方式操纵发行定价；不得劝诱网下投资者抬高报价，不得干扰网下投资者正常报价和申购；不得以提供透支、回扣或者中国证监会认定的其他不正当手段诱使他人申购股票；不得以代持、信托持股等方式谋取不正当利益或向其他相关利益主体输送利益；不得直接或通过其利益相关方向参与认购的投资者提供财务资助或者补偿；不得以自有资金或者变相通过自有资金参与网下配售；不得与网下投资者互相串通，协商报价和配售；不得收取网下投资者回扣或其他相关利益。

第十八条 上市公司发行证券，存在利润分配方案、公积金转增股本方案尚未提交股东大会表决或者虽经股东大会表决通过但未实施的，应当在方案实施后发行。相关方案实施前，主承销商不得承销上市公司发行的证券。

第十九条 上市公司向原股东配售股票（以下简称配股），应当向股权登记日登记在册的股东配售，且配售比例应当相同。

上市公司向不特定对象公开募集股份（以下简称增发）或者发行可转换公司债券，可以全部或者部分向原股东优先配售，优先配售比例应当在发行公告中披露。

第二十条 上市公司增发或者发行可转换公司债券，主承销商可以对参与网下配售的机构投资者进行分类，对不同类别的机构投资者设定不同的配售比例，对同一类别的机构投资者应当按相同的比例进行配售。主承销商应当在发行公告中明确机构投资者的分类标准。

主承销商未对机构投资者进行分类的，应当在网下配售和网上发行之间建立回拨机制，回拨后两者的获配比例应当一致。

第二十一条 上市公司非公开发行证券的，发行对象及其数量的选择应当符合中国证监会关于上市公司证券发行的相关规定。

第三章 证券承销

第二十二条 发行人和主承销商应当签订承销协议，在承销协议中界定双方的权利义务关系，约定明确的承销基数。采用包销方式的，应当明确包销责任；采用代销方式的，应当约定发行失败后的处理措施。

证券发行依照法律、行政法规的规定应由承销团承销的，组成承销团的承销商应当签订承销团协议，由主承销商负责组织承销工作。证券发行由两家以上证券公司联合主承销的，所有担任主承销商的证券公司应当共同承担主承销责任，履行相关义务。承销团由3家以上承销商组成的，可以设副主承销商，协助主承销商组织承销活动。

承销团成员应当按照承销团协议及承销协议的规定进行承销活动，不得进行虚假承销。

第二十三条 证券公司承销证券，应当依照《证券法》第二十八条的规定采用包销或者代销方式。上市公司非公开发行股票未采用自行销售方式或者上市公司配股的，应当采用代销方式。

第二十四条 股票发行采用代销方式的，应当在发行公告（或认购邀请书）中披露发行失败后的处理措施。股票发行失败后，主承销商应当协助发行人按照发行价并加算银行同期存款利息返还股票认购人。

第二十五条 证券公司实施承销前，应当向中国证监会报送发行与承销方案。

第二十六条 上市公司发行证券期间相关证券的停复牌安排，应当遵守证券交易所的相关规则。

主承销商应当按有关规定及时划付申购资金冻结利息。

第二十七条 投资者申购缴款结束后，发行人和主承销商应当聘请具有证券、期货相关业务资格的会计师事务所对申购和募集资金进行验证，并出具验资报告；还应当聘请律师事务所对网下发行过程、配售行为、参与定价和配售的投资者资质条件及其与发行人和承销商的关联关系、资金划拨等事项进行见证，并出具专项法律意见书。证券上市后10日内，主承销商应当将验资报告、专项法律意见随同承销总结报告等文件一并报中国证监会。

第四章 信息披露

第二十八条 发行人和主承销商在发行过程中，应当按照中国证监会规定的要求编制信息披露文件，履行信息披露义务。发行人和承销商在发行过程中披露的信息，应当真实、准确、完整、及时，不得有虚假记载、误导性陈述或者重大遗漏。

第二十九条 首次公开发行股票申请文件受理后至发行人发行申请经中

国证监会核准、依法刊登招股意向书前，发行人及与本次发行有关的当事人不得采取任何公开方式或变相公开方式进行与股票发行相关的推介活动，也不得通过其他利益关联方或委托他人等方式进行相关活动。

第三十条 首次公开发行股票招股意向书刊登后，发行人和主承销商可以向网下投资者进行推介和询价，并通过互联网等方式向公众投资者进行推介。

发行人和主承销商向公众投资者进行推介时，向公众投资者提供的发行人信息的内容及完整性应与向网下投资者提供的信息保持一致。

第三十一条 发行人和主承销商在推介过程中不得夸大宣传，或以虚假广告等不正当手段诱导、误导投资者，不得披露除招股意向书等公开信息以外的发行人其他信息。

承销商应当保留推介、定价、配售等承销过程中的相关资料至少三年并存档备查，包括推介宣传材料、路演现场录音等，如实、全面反映询价、定价和配售过程。

第三十二条 发行人和主承销商应当将发行过程中披露的信息刊登在至少一种中国证监会指定的报刊，同时将其刊登在中国证监会指定的互联网网站，并置备于中国证监会指定的场所，供公众查阅。

第三十三条 发行人披露的招股意向书除不含发行价格、筹资金额以外，其内容与格式应当与招股说明书一致，并与招股说明书具有同等法律效力。

第三十四条 首次公开发行股票的发行人和主承销商应当在发行和承销过程中公开披露以下信息：

（一）招股意向书刊登首日在发行公告中披露发行定价方式、定价程序、参与网下询价投资者条件、股票配售原则、配售方式、有效报价的确定方式、中止发行安排、发行时间安排和路演推介相关安排等信息；发行人股东拟老股转让的，还应披露预计老股转让的数量上限，老股转让股东名称及各自转让老股数量，并明确新股发行与老股转让数量的调整机制。

（二）网上申购前披露每位网下投资者的详细报价情况，包括投资者名称、申购价格及对应的拟申购数量；剔除最高报价有关情况；剔除最高报价部分后网下投资者报价的中位数和加权平均数以及公募基金报价的中位数和加权平均数；有效报价和发行价格（或发行价格区间）的确定过程；发行价格（或发行价格区间）及对应的市盈率；网下网上的发行方式和发行数量；回拨机制；中止发行安排；申购缴款要求等。已公告老股转让方案的，还应披露老股转让和新股发行的确定数量，老股转让股东名称及各自转让老股数量，并应提示投资者关注，发行人将不会获得老股转让部分所得资金。按照发行价格计算的预计募集资金总额低于拟以本次募集资金投资的项目金额的,还应披露相关投资风险。

(三)如公告的发行价格(或发行价格区间上限)市盈率高于同行业上市公司二级市场平均市盈率,发行人和主承销商应当在披露发行价格的同时,在投资风险特别公告中明示该定价可能存在估值过高给投资者带来损失的风险,提醒投资者关注。内容至少包括:

1. 比较分析发行人与同行业上市公司的差异及该差异对估值的影响;提请投资者关注发行价格与网下投资者报价之间存在的差异。

2. 提请投资者关注投资风险,审慎研判发行定价的合理性,理性做出投资决策。

(四)在发行结果公告中披露获配机构投资者名称、个人投资者个人信息以及每个获配投资者的报价、申购数量和获配数量等,并明确说明自主配售的结果是否符合事先公布的配售原则;对于提供有效报价但未参与申购,或实际申购数量明显少于报价时拟申购量的投资者应列表公示并着重说明;缴款后的发行结果公告中披露网上、网下投资者获配未缴款金额以及主承销商的包销比例,列表公示获得配售但未足额缴款的网下投资者;发行后还应披露保荐费用、承销费用、其他中介费用等发行费用信息。

(五)向战略投资者配售股票的,应当在网下配售结果公告中披露战略投资者的名称、认购数量及持有期限等情况。

第三十五条 发行人和主承销商在披露发行市盈率时,应同时披露发行市盈率的计算方式。在进行行业市盈率比较分析时,应当按照中国证监会有关上市公司行业分类指引中制定的行业分类标准确定发行人行业归属,并分析说明行业归属的依据。存在多个市盈率口径时,应当充分列示可供选择的比较基准,并应当按照审慎、充分提示风险的原则选取和披露行业平均市盈率。发行人还可以同时披露市净率等反映发行人所在行业特点的估值指标。

第五章 监管和处罚

第三十六条 中国证监会对证券发行承销过程实施事中事后监管,发现涉嫌违法违规或者存在异常情形的,可责令发行人和承销商暂停或中止发行,对相关事项进行调查处理。

第三十七条 中国证券业协会应当建立对承销商询价、定价、配售行为和网下投资者报价行为的日常监管制度,加强相关行为的监督检查,发现违规情形的,应当及时采取自律监管措施。中国证券业协会还应当建立对网下投资者和承销商的跟踪分析和评价体系，并根据评价结果采取奖惩措施。

第三十八条 发行人、证券公司、证券服务机构、投资者及其直接负责的主管人员和其他直接责任人员有失诚信、违反法律、行政法规或者本办法规定的，中国证监会可以视情节轻重采取责令改正、监管谈话、出具警示函、责令公开说明、认定为不适当人选等监管措施，或者采取市场禁入措施，并记入诚信档案；依法应予行政处罚的，依照有关规定进行处罚；涉嫌犯罪的，依法移送司法机关，追究其刑事责任。

第三十九条 证券公司承销未经核准擅自公开发行的证券的，依照《证券法》第一百九十条的规定处罚。

证券公司承销证券有前款所述情形的，中国证监会可以采取 12 至 36 个月暂不受理其证券承销业务有关文件的监管措施。

第四十条 证券公司及其直接负责的主管人员和其他直接责任人员在承销证券过程中，有下列行为之一的，中国证监会可以采取本办法第三十八条规定的监管措施；情节比较严重的，还可以采取 3 至 12 个月暂不受理其证券承销业务有关文件的监管措施；依法应予行政处罚的，依照《证券法》第一百九十一条的规定予以处罚：

（一）夸大宣传，或以虚假广告等不正当手段诱导、误导投资者；

（二）以不正当竞争手段招揽承销业务；

（三）从事本办法第十七条规定禁止的行为；

（四）向不符合本办法第五条规定的网下投资者配售股票，或向本办法第十六条规定禁止配售的对象配售股票；

（五）未按本办法要求披露有关文件；

（六）未按照事先披露的原则和方式配售股票，或其他未依照披露文件实施的行为；

（七）向投资者提供除招股意向书等公开信息以外的发行人其他信息；

（八）未按照本办法要求保留推介、定价、配售等承销过程中相关资料；

（九）其他违反证券承销业务规定的行为。

第四十一条 发行人及其直接负责的主管人员和其他直接责任人员有下列行为之一的，中国证监会可以采取本办法第三十八条规定的监管措施；构成违反《证券法》相关规定的，依法进行行政处罚：

（一）从事本办法第十七条规定禁止的行为；

（二）夸大宣传，或以虚假广告等不正当手段诱导、误导投资者；

（三）向投资者提供除招股意向书等公开信息以外的发行人信息；

（四）中国证监会认定的其他情形。

第六章　附　　则

第四十二条　其他证券的发行与承销比照本办法执行。中国证监会另有规定的,从其规定。

第四十三条　本办法自2013年12月13日起施行。2006年9月17日发布并于2010年10月11日、2012年5月18日修改的《证券发行与承销管理办法》同时废止。

关于修改《首次公开发行股票并上市管理办法》的决定

(2015年12月30日中国证券监督管理委员会令第122号公布自2016年1月1日起施行)

一、删除第二章发行条件第二节独立性的第十四条、第十五条、第十六条、第十七条、第十八条、第十九条和第二十条。

二、删除第二章发行条件第五节募集资金运用的第三十八条、第三十九条、第四十条、第四十一条、第四十二条和第四十三条。

三、第四十九条改为第三十六条,修改为:"中国证监会在初审过程中,将征求发行人注册地省级人民政府是否同意发行人发行股票的意见。"

四、增加一条,作为第四十二条:"发行人应当在招股说明书中披露已达到发行监管对公司独立性的基本要求。"

本决定自2016年1月1日起施行。

《首次公开发行股票并上市管理办法》根据本决定作相应的修改并对条文顺序作相应调整,重新公布。

首次公开发行股票并上市管理办法

（2006年5月17日中国证券监督管理委员会第180次主席办公会议审议通过　根据2015年12月30日中国证券监督管理委员会《关于修改〈首次公开发行股票并上市管理办法〉的决定》修正）

第一章　总　　则

第一条　为了规范首次公开发行股票并上市的行为，保护投资者的合法权益和社会公共利益，根据《证券法》、《公司法》，制定本办法。

第二条　在中华人民共和国境内首次公开发行股票并上市，适用本办法。

境内公司股票以外币认购和交易的，不适用本办法。

第三条　首次公开发行股票并上市，应当符合《证券法》、《公司法》和本办法规定的发行条件。

第四条　发行人依法披露的信息，必须真实、准确、完整，不得有虚假记载、误导性陈述或者重大遗漏。

第五条　保荐人及其保荐代表人应当遵循勤勉尽责、诚实守信的原则，认真履行审慎核查和辅导义务，并对其所出具的发行保荐书的真实性、准确性、完整性负责。

第六条　为证券发行出具有关文件的证券服务机构和人员，应当按照本行业公认的业务标准和道德规范，严格履行法定职责，并对其所出具文件的真实性、准确性和完整性负责。

第七条　中国证券监督管理委员会（以下简称"中国证监会"）对发行人首次公开发行股票的核准，不表明其对该股票的投资价值或者投资者的收益作出实质性判断或者保证。股票依法发行后，因发行人经营与收益的变化引致的投资风险，由投资者自行负责。

第二章　发行条件

第一节　主体资格

第八条　发行人应当是依法设立且合法存续的股份有限公司。

经国务院批准，有限责任公司在依法变更为股份有限公司时，可以采取募集设立方式公开发行股票。

第九条 发行人自股份有限公司成立后，持续经营时间应当在3年以上，但经国务院批准的除外。

有限责任公司按原账面净资产值折股整体变更为股份有限公司的，持续经营时间可以从有限责任公司成立之日起计算。

第十条 发行人的注册资本已足额缴纳，发起人或者股东用作出资的资产的财产权转移手续已办理完毕，发行人的主要资产不存在重大权属纠纷。

第十一条 发行人的生产经营符合法律、行政法规和公司章程的规定，符合国家产业政策。

第十二条 发行人最近3年内主营业务和董事、高级管理人员没有发生重大变化，实际控制人没有发生变更。

第十三条 发行人的股权清晰，控股股东和受控股股东、实际控制人支配的股东持有的发行人股份不存在重大权属纠纷。

第二节 规范运行

第十四条 发行人已经依法建立健全股东大会、董事会、监事会、独立董事、董事会秘书制度，相关机构和人员能够依法履行职责。

第十五条 发行人的董事、监事和高级管理人员已经了解与股票发行上市有关的法律法规，知悉上市公司及其董事、监事和高级管理人员的法定义务和责任。

第十六条 发行人的董事、监事和高级管理人员符合法律、行政法规和规章规定的任职资格，且不得有下列情形：

（一）被中国证监会采取证券市场禁入措施尚在禁入期的；

（二）最近36个月内受到中国证监会行政处罚，或者最近12个月内受到证券交易所公开谴责；

（三）因涉嫌犯罪被司法机关立案侦查或者涉嫌违法违规被中国证监会立案调查，尚未有明确结论意见。

第十七条 发行人的内部控制制度健全且被有效执行，能够合理保证财务报告的可靠性、生产经营的合法性、营运的效率与效果。

第十八条 发行人不得有下列情形：

（一）最近36个月内未经法定机关核准，擅自公开或者变相公开发行过证券；或者有关违法行为虽然发生在36个月前，但目前仍处于持续状态；

（二）最近36个月内违反工商、税收、土地、环保、海关以及其他法律、行

政法规,受到行政处罚,且情节严重;

(三)最近36个月内曾向中国证监会提出发行申请,但报送的发行申请文件有虚假记载、误导性陈述或重大遗漏;或者不符合发行条件以欺骗手段骗取发行核准;或者以不正当手段干扰中国证监会及其发行审核委员会审核工作;或者伪造、变造发行人或其董事、监事、高级管理人员的签字、盖章;

(四)本次报送的发行申请文件有虚假记载、误导性陈述或者重大遗漏;

(五)涉嫌犯罪被司法机关立案侦查,尚未有明确结论意见;

(六)严重损害投资者合法权益和社会公共利益的其他情形。

第十九条 发行人的公司章程中已明确对外担保的审批权限和审议程序,不存在为控股股东、实际控制人及其控制的其他企业进行违规担保的情形。

第二十条 发行人有严格的资金管理制度,不得有资金被控股股东、实际控制人及其控制的其他企业以借款、代偿债务、代垫款项或者其他方式占用的情形。

第三节 财务与会计

第二十一条 发行人资产质量良好,资产负债结构合理,盈利能力较强,现金流量正常。

第二十二条 发行人的内部控制在所有重大方面是有效的,并由注册会计师出具了无保留结论的内部控制鉴证报告。

第二十三条 发行人会计基础工作规范,财务报表的编制符合企业会计准则和相关会计制度的规定,在所有重大方面公允地反映了发行人的财务状况、经营成果和现金流量,并由注册会计师出具了无保留意见的审计报告。

第二十四条 发行人编制财务报表应以实际发生的交易或者事项为依据;在进行会计确认、计量和报告时应当保持应有的谨慎;对相同或者相似的经济业务,应选用一致的会计政策,不得随意变更。

第二十五条 发行人应完整披露关联方关系并按重要性原则恰当披露关联交易。关联交易价格公允,不存在通过关联交易操纵利润的情形。

第二十六条 发行人应当符合下列条件:

(一)最近3个会计年度净利润均为正数且累计超过人民币3000万元,净利润以扣除非经常性损益前后较低者为计算依据;

(二)最近3个会计年度经营活动产生的现金流量净额累计超过人民币5000万元;或者最近3个会计年度营业收入累计超过人民币3亿元;

(三)发行前股本总额不少于人民币3000万元;

（四）最近一期末无形资产（扣除土地使用权、水面养殖权和采矿权等后）占净资产的比例不高于20%；

（五）最近一期末不存在未弥补亏损。

第二十七条 发行人依法纳税，各项税收优惠符合相关法律法规的规定。发行人的经营成果对税收优惠不存在严重依赖。

第二十八条 发行人不存在重大偿债风险，不存在影响持续经营的担保、诉讼以及仲裁等重大或有事项。

第二十九条 发行人申报文件中不得有下列情形：

（一）故意遗漏或虚构交易、事项或者其他重要信息；

（二）滥用会计政策或者会计估计；

（三）操纵、伪造或篡改编制财务报表所依据的会计记录或者相关凭证。

第三十条 发行人不得有下列影响持续盈利能力的情形：

（一）发行人的经营模式、产品或服务的品种结构已经或者将发生重大变化，并对发行人的持续盈利能力构成重大不利影响；

（二）发行人的行业地位或发行人所处行业的经营环境已经或者将发生重大变化，并对发行人的持续盈利能力构成重大不利影响；

（三）发行人最近1个会计年度的营业收入或净利润对关联方或者存在重大不确定性的客户存在重大依赖；

（四）发行人最近1个会计年度的净利润主要来自合并财务报表范围以外的投资收益；

（五）发行人在用的商标、专利、专有技术以及特许经营权等重要资产或技术的取得或者使用存在重大不利变化的风险；

（六）其他可能对发行人持续盈利能力构成重大不利影响的情形。

第三章 发行程序

第三十一条 发行人董事会应当依法就本次股票发行的具体方案、本次募集资金使用的可行性及其他必须明确的事项作出决议，并提请股东大会批准。

第三十二条 发行人股东大会就本次发行股票作出的决议，至少应当包括下列事项：

（一）本次发行股票的种类和数量；

（二）发行对象；

（三）价格区间或者定价方式；

（四）募集资金用途；

（五）发行前滚存利润的分配方案；

（六）决议的有效期；

（七）对董事会办理本次发行具体事宜的授权；

（八）其他必须明确的事项。

第三十三条 发行人应当按照中国证监会的有关规定制作申请文件，由保荐人保荐并向中国证监会申报。

特定行业的发行人应当提供管理部门的相关意见。

第三十四条 中国证监会收到申请文件后，在5个工作日内作出是否受理的决定。

第三十五条 中国证监会受理申请文件后，由相关职能部门对发行人的申请文件进行初审，并由发行审核委员会审核。

第三十六条 中国证监会在初审过程中，将征求发行人注册地省级人民政府是否同意发行人发行股票的意见。

第三十七条 中国证监会依照法定条件对发行人的发行申请作出予以核准或者不予核准的决定，并出具相关文件。

自中国证监会核准发行之日起，发行人应在6个月内发行股票；超过6个月未发行的，核准文件失效，须重新经中国证监会核准后方可发行。

第三十八条 发行申请核准后、股票发行结束前，发行人发生重大事项的，应当暂缓或者暂停发行，并及时报告中国证监会，同时履行信息披露义务。影响发行条件的，应当重新履行核准程序。

第三十九条 股票发行申请未获核准的，自中国证监会作出不予核准决定之日起6个月后，发行人可再次提出股票发行申请。

第四章 信息披露

第四十条 发行人应当按照中国证监会的有关规定编制和披露招股说明书。

第四十一条 招股说明书内容与格式准则是信息披露的最低要求。不论准则是否有明确规定，凡是对投资者作出投资决策有重大影响的信息，均应当予以披露。

第四十二条 发行人应当在招股说明书中披露已达到发行监管对公司独立性的基本要求。

第四十三条 发行人及其全体董事、监事和高级管理人员应当在招股说明书上签字、盖章,保证招股说明书的内容真实、准确、完整。保荐人及其保荐代表人应当对招股说明书的真实性、准确性、完整性进行核查,并在核查意见上签字、盖章。

第四十四条 招股说明书中引用的财务报表在其最近一期截止日后6个月内有效。特别情况下发行人可申请适当延长,但至多不超过1个月。财务报表应当以年度末、半年度末或者季度末为截止日。

第四十五条 招股说明书的有效期为6个月,自中国证监会核准发行申请前招股说明书最后一次签署之日起计算。

第四十六条 申请文件受理后、发行审核委员会审核前,发行人应当将招股说明书(申报稿)在中国证监会网站(www.csrc.gov.cn)预先披露。发行人可以将招股说明书(申报稿)刊登于其企业网站,但披露内容应当完全一致,且不得早于在中国证监会网站的披露时间。

第四十七条 发行人及其全体董事、监事和高级管理人员应当保证预先披露的招股说明书(申报稿)的内容真实、准确、完整。

第四十八条 预先披露的招股说明书(申报稿)不是发行人发行股票的正式文件,不能含有价格信息,发行人不得据此发行股票。

发行人应当在预先披露的招股说明书(申报稿)的显要位置声明:"本公司的发行申请尚未得到中国证监会核准。本招股说明书(申报稿)不具有据以发行股票的法律效力,仅供预先披露之用。投资者应当以正式公告的招股说明书全文作为作出投资决定的依据。"

第四十九条 发行人应当在发行前将招股说明书摘要刊登于至少一种中国证监会指定的报刊,同时将招股说明书全文刊登于中国证监会指定的网站,并将招股说明书全文置备于发行人住所、拟上市证券交易所、保荐人、主承销商和其他承销机构的住所,以备公众查阅。

第五十条 保荐人出具的发行保荐书、证券服务机构出具的有关文件应当作为招股说明书的备查文件,在中国证监会指定的网站上披露,并置备于发行人住所、拟上市证券交易所、保荐人、主承销商和其他承销机构的住所,以备公众查阅。

第五十一条 发行人可以将招股说明书摘要、招股说明书全文、有关备查文件刊登于其他报刊和网站,但披露内容应当完全一致,且不得早于在中国证监会指定报刊和网站的披露时间。

第五章 监管和处罚

第五十二条 发行人向中国证监会报送的发行申请文件有虚假记载、误导性陈述或者重大遗漏的,发行人不符合发行条件以欺骗手段骗取发行核准的,发行人以不正当手段干扰中国证监会及其发行审核委员会审核工作的,发行人或其董事、监事、高级管理人员的签字、盖章系伪造或者变造的,除依照《证券法》的有关规定处罚外,中国证监会将采取终止审核并在 36 个月内不受理发行人的股票发行申请的监管措施。

第五十三条 保荐人出具有虚假记载、误导性陈述或者重大遗漏的发行保荐书,保荐人以不正当手段干扰中国证监会及其发行审核委员会审核工作的,保荐人或其相关签字人员的签字、盖章系伪造或变造的,或者不履行其他法定职责的,依照《证券法》和保荐制度的有关规定处理。

第五十四条 证券服务机构未勤勉尽责,所制作、出具的文件有虚假记载、误导性陈述或者重大遗漏的,除依照《证券法》及其他相关法律、行政法规和规章的规定处罚外,中国证监会将采取 12 个月内不接受相关机构出具的证券发行专项文件,36 个月内不接受相关签字人员出具的证券发行专项文件的监管措施。

第五十五条 发行人、保荐人或证券服务机构制作或者出具的文件不符合要求,擅自改动已提交的文件,或者拒绝答复中国证监会审核中提出的相关问题的,中国证监会将视情节轻重,对相关机构和责任人员采取监管谈话、责令改正等监管措施,记入诚信档案并公布;情节特别严重的,给予警告。

第五十六条 发行人披露盈利预测的,利润实现数如未达到盈利预测的 80%,除因不可抗力外,其法定代表人、盈利预测审核报告签字注册会计师应当在股东大会及中国证监会指定报刊上公开作出解释并道歉;中国证监会可以对法定代表人处以警告。

利润实现数未达到盈利预测的 50% 的,除因不可抗力外,中国证监会在 36 个月内不受理该公司的公开发行证券申请。

第六章　附　　则

第五十七条 在中华人民共和国境内,首次公开发行股票且不上市的管理办法,由中国证监会另行规定。

第五十八条 本办法自 2006 年 5 月 18 日起施行。《关于股票发行工作若干规定的通知》(证监[1996]12 号)、《关于做好 1997 年股票发行工作的通知》(证监[1997]13 号)、《关于股票发行工作若干问题的补充通知》(证监[1998]8 号)、《关于对拟发行上市企业改制情况进行调查的通知》(证监发字[1998]259 号)、《关于对拟公开发行股票公司改制运行情况进行调查的通知》(证监发[1999]4 号)、《关于拟发行股票公司聘请审计机构等问题的通知》(证监发行字[2000]131 号)和《关于进一步规范股票首次发行上市有关工作的通知》(证监发行字[2003]116 号)同时废止。

关于修改《首次公开发行股票并在创业板上市管理办法》的决定

(2015 年 12 月 30 日中国证券监督管理委员会令第 123 号公布 自 2016 年 1 月 1 日起施行)

一、删除第十六条、第二十二条。

二、增加一条,作为第三十四条:“发行人应当在招股说明书中披露已达到发行监管对公司独立性的基本要求。”

本决定自 2016 年 1 月 1 日起施行。

《首次公开发行股票并在创业板上市管理办法》根据本决定作相应的修改并对条文顺序作相应调整,重新公布。

首次公开发行股票并在创业板上市管理办法

(2014 年 2 月 11 日中国证券监督管理委员会第 26 次主席办公会议审议通过 根据 2015 年 12 月 30 日中国证券监督管理委员会《关于修改〈首次公开发行股票并在创业板上市管理办法〉的决定》修正)

第一章 总 则

第一条 为了规范首次公开发行股票并在创业板上市的行为,促进自主创新企业及其他成长型创业企业的发展,保护投资者的合法权益,维护社会公共利益,根据《证券法》、《公司法》,制定本办法。

第二条 在中华人民共和国境内首次公开发行股票并在创业板上市,适用本办法。

第三条 发行人申请首次公开发行股票并在创业板上市,应当符合《证券法》、《公司法》和本办法规定的发行条件。

第四条 发行人依法披露的信息，必须真实、准确、完整、及时，不得有虚假记载、误导性陈述或者重大遗漏。

发行人作为信息披露第一责任人，应当及时向保荐人、证券服务机构提供真实、准确、完整的财务会计资料和其他资料，全面配合保荐人、证券服务机构开展尽职调查。

第五条 发行人的控股股东、实际控制人、董事、监事、高级管理人员等责任主体应当诚实守信，全面履行公开承诺事项，不得在发行上市中损害投资者的合法权益。

第六条 保荐人及其保荐代表人应当严格履行法定职责，遵守业务规则和行业规范，对发行人的申请文件和信息披露资料进行审慎核查，督导发行人规范运行，对证券服务机构出具的专业意见进行核查，对发行人是否具备持续盈利能力、是否符合法定发行条件作出专业判断，并确保发行人的申请文件和招股说明书等信息披露资料真实、准确、完整、及时。

第七条 为股票发行出具文件的证券服务机构和人员，应当严格履行法定职责，遵守本行业的业务标准和执业规范，对发行人的相关业务资料进行核查验证，确保所出具的相关专业文件真实、准确、完整、及时。

第八条 中国证券监督管理委员会（以下简称中国证监会）依法对发行人申请文件的合法合规性进行审核，依法核准发行人的首次公开发行股票申请，并对发行人股票发行进行监督管理。

证券交易所依法制定业务规则，创造公开、公平、公正的市场环境，保障创业板市场的正常运行。

第九条 中国证监会依据发行人提供的申请文件核准发行人首次公开发行股票申请，不对发行人的盈利能力、投资价值或者投资者的收益作出实质性判断或者保证。

投资者自主判断发行人的投资价值，自主作出投资决策，自行承担股票依法发行后因发行人经营与收益变化或者股票价格变动引致的投资风险。

第十条 创业板市场应当建立健全与投资者风险承受能力相适应的投资者准入制度，向投资者充分提示投资风险，注重投资者需求，切实保护投资者特别是中小投资者的合法权益。

第二章 发行条件

第十一条 发行人申请首次公开发行股票应当符合下列条件：

（一）发行人是依法设立且持续经营三年以上的股份有限公司。有限责任公司按原账面净资产值折股整体变更为股份有限公司的，持续经营时间可以从有限责任公司成立之日起计算；

（二）最近两年连续盈利，最近两年净利润累计不少于一千万元；或者最近一年盈利，最近一年营业收入不少于五千万元。净利润以扣除非经常性损益前后孰低者为计算依据；

（三）最近一期末净资产不少于二千万元，且不存在未弥补亏损；

（四）发行后股本总额不少于三千万元。

第十二条 发行人的注册资本已足额缴纳，发起人或者股东用作出资的资产的财产权转移手续已办理完毕。发行人的主要资产不存在重大权属纠纷。

第十三条 发行人应当主要经营一种业务，其生产经营活动符合法律、行政法规和公司章程的规定，符合国家产业政策及环境保护政策。

第十四条 发行人最近两年内主营业务和董事、高级管理人员均没有发生重大变化，实际控制人没有发生变更。

第十五条 发行人的股权清晰，控股股东和受控股股东、实际控制人支配的股东所持发行人的股份不存在重大权属纠纷。

第十六条 发行人具有完善的公司治理结构，依法建立健全股东大会、董事会、监事会以及独立董事、董事会秘书、审计委员会制度，相关机构和人员能够依法履行职责。

发行人应当建立健全股东投票计票制度，建立发行人与股东之间的多元化纠纷解决机制，切实保障投资者依法行使收益权、知情权、参与权、监督权、求偿权等股东权利。

第十七条 发行人会计基础工作规范，财务报表的编制和披露符合企业会计准则和相关信息披露规则的规定，在所有重大方面公允地反映了发行人的财务状况、经营成果和现金流量，并由注册会计师出具无保留意见的审计报告。

第十八条 发行人内部控制制度健全且被有效执行，能够合理保证公司运行效率、合法合规和财务报告的可靠性，并由注册会计师出具无保留结论的内部控制鉴证报告。

第十九条 发行人的董事、监事和高级管理人员应当忠实、勤勉，具备法律、行政法规和规章规定的资格，且不存在下列情形：

（一）被中国证监会采取证券市场禁入措施尚在禁入期的；

（二）最近三年内受到中国证监会行政处罚，或者最近一年内受到证券交易所公开谴责的；

（三）因涉嫌犯罪被司法机关立案侦查或者涉嫌违法违规被中国证监会

立案调查,尚未有明确结论意见的。

第二十条 发行人及其控股股东、实际控制人最近三年内不存在损害投资者合法权益和社会公共利益的重大违法行为。

发行人及其控股股东、实际控制人最近三年内不存在未经法定机关核准,擅自公开或者变相公开发行证券,或者有关违法行为虽然发生在三年前,但目前仍处于持续状态的情形。

第三章 发行程序

第二十一条 发行人董事会应当依法就本次发行股票的具体方案、本次募集资金使用的可行性及其他必须明确的事项作出决议,并提请股东大会批准。

本次发行股票时发行人股东公开发售股份的,发行人董事会还应当依法合理制定股东公开发售股份的具体方案并提请股东大会批准。

第二十二条 发行人股东大会应当就本次发行股票作出决议,决议至少应当包括下列事项:

(一)股票的种类和数量;

(二)发行对象;

(三)发行方式;

(四)价格区间或者定价方式;

(五)募集资金用途;

(六)发行前滚存利润的分配方案;

(七)决议的有效期;

(八)对董事会办理本次发行具体事宜的授权;

(九)其他必须明确的事项。

第二十三条 发行人应当按照中国证监会有关规定制作申请文件,由保荐人保荐并向中国证监会申报。

第二十四条 保荐人保荐发行人发行股票并在创业板上市,应当对发行人的成长性进行尽职调查和审慎判断并出具专项意见。发行人为自主创新企业的,还应当在专项意见中说明发行人的自主创新能力,并分析其对成长性的影响。

第二十五条 中国证监会收到申请文件后,在五个工作日内作出是否受理的决定。

第二十六条 中国证监会受理申请文件后,由相关职能部门对发行人的申请文件进行初审，由创业板发行审核委员会审核，并建立健全对保荐人、证券服务机构工作底稿的检查制度。

第二十七条 中国证监会自申请文件受理之日起三个月内，依法对发行人的发行申请作出予以核准、中止审核、终止审核、不予核准的决定，并出具相关文件。发行人根据要求补充、修改发行申请文件的时间不计算在内。

发行人应当自中国证监会核准之日起十二个月内发行股票，发行时点由发行人自主选择；超过十二个月未发行的，核准文件失效，须重新经中国证监会核准后方可发行。

第二十八条 发行申请核准后至股票发行结束前，发行人应当及时更新信息披露文件内容，财务报表过期的，发行人还应当补充财务会计报告等文件；保荐人及证券服务机构应当持续履行尽职调查职责；其间发生重大事项的，发行人应当暂缓或者暂停发行，并及时报告中国证监会，同时履行信息披露义务；出现不符合发行条件事项的，中国证监会撤回核准决定。

第二十九条 股票发行申请未获核准的，发行人可自中国证监会作出不予核准决定之日起六个月后再次提出股票发行申请。

第四章 信息披露

第三十条 发行人应当以投资者的决策需要为导向，按照中国证监会的有关规定编制和披露招股说明书，内容简明易懂，语言浅白平实，便于中小投资者阅读。

第三十一条 中国证监会制定的创业板招股说明书内容与格式准则是信息披露的最低要求。不论准则是否有明确规定，凡是对投资者作出投资决策有重大影响的信息，均应当予以披露。

第三十二条 发行人应当在招股说明书显要位置作如下提示：“本次股票发行后拟在创业板市场上市，该市场具有较高的投资风险。创业板公司具有业绩不稳定、经营风险高、退市风险大等特点，投资者面临较大的市场风险。投资者应充分了解创业板市场的投资风险及本公司所披露的风险因素，审慎作出投资决定。”

第三十三条 发行人应当在招股说明书中分析并完整披露对其持续盈利能力产生重大不利影响的所有因素，充分揭示相关风险，并披露保荐人对发行人是否具备持续盈利能力的核查结论意见。

第三十四条 发行人应当在招股说明书中披露已达到发行监管对公司独立性的基本要求。

第三十五条　发行人应当在招股说明书中披露相关责任主体以及保荐人、证券服务机构及相关人员作出的承诺事项、承诺履行情况以及对未能履行承诺采取的约束措施,包括但不限于:

(一)本次发行前股东所持股份的限售安排、自愿锁定股份、延长锁定期限或者相关股东减持意向的承诺;

(二)稳定股价预案;

(三)依法承担赔偿或者补偿责任的承诺;

(四)填补被摊薄即期回报的措施及承诺;

(五)利润分配政策(包括现金分红政策)的安排及承诺。

第三十六条　发行人及其全体董事、监事和高级管理人员应当在招股说明书上签名、盖章,保证招股说明书内容真实、准确、完整、及时。保荐人及其保荐代表人应当对招股说明书的真实性、准确性、完整性、及时性进行核查,并在核查意见上签名、盖章。

发行人的控股股东、实际控制人应当对招股说明书出具确认意见,并签名、盖章。

第三十七条　招股说明书引用的财务报表在其最近一期截止日后六个月内有效。特别情况下发行人可申请适当延长,但至多不超过一个月。财务报表应当以年度末、半年度末或者季度末为截止日。

第三十八条　招股说明书的有效期为六个月,自公开发行前招股说明书最后一次签署之日起计算。

第三十九条　发行人申请文件受理后,应当及时在中国证监会网站预先披露招股说明书(申报稿)。发行人可在公司网站刊登招股说明书(申报稿),所披露的内容应当一致,且不得早于在中国证监会网站披露的时间。

第四十条　发行人及保荐人应当对预先披露的招股说明书(申报稿)负责,一经申报及预披露,不得随意更改,并确保不存在故意隐瞒及重大差错。

第四十一条　预先披露的招股说明书(申报稿)不能含有股票发行价格信息。

发行人应当在预先披露的招股说明书(申报稿)的显要位置作如下声明:“本公司的发行申请尚未得到中国证监会核准。本招股说明书(申报稿)不具有据以发行股票的法律效力,仅供预先披露之用。投资者应当以正式公告的招股说明书作为投资决定的依据。”

第四十二条　发行人及其全体董事、监事和高级管理人员应当保证预先披露的招股说明书(申报稿)的内容真实、准确、完整、及时。

第四十三条　发行人股票发行前应当在中国证监会指定网站全文刊登招

股说明书，同时在中国证监会指定报刊刊登提示性公告，告知投资者网上刊登的地址及获取文件的途径。

发行人应当将招股说明书披露于公司网站，时间不得早于前款规定的刊登时间。

第四十四条 保荐人出具的发行保荐书、证券服务机构出具的文件及其他与发行有关的重要文件应当作为招股说明书备查文件，在中国证监会指定网站和公司网站披露。

第四十五条 发行人应当将招股说明书及备查文件置备于发行人、拟上市证券交易所、保荐人、主承销商和其他承销机构的住所，以备公众查阅。

第四十六条 申请文件受理后至发行人发行申请经中国证监会核准、依法刊登招股说明书前，发行人及与本次发行有关的当事人不得以广告、说明会等方式为公开发行股票进行宣传。

第五章 监督管理和法律责任

第四十七条 证券交易所应当建立适合创业板特点的上市、交易、退市等制度，加强对相关当事人履行公开承诺行为的监督和约束，督促保荐人履行持续督导义务，对违反有关法律、法规、交易所业务规则以及不履行承诺的行为，及时采取相应的监管措施。

第四十八条 证券交易所应当建立适合创业板特点的市场风险警示及投资者持续教育的制度，督促发行人建立健全保护投资者合法权益的制度以及防范和纠正违法违规行为的内部控制体系。

第四十九条 自申请文件受理之日起，发行人及其控股股东、实际控制人、董事、监事、高级管理人员以及保荐人、证券服务机构及相关人员即对发行申请文件的真实性、准确性、完整性、及时性承担相应的法律责任。

发行人的发行申请文件和信息披露文件存在自相矛盾或者同一事实表述不一致且有实质性差异的，中国证监会将中止审核并自确认之日起十二个月内不受理相关保荐代表人推荐的发行申请。

第五十条 发行人向中国证监会报送的发行申请文件有虚假记载、误导性陈述或者重大遗漏的，中国证监会将终止审核并自确认之日起三十六个月内不受理发行人的发行申请，并依照《证券法》的有关规定进行处罚；致使投资者在证券交易中遭受损失的，发行人及其控股股东、实际控制人、董事、监事、高级管理人员以及保荐人、证券服务机构应当依法承担赔偿责任。

第五十一条 发行人不符合发行条件以欺骗手段骗取发行核准的，发行人以不正当手段干扰中国证监会及其发行审核委员会审核工作的，发行人或其董事、监事、高级管理人员、控股股东、实际控制人的签名、盖章系伪造或者变造的，发行人及与本次发行有关的当事人违反本办法规定为公开发行股票进行宣传的，中国证监会将终止审核并自确认之日起三十六个月内不受理发行人的发行申请，并依照《证券法》的有关规定进行处罚。

第五十二条 保荐人出具有虚假记载、误导性陈述或者重大遗漏的发行保荐书的，保荐人以不正当手段干扰中国证监会及其发行审核委员会审核工作的，保荐人或其相关签名人员的签名、盖章系伪造或变造的，或者不履行其他法定职责的，依照《证券法》和保荐制度的有关规定处理。

第五十三条 证券服务机构未勤勉尽责，所制作、出具的文件有虚假记载、误导性陈述或者重大遗漏的，中国证监会将自确认之日起十二个月内不接受相关机构出具的证券发行专项文件，三十六个月内不接受相关签名人员出具的证券发行专项文件，并依照《证券法》及其他相关法律、行政法规和规章的规定进行处罚；给他人造成损失的，应当依法承担赔偿责任。

第五十四条 发行人、保荐人或证券服务机构制作或者出具文件不符合要求，擅自改动招股说明书或者其他已提交文件的，或者拒绝答复中国证监会审核提出的相关问题的，中国证监会将视情节轻重，对相关机构和责任人员采取监管谈话、责令改正等监管措施，记入诚信档案并公布；情节严重的，给予警告等行政处罚。

第五十五条 发行人披露盈利预测，利润实现数如未达到盈利预测的百分之八十的，除因不可抗力外，其法定代表人、财务负责人应当在股东大会及中国证监会指定网站、报刊上公开作出解释并道歉；情节严重的，中国证监会给予警告等行政处罚。

利润实现数未达到盈利预测的百分之五十的，除因不可抗力外，中国证监会还可以自确认之日起三十六个月内不受理该公司的公开发行证券申请。

注册会计师为上述盈利预测出具审核报告的过程中未勤勉尽责的，中国证监会将视情节轻重，对相关机构和责任人员采取监管谈话等监管措施，记入诚信档案并公布；情节严重的，给予警告等行政处罚。

第六章　附　　则

第五十六条 本办法自公布之日起施行。《首次公开发行股票并在创业板上市管理暂行办法》（证监会令第 61 号）、《关于进一步做好创业板推荐工作的指引》（证监会公告〔2010〕8 号）同时废止。

公共机构能源审计管理暂行办法

（2015年12月31日国家发展和改革委员会、国家机关事务管理局令第32号公布　自2016年3月1日起施行）

第一条　为加强公共机构节能管理，规范公共机构能源审计工作，提高公共机构能源利用效率，节约财政支出，根据《中华人民共和国节约能源法》、《党政机关厉行节约反对浪费条例》和《公共机构节能条例》等法律、法规，制定本办法。

第二条　公共机构能源审计是指依据有关法律、法规和标准，对公共机构的用能系统、设备的运行、管理及能源资源利用状况进行检验、核查和技术、经济分析评价，提出改进用能方式或提高用能效率建议和意见的行为。公共机构能源审计可由公共机构自行或委托能源审计服务机构，或由管理机关事务工作的机构委托能源审计服务机构实施。

第三条　公共机构能源审计应当坚持"全面客观、突出重点、量化细化、安全保密"原则。

第四条　国务院管理节能工作的部门会同国务院管理机关事务工作的机构，推进全国公共机构能源审计工作。

县级以上管理节能工作的部门会同同级地方人民政府管理机关事务工作的机构，推进本地区公共机构能源审计工作。

教育、科技、文化、卫生、体育等系统各级主管部门在同级管理机关事务工作的机构指导下，推进本级系统内公共机构能源审计工作。

第五条　县级以上各级人民政府管理机关事务工作的机构应当将能源审计工作内容纳入公共机构节能规划和工作计划，并与节能改造、合同能源管理、用能标准制定等工作相衔接。

第六条　年能源消费量达500吨标准煤以上或年电力消耗200万千瓦时以上或建筑面积1万平方米以上的公共机构或集中办公区每5年应开展一次能源审计，并纳入政府购买服务范围。

对存在下列情况之一的本级公共机构或集中办公区，县级以上各级人民政府管理机关事务工作的机构应结合工作实际，委托能源审计服务机构，组织开展能源审计：

（一）年能源消费总量占本级公共机构能源消费比重排前10%的；

（二）与上一年度相比年度能源消费量增长超过20%的；

（三）未完成年度节能目标任务的；

（四）其他有必要实施能源审计情况的。

第七条 县级以上各级人民政府管理机关事务工作的机构组织开展能源审计应符合以下要求：

（一）在实施能源审计10个工作日前，应书面通知被审计公共机构准备好相关资料；

（二）能源审计工作周期不超过1年，累计工作日不超过45天。

第八条 能源审计服务机构须具有独立法人资格，具备履行能源审计工作所必须的检验、测试等专业技术能力，具备相关领域认证资质或实验室认可资质。鼓励具备采用合同能源管理方式提供节能服务经验的企业承担能源审计服务工作。

第九条 能源审计服务机构开展能源审计，应符合《公共机构能源审计技术导则》及相关规范性文件的要求。

第十条 能源审计服务机构形成的能源审计报告应当书面征求被审计公共机构意见，被审计公共机构应当自接到能源审计报告之日起10个工作日内，提出书面意见。能源审计服务机构要进一步核实情况，对审计报告做相应修改，送达被审计公共机构；10个工作日内被审计公共机构未提出书面意见的，视同无异议。

第十一条 公共机构应当根据能源审计报告提出的建议和意见，采取提高能源利用效率的措施，2月内制定整改方案。

公共机构应对所属公共机构能源审计工作情况进行监督检查，督促其及时整改。

县级以上人民政府管理机关事务工作的机构应对法定职责范围内公共机构能源审计工作情况进行监督检查，督促其及时整改。

公共机构能源审计开展情况应作为节能目标责任评价考核的重要内容。

第十二条 公共机构应及时将本级及所属公共机构的能源审计报告、整改方案报送同级管理机关事务工作的机构。

县级以上人民政府管理机关事务工作的机构应于每年3月底前将上一年度法定职责范围内公共机构能源审计情况报送上级人民政府管理机关事务工作的机构，并抄送同级节能主管部门和有关行业主管部门。

第十三条 能源审计服务机构及工作人员须为被审计公共机构保守秘密，不得泄露国家秘密、商业秘密和技术秘密。

第十四条　能源审计服务机构有下列行为之一的,县级以上人民政府管理机关事务工作的机构应立即中止其能源审计工作,并会同管理节能工作的部门在官方网站按照有关规定向社会公示,并纳入信用体系记录,并依法追究其责任:

(一)在能源审计过程中违纪违规的;

(二)未履行能源审计合同的;

(三)能源审计结果与事实严重不符,有重大偏差的;

(四)未履行保密责任的。

第十五条　公共机构有下列行为之一的,由本级人民政府管理机关事务工作的机构会同管理节能工作的部门责令限期整改;逾期不改正的,予以通报:

(一)未按本办法规定组织实施能源审计的;

(二)拒绝、阻碍能源审计的;

(三)拒绝、拖延提供与能源审计有关资料,或者提供的资料不真实、不完整的;

(四)未按照能源审计结果进行整改的。

第十六条　县级以上各级人民政府管理机关事务工作的机构组织开展能源审计的工作经费,应按照国家有关规定列入部门预算,并按照规定程序向同级财政部门申请。

第十七条　本办法由国家发展改革委会同国家机关事务管理局负责解释。

第十八条　本办法自2016年3月1日起施行。

中华人民共和国防治船舶污染内河水域环境管理规定

(2015年12月31日交通运输部令2015年第25号公布　自2016年5月1日起施行)

第一章　总　　则

第一条　为防治船舶及其作业活动污染内河水域环境,保护内河水域环境,根据《中华人民共和国水污染防治法》《危险化学品安全管理条例》等法律、行政法规,制定本规定。

第二条　防治船舶及其作业活动污染中华人民共和国内河水域环境,适用本规定。

第三条 防治船舶及其作业活动污染内河水域环境，实行预防为主、防治结合、及时处置、综合治理的原则。

第四条 交通运输部主管全国防治船舶及其作业活动污染内河水域环境的管理。

国家海事管理机构统一负责全国防治船舶及其作业活动污染内河水域环境的监督管理工作。

各级海事管理机构依照各自的职责权限，具体负责管辖区域内防治船舶及其作业活动污染内河水域环境的监督管理工作。

第二章 一般规定

第五条 中国籍船舶防治污染的结构、设备、器材应当符合国家有关规范、标准，经海事管理机构或者其认可的船舶检验机构检验，并保持良好的技术状态。

外国籍船舶防治污染的结构、设备、器材应当符合中华人民共和国缔结或者加入的有关国际公约，经船旗国政府或者其认可的船舶检验机构检验，并保持良好的技术状态。

船舶经船舶检验机构检验可以免除配备相应的污染物处理装置的，应当在相应的船舶检验证书中予以注明。

第六条 船舶应当依照法律、行政法规、国务院交通运输主管部门的规定以及中华人民共和国缔结或者加入的国际条约、协定的要求，具备并随船携带相应的防治船舶污染内河水域环境的证书、文书。

第七条 船员应当具有相应的防治船舶污染内河水域环境的专业知识和技能，熟悉船舶防污染程序和要求，经过相应的专业培训，持有有效的适任证书和合格证明。

从事有关作业活动的单位应当组织本单位作业人员进行防治污染操作技能、设备使用、作业程序、安全防护和应急反应等专业培训，确保作业人员具备相关防治污染的专业知识和技能。

第八条 港口、码头、装卸站以及从事船舶水上修造、水上拆解、打捞等作业活动的单位，应当按照国家有关规范和标准，配备相应的污染防治设施、设备和器材，并保持良好的技术状态。同一港口、港区、作业区或者相邻港口的单位，可以通过建立联防机制，实现污染防治设施、设备和器材的统一调配使用。

港口、码头、装卸站应当接收靠泊船舶生产经营过程中产生的船舶污染物。从事船舶水上修造、水上拆解、打捞等作业活动的单位，应当按照规定处理船舶修造、打捞、拆解过程中产生的污染物。

第九条 150总吨及以上的油船、油驳和400总吨及以上的非油船、非油驳的拖驳船队应当制定《船上油污应急计划》。150总吨以下油船应当制定油污应急程序。

150总吨及以上载运散装有毒液体物质的船舶应当按照交通运输部的规定制定《船上有毒液体物质污染应急计划》和货物资料文书，明确应急管理程序与布置要求。

400总吨及以上载运散装有毒液体物质的船舶可以制定《船上污染应急计划》，代替《船上有毒液体物质污染应急计划》和《船上油污应急计划》。

水路运输企业应当针对所运输的危险化学品的危险特性，制定运输船舶危险化学品事故应急救援预案，并为运输船舶配备充足、有效的应急救援器材和设备。

港口、码头、装卸站的经营人以及有关作业单位应当制定防治船舶及其作业活动污染内河水域环境的应急预案，每年至少组织一次应急演练，并做好记录。

第十条 依法设立特殊保护水域涉及防治船舶污染内河水域环境的，应当事先征求海事管理机构的意见，并由海事管理机构发布航行通（警）告。设立特殊保护水域的，应当同时设置船舶污染物接收及处理设施。

在特殊保护水域内航行、停泊、作业的船舶，应当遵守特殊保护水域有关防污染的规定、标准。

第十一条 船舶或者有关作业单位造成水域环境污染损害的，应当依法承担污染损害赔偿责任。

通过内河运输危险化学品的船舶，其所有人或者经营人应当投保船舶污染损害责任保险或者取得财务担保。船舶污染损害责任保险单证或者财务担保证明的副本应当随船携带。

通过内河运输危险化学品的中国籍船舶的所有人或者经营人，应当向在我国境内依法成立的商业性保险机构和互助性保险机构投保船舶污染损害责任保险。具体办法另行制定。

第十二条 船舶污染事故引起的污染损害赔偿争议，当事人可以申请海事管理机构调解。在调解过程中，当事人申请仲裁、向人民法院提起诉讼或者一方中途退出调解的，应当及时通知海事管理机构，海事管理机构应当终止调解，并通知其他当事人。

调解成功的，由各方当事人共同签署《船舶污染事故民事纠纷调解协议书》。调解不成或者在3个月内未达成调解协议的，应当终止调解。

第三章　船舶污染物的排放和接收

第十三条　在内河水域航行、停泊和作业的船舶，不得违反法律、行政法规、规范、标准和交通运输部的规定向内河水域排放污染物。不符合排放规定的船舶污染物应当交由港口、码头、装卸站或者有资质的单位接收处理。

禁止船舶向内河水体排放有毒液体物质及其残余物或者含有此类物质的压载水、洗舱水或者其他混合物。

禁止船舶在内河水域使用焚烧炉。

禁止在内河水域使用溢油分散剂。

第十四条　150 总吨及以上的油船、油驳和 400 总吨及以上的非油船、非油驳的拖驳船队应当将油类作业情况如实、规范地记录在经海事管理机构签注的《油类记录簿》中。

150 总吨以下的油船、油驳和 400 总吨以下的非油船、非油驳的拖驳船队应当将油类作业情况如实、规范地记录在《轮机日志》或者《航行日志》中。

载运散装有毒液体物质的船舶应当将有关作业情况如实、规范地记录在经海事管理机构签注的《货物记录簿》中。

船舶应当将使用完毕的《油类记录簿》《货物记录簿》在船上保留 3 年。

第十五条　船长 12 米及以上的船舶应当设置符合格式要求的垃圾告示牌，告知船员和旅客关于垃圾管理的要求。

100 总吨及以上的船舶以及经核准载运 15 名及以上人员且单次航程超过 2 公里或者航行时间超过 15 分钟的船舶，应当持有《船舶垃圾管理计划》和海事管理机构签注的《船舶垃圾记录簿》，并将有关垃圾收集处理情况如实、规范地记录于《船舶垃圾记录簿》中。《船舶垃圾记录簿》应当随时可供检查，使用完毕后在船上保留 2 年。

本条第二款规定以外的船舶应当将有关垃圾收集处理情况记录于《航行日志》中。

第十六条　禁止向内河水域排放船舶垃圾。船舶应当配备有盖、不渗漏、不外溢的垃圾储存容器或者实行袋装，按照《船舶垃圾管理计划》对所产生的垃圾进行分类、收集、存放。

船舶将含有有毒有害物质或者其他危险成分的垃圾排入港口接收设施或者委托船舶污染物接收单位接收的，应当提前向对方提供此类垃圾所含物质的名称、性质和数量等信息。

第十七条　船舶在内河航行时，应当按照规定使用声响装置，并符合环境噪声污染防治有关要求。

第十八条 船舶使用的燃料应当符合有关法律法规和标准要求,鼓励船舶使用清洁能源。

船舶不得超过相关标准向大气排放动力装置运转产生的废气以及船上产生的挥发性有机化合物。

第十九条 来自疫区船舶的船舶垃圾、压载水、生活污水等船舶污染物,应当经检疫部门检疫合格后,方可进行接收和处理。

第二十条 船舶污染物接收单位在污染物接收作业完毕后,应当向船舶出具污染物接收处理单证,并将接收的船舶污染物交由岸上相关单位按规定处理。

船舶污染物接收单证上应当注明作业双方名称、作业开始和结束的时间、地点,以及污染物种类、数量等内容,并由船方签字确认。船舶应当将船舶污染物接收单证与相关记录簿一并保存备查。

第四章 船舶作业活动的污染防治

第二十一条 从事水上船舶清舱、洗舱、污染物接收、燃料供受、修造、打捞、拆解、污染清除作业以及利用船舶进行其他水上水下活动的,应当遵守相关操作规程,采取必要的防治污染措施。

船舶在港从事前款所列相关作业的,在开始作业时,应当通过甚高频、电话或者信息系统等向海事管理机构报告作业时间、作业内容等信息。

第二十二条 托运人交付船舶载运具有污染危害性货物的,应当采取有效的防污染措施,确保货物状况符合船舶载运要求和防污染要求,并在运输单证上注明货物的正确名称、数量、污染类别、性质、预防和应急措施等内容。

曾经载运污染危害性货物的空容器和空运输组件,在未彻底清洗或者消除危害之前,应当按照原所装货物的要求进行运输。

交付船舶载运污染危害性质不明的货物,货物所有人或者其代理人应当委托具备相应技术能力的机构进行货物污染危害性评估分类,确定安全运输条件,方可交付船舶载运。

第二十三条 船舶载运污染危害性货物应当具备与所载货物危害性质相适应的防污染条件。

船舶不得载运污染危害性质不明的货物以及超过相关标准、规范规定的单船限制性数量要求的危险化学品。

第二十四条 船舶运输散发有毒有害气体或者粉尘物质等货物的,应当采取封闭或者其他防护措施。

从事前款货物的装卸和过驳作业,作业双方应当在作业过程中采取措施回收有毒有害气体。

第二十五条 从事散装液体污染危害性货物装卸作业的,作业双方应当在作业前对相关防污染措施进行确认,按照规定填写防污染检查表,并在作业过程中严格落实防污染措施。

第二十六条 船舶从事散装液体污染危害性货物水上过驳作业时,应当遵守有关作业规程,会同作业单位确定操作方案,合理配置和使用装卸管系及设备,按照规定填写防污染检查表,针对货物特性和作业方式制定并落实防污染措施。

第二十七条 船舶进行下列作业,在长江、珠江、黑龙江水系干线作业量超过300吨和其他内河水域超过150吨的,港口、码头、装卸站应当采取包括布设围油栏在内的防污染措施,其中过驳作业由过驳作业经营人负责:

(一)散装持久性油类的装卸和过驳作业,但船舶燃油供应作业除外;

(二)比重小于1(相对于水)、溶解度小于0.1%的散装有毒液体物质的装卸和过驳作业;

(三)其他可能造成水域严重污染的作业。

因自然条件等原因,不适合布设围油拦的,应当采取有效替代措施。

第二十八条 从事船舶燃料供应作业的单位应当建立有关防治污染的管理制度和应急预案,配备足够的防污染设备、器材和合格的人员。

从事船舶燃料供受作业,作业双方应当在作业前对相关防污染措施进行确认,按照规定填写防污染检查表,并在作业过程中严格落实防污染措施。

第二十九条 从事船舶燃料供受作业的水上燃料加注站应当满足国家规定的防污染技术标准要求。

水上燃料加注站接受燃料补给作业应当按照污染危害性货物过驳作业办理相关手续。

第三十条 水上船舶修造及其相关作业过程中产生的污染物应当及时清除,不得投弃入水。

船舶燃油舱、液货舱中的污染物需要通过过驳方式交付储存的,应当遵守污染危害性货物过驳作业管理要求。

船坞内进行的修造作业结束后,作业单位应当进行坞内清理和清洁,确认不会造成水域污染后,方可沉坞或者开启坞门。

第三十一条 从事船舶水上拆解的单位在船舶拆解作业前,应当按规定落实防污染措施,彻底清除船上留有的污染物,满足作业条件后,方可进行船舶拆解作业。

从事船舶水上拆解的单位在拆解作业结束后,应当及时清理船舶拆解现场,并按照国家有关规定处理船舶拆解产生的污染物。

禁止采取冲滩方式进行船舶拆解作业。

第五章　船舶污染事故应急处置

第三十二条　海事管理机构应当配合地方人民政府制定船舶污染事故应急预案,开展应急处置工作。

第三十三条　船舶发生污染事故,应当立即就近向海事管理机构如实报告,同时启动污染事故应急计划或者程序,采取相应措施控制和消除污染。在初始报告以后,船舶还应当根据污染事故的进展情况作出补充报告。

海事管理机构接到报告后应当立即核实有关情况,按规定向上级海事管理机构和县级以上地方人民政府报告。海事管理机构和有关单位应当在地方人民政府的统一领导和指挥下,按照职责分工,开展相应的应急处置工作。

第三十四条　发生船舶污染事故的船舶,应当在事故发生后24小时内向事故发生地的海事管理机构提交《船舶污染事故报告书》。因特殊情况不能在规定时间内提交《船舶污染事故报告书》的,经海事管理机构同意可以适当延迟,但最长不得超过48小时。

《船舶污染事故报告书》应当至少包括以下内容:

(一)船舶的名称、国籍、呼号或者编号;

(二)船舶所有人、经营人或者管理人的名称、地址;

(三)发生事故的时间、地点以及相关气象和水文情况;

(四)事故原因或者事故原因的初步判断;

(五)船上污染物的种类、数量、装载位置等概况;

(六)事故污染情况;

(七)应急处置情况;

(八)船舶污染损害责任保险情况。

第三十五条　船舶有沉没危险或者船员弃船的,应当尽可能地关闭所有液货舱或者油舱(柜)管系的阀门,堵塞相关通气孔,防止溢漏,并向海事管理机构报告船舶燃油、污染危害性货物以及其他污染物的性质、数量、种类、装载位置等情况。

第三十六条　船舶发生事故,造成或者可能造成内河水域污染的,船舶所有人或者经营人应当及时消除污染影响。不能及时消除污染影响的,海事管理机构可以采取清除、打捞、拖航、引航、过驳等必要措施,发生的费用由责任者承担。

依法应当承担前款规定费用的船舶及其所有人或者经营人应当在开航前缴清相关费用或者提供相应的财务担保。

第六章 船舶污染事故调查处理

第三十七条 船舶污染事故调查处理依照下列规定组织实施：

（一）重大以上船舶污染事故由交通运输部组织调查处理；

（二）重大船舶污染事故由国家海事管理机构组织调查处理；

（三）较大船舶污染事故由直属海事管理机构或者省级地方海事管理机构负责调查处理；

（四）一般等级及以下船舶污染事故由事故发生地海事管理机构负责调查处理。

较大及以下等级的船舶污染事故发生地不明的，由事故发现地海事管理机构负责调查处理。事故发生地或者事故发现地跨管辖区域或者相关海事管理机构对管辖权有争议的，由共同的上级海事管理机构确定调查处理机构。

第三十八条 事故调查机构应当及时、客观、公正地开展事故调查，勘验事故现场，检查相关船舶，询问相关人员，收集证据，查明事故原因，认定事故责任。

船舶污染事故调查应当由至少两名调查人员实施。

第三十九条 在证据可能灭失或者以后难以取得的情况下，事故调查机构可以依法先行登记保存相应的证书、文书、资料。

第四十条 船舶污染事故调查的证据种类包括：

（一）书证、物证、视听资料、电子数据；

（二）证人证言；

（三）当事人陈述；

（四）鉴定意见；

（五）勘验笔录、调查笔录、现场笔录；

（六）其他可以证明事实的证据。

第四十一条 船舶造成内河水域污染的，应当主动配合事故调查机构的调查。船舶污染事故的当事人和其他有关人员应当如实反映情况和提供资料，不得伪造、隐匿、毁灭证据或者以其他方式妨碍调查取证。

船舶污染事故的当事人和其他有关人员提供的书证、物证、视听资料应当是原件原物，不能提供原件原物而提供抄录件、复印件、照片等非原件原物的，应当签字确认；拒绝确认的，事故调查人员应当注明有关情况。

第四十二条 有下列情形的,事故调查机构可以按照规定程序组织各级海事管理机构和相关部门开展船舶污染事故协查:

(一)污染事故肇事船舶逃逸的;

(二)污染事故嫌疑船舶已经开航离港的;

(三)辖区发生污染事故但暂时无法确认污染来源,经分析过往船舶有事故嫌疑的。

第四十三条 事故调查处理需要委托有关机构进行技术鉴定或者检验、检测的,事故调查机构应当委托具备国家规定资质要求的机构进行。

第四十四条 事故调查机构应当自事故调查结案之日起20个工作日内制作船舶污染事故认定书,并送达当事人。

船舶污染事故认定书应当载明事故基本情况、事故原因和事故责任。

自海事管理机构接到船舶污染事故报告或者发现船舶污染事故之日起6个月内无法查明污染源或者无法找到造成污染船舶的,经船舶污染事故调查处理机构负责人批准可以终止事故调查,并在船舶污染事故认定书中注明终止调查的原因。

第七章 法律责任

第四十五条 违反本规定,有下列情形之一的,由海事管理机构责令改正,并处以2万元以上3万元以下的罚款:

(一)船舶超过标准向内河水域排放生活污水、含油污水等;

(二)船舶超过标准向大气排放船舶动力装置运转产生的废气;

(三)船舶在内河水域排放有毒液体物质的残余物或者含有此类物质的压载水、洗舱水及其他混合物;

(四)船舶在内河水域使用焚烧炉;

(五)未按规定使用溢油分散剂。

第四十六条 违反本规定第十四条、第十五条、第二十一条有下列情形之一的,由海事管理机构责令改正,并处以3000元以上1万元以下的罚款:

(一)船舶未按规定如实记录油类作业、散装有毒液体物质作业、垃圾收集处理情况的;

(二)船舶未按规定保存《油类记录簿》《货物记录簿》和《船舶垃圾记录簿》的;

(三)船舶在港从事水上船舶清舱、洗舱、污染物接收、燃料供受、修造、打捞、污染清除作业活动,未按规定向海事管理机构报告的。

第四十七条　违反本规定第八条、第二十一条、第二十四条、第二十七条、第三十一条，有下列情形之一的，由海事管理机构责令改正，并处以1万元以上3万元以下的罚款：

（一）港口、码头、装卸站以及从事船舶修造、打捞等作业活动的单位未按规定配备污染防治设施、设备和器材的；

（二）从事水上船舶清舱、洗舱、污染物接收、燃料供受、修造、打捞、污染清除作业活动未遵守操作规程，未采取必要的防治污染措施的；

（三）运输及装卸、过驳散发有毒有害气体或者粉尘物质等货物，船舶未采取封闭或者其他防护措施，装卸和过驳作业双方未采取措施回收有毒有害气体的；

（四）未按规定采取布设围油栏或者其他防治污染替代措施的；

（五）采取冲滩方式进行船舶拆解作业的。

第四十八条　违反本规定第七条、第二十条、第二十五条、第二十六条，有下列情形之一的，由海事管理机构责令停止违法行为，并处以5000元以上1万元以下的罚款：

（一）从事有关作业活动的单位，未组织本单位相关作业人员进行专业培训的；

（二）船舶污染物接收单位未按规定向船方出具船舶污染物接收单证的；

（三）从事散装液体污染危害性货物装卸、过驳作业的，作业双方未按规定填写防污染检查表及落实防污染措施的。

第四十九条　违反本规定第十条，船舶未遵守特殊保护水域有关防污染的规定、标准的，由海事管理机构责令停止违法行为，并处以1万元以上3万元以下的罚款。

第五十条　船舶违反本规定第二十三条规定载运污染危害性质不明的货物的，由海事管理机构责令改正，并对船舶处以5000元以上2万元以下的罚款。

第五十一条　船舶发生污染事故，未按规定报告的或者未按规定提交《船舶污染事故报告书》的，由海事管理机构对船舶处以2万元以上3万元以下的罚款；对直接负责的主管人员和其他直接责任人员处以1万元以上2万元以下的罚款。

第五十二条　海事管理机构行政执法人员滥用职权、玩忽职守、徇私舞弊、违法失职的，依法给予行政处分；构成犯罪的，依法追究刑事责任。

第八章　附　　则

第五十三条　本规定中下列用语的含义是：

(一)有毒液体物质，是指排入水体将对水资源或者人类健康产生危害或者对合法利用水资源造成损害的物质。包括在《国际散装运输危险化学品船舶构造和设备规则》的第17或18章的污染种类列表中标明的或者暂时被评定为X、Y或者Z类的任何物质。

(二)污染危害性货物，是指直接或者间接地进入水体，会损害水体质量和环境质量，对生物资源、人体健康等产生有害影响的货物。

(三)特殊保护水域，是指各级人民政府按照有关规定划定并公布的自然保护区、饮用水源保护区、渔业资源保护区、旅游风景名胜区等需要特别保护的水域。

(四)水上燃料加注站，是指固定于某一水域，具有燃料储存功能，给船舶供给燃料的趸船或者船舶。

第五十四条 本规定有关界河水域防治船舶污染的规定与我国缔结或者加入的国际公约、协定不符的，适用我国缔结或者加入的国际公约、协定。

防治军事船舶、渔业船舶污染内河水域环境的监督管理工作，不适用本规定。

第五十五条 本规定自2016年5月1日起施行。2005年8月20日以交通部令2005年第11号公布的《中华人民共和国防治船舶污染内河水域环境管理规定》同时废止。

节能监察办法

(2016年1月15日国家发展和改革委员会令第33号公布 自2016年3月1日起施行)

第一章 总 则

第一条 为规范节能监察行为，提升节能监察效能，提高全社会能源利用效率，依据《中华人民共和国节约能源法》等有关法律、法规，结合节能监察工作实际，制定本办法。

第二条 本办法所称节能监察，是指依法开展节能监察的机构(以下简称节能监察机构)对能源生产、经营、使用单位和其他相关单位(以下简称被监察单位)执行节能法律、法规、规章和强制性节能标准的情况等进行监督检查，对违法违规用能行为予以处理，并提出依法用能、合理用能建议的行为。

第三条 国家发展和改革委员会负责全国节能监察工作的统筹协调和指导。

县级以上地方人民政府管理节能工作的部门负责本行政区域内节能监察工作的统筹协调和指导。

第四条 节能监察应当遵循合法、公开、公平、公正的原则。

第二章 节能监察机构职责

第五条 省、市、县三级节能监察机构的节能监察任务分工,由省级人民政府管理节能工作的部门结合本地实际确定。

上一级节能监察机构应当对下一级节能监察机构的业务进行指导。

第六条 节能监察机构应当开展下列工作:

(一)监督检查被监察单位执行节能法律、法规、规章和强制性节能标准的情况,督促被监察单位依法用能、合理用能,依法处理违法违规行为;

(二)受理对违法违规用能行为的举报和投诉,办理其他行政执法单位依法移送或者政府有关部门交办的违法违规用能案件;

(三)协助政府管理节能工作的部门和有关部门开展其他节能监督管理工作;

(四)节能法律、法规、规章和规范性文件规定的其他工作。

第七条 节能监察机构应当配备必要的取证仪器和装备,具有从事节能监察所需的现场检测取证和合理用能评估等能力。

第八条 节能监察人员应当取得行政执法证件,并具备开展节能监察工作需要的专业素质和业务能力。

节能监察机构应当定期对节能监察人员进行业务培训。

第九条 实施节能监察不得向被监察单位收取费用。

第十条 节能监察机构应当建立健全相关保密制度,保守被监察单位的技术和商业秘密。

第三章 节能监察实施

第十一条 节能监察机构依照授权或者委托,具体实施节能监察工作。节能监察应当包括下列内容:

(一)建立落实节能目标责任制、节能计划、节能管理和技术措施等情况;

(二)落实固定资产投资项目节能评估和审查制度的情况,包括节能评估和审查实施情况、节能审查意见落实情况等；

（三）执行用能设备和生产工艺淘汰制度的情况；

（四）执行强制性节能标准的情况；

（五）执行能源统计、能源利用状况分析和报告制度的情况；

（六）执行设立能源管理岗位、聘任能源管理负责人等有关制度的情况；

（七）执行用能产品能源效率标识制度的情况；

（八）公共机构采购和使用节能产品、设备以及开展能源审计的情况；

（九）从事节能咨询、设计、评估、检测、审计、认证等服务的机构贯彻节能要求、提供信息真实性等情况；

（十）节能法律、法规、规章规定的其他应当实施节能监察的事项。

第十二条 县级以上人民政府管理节能工作的部门应当会同有关部门结合本地实际，编制节能监察计划并组织节能监察机构实施。

节能监察计划的实施情况应当报本级人民政府管理节能工作的部门。

第十三条 节能监察分为书面监察和现场监察。

实施书面监察，应当将实施监察的依据、内容、时间和要求书面通知被监察单位。

实施现场监察，应当于实施监察的五日前将监察的依据、内容、时间和要求书面通知被监察单位。办理涉嫌违法违规案件、举报投诉和应当以抽查方式实施的节能监察除外。

第十四条 实施书面监察时，被监察单位应当按照书面通知要求如实报送材料。节能监察机构应当在二十个工作日内对被监察单位报送材料的完整性、真实性，以及是否符合节能法律、法规、规章和强制性节能标准等情况进行审查。

被监察单位所报材料信息不完整的，节能监察机构可以要求被监察单位在五个工作日内补充完善，补充完善所用时间不计入审查期限。

第十五条 有下列情形之一的，节能监察机构应当实施现场监察：

（一）节能监察计划规定应当进行现场监察的；

（二）书面监察发现涉嫌违法违规的；

（三）需要对被监察单位的能源利用状况进行现场监测的；

（四）需要现场确认被监察单位落实限期整改通知书要求的；

（五）被监察单位主要耗能设备、生产工艺或者能源利用状况发生重大变化影响节能的；

（六）对举报、投诉内容需要现场核实的；

（七）应当实施现场节能监察的其他情形。

第十六条　现场监察应当有两名以上节能监察人员在场，并出示有效的行政执法证件，告知被监察单位实施节能监察的依据、内容、要求和方法，并制作现场监察笔录，必要时还应当制作询问笔录。

监察笔录和询问笔录应当如实记录实施节能监察的时间、地点、内容、参加人员、现场监察和询问的实际情况，并由节能监察人员和被监察单位的法定代表人或者其委托人、被询问人确认并签名；拒绝签名的，应当由两名以上节能监察人员在监察笔录或者询问笔录中如实注明，不影响监察结果的认定。

第十七条　实施现场监察可以采取下列措施：

（一）进入有关场所进行勘察、采样、拍照、录音、录像、制作笔录等；

（二）查阅、复制或者摘录与节能监察事项有关的文件、账目等资料；

（三）约见、询问有关人员，要求说明有关事项、提供相关材料；

（四）对用能产品、设备和生产工艺的能源利用状况等进行监测和分析评价；

（五）责令被监察单位停止明显违法违规用能行为；

（六）节能法律、法规、规章规定可以采取的其他措施。

第十八条　被监察单位有违反节能法律、法规、规章和强制性节能标准行为的，节能监察机构应当下达限期整改通知书。

被监察单位有不合理用能行为，但尚未违反节能法律、法规、规章和强制性节能标准的，节能监察机构应当下达节能监察建议书，提出节能建议或者节能措施。

节能监察机构在作出限期整改通知书前，应当充分听取被监察单位的意见，对被监察单位提出的事实、理由和证据应当进行复核。被监察单位提出的事实、理由和证据成立的，节能监察机构应当采纳。

限期整改通知书或者节能监察建议书应当在对本单位的节能监察活动结束后十五日内送达被监察单位。

被监察单位对限期整改通知书有异议的，可依法申请行政复议或者提起行政诉讼。

第十九条　被监察单位应当按照限期整改通知书的要求进行整改。节能监察机构应当进行跟踪检查并督促落实。

被监察单位的整改期限一般不超过六个月。确需延长整改期限的，被监察单位应当在期限届满十五日前以书面形式向节能监察机构提出延期申请，节能监察机构应当在期限届满前作出是否准予延期的决定，延期最长不得超过三个月。节能监察机构未在期限届满前作出决定的，视为同意延期。

第二十条　节能监察机构在同一年度内对被监察单位的同一监察内容不

得重复监察。但确认被监察单位整改落实情况、处理举报投诉和由上一级节能监察机构组织的抽查除外。

第二十一条 节能监察人员与被监察单位有利害关系或者其他关系,可能影响公正监察的,应当回避。

第二十二条 建立节能监察情况公布制度。节能监察机构应当向社会公布违反节能法律、法规和标准的企业名单、整改期限、措施要求等节能监察结果。

第四章 法律责任

第二十三条 被监察单位应当配合节能监察人员依法实施节能监察。

被监察单位拒绝依法实施的节能监察的,由有处罚权的节能监察机构或委托开展节能监察的单位给予警告,责令限期改正;拒不改正的,处 1 万元以上 3 万元以下罚款。阻碍依法实施节能监察的,移交公安机关按照《治安管理处罚法》相关规定处理,构成犯罪的,依法追究刑事责任。

第二十四条 被监察单位在整改期限届满后,整改未达到要求的,由节能监察机构将相关情况向社会公布,并纳入社会信用体系记录。被监察单位仍有违反节能法律、法规、规章和强制性节能标准的用能行为的,由节能监察机构将有关线索转交有处罚权的机关进行处理。

第二十五条 节能监察机构实施节能监察有违法违规行为的,被监察单位有权向本级人民政府管理节能监察机构的机构或者上一级节能监察机构投诉。

节能监察人员滥用职权、玩忽职守、徇私舞弊,有下列情形之一的,由有管理权限的机构依法给予处分;构成犯罪的,依法追究刑事责任:

(一)泄露被监察单位的技术秘密和商业秘密的;

(二)利用职务之便非法谋取利益的;

(三)实施节能监察时向被监察单位收费或者变相收费的;

(四)有其他违法违规行为并造成较为严重后果的。

第五章 附 则

第二十六条 本办法由国家发展和改革委员会负责解释。

第二十七条 本办法自 2016 年 3 月 1 日起施行。

中华人民共和国国家卫生和计划生育委员会令第7号

（2016年1月19日公布　自公布之日起施行）

为贯彻落实党中央、国务院关于深化行政体制改革，加快转变政府职能的决策部署，切实维护法制统一和推进依法行政，经2015年12月31日国家卫生计生委委主任会议讨论通过，决定废止《农村助产人员管理条例（试行）》等25件部门规章。

本决定自公布之日起施行。

附件：国家卫生计生委决定废止的部门规章目录（25件）

国家卫生计生委决定废止的部门规章目录(25 件)

序号	规章名称	公布机关	公布日期
1	农村助产人员管理条例(试行)	卫生部	1989. 2. 10
2	全国卫生系统荣誉称号暂行规定	卫生部	1991. 7. 30
3	公共场所卫生监督工作程序(试行)	卫生部	1991. 12. 30
4	核设施正常运行和事故期间公众受照剂量监测与评价规范	卫生部	1992. 3. 15
5	核设施放射卫生防护管理规定	卫生部	1992. 10. 31
6	临床住院医师规范化培训试行办法	卫生部	1993. 2. 17
7	鼠疫地区猎捕和处理旱獭卫生管理办法	卫生部	1993. 3. 15
8	预防用生物制品生产供应管理办法	卫生部	1994. 9. 2
9	预防性健康检查管理办法	卫生部	1995. 6. 2
10	综合医院康复医学科管理规范	卫生部	1996. 4. 2
11	医疗卫生机构仪器设备管理办法	卫生部	1996. 9. 20
12	精神病医院评审标准(试行)	卫生部	1996. 10. 4
13	卫生计量认证实施程序	卫生部	1996. 10. 9
14	卫生部医药卫生科技项目查新咨询工作暂行规定	卫生部	1996. 11. 5
15	卫生部健康相关产品检验机构工作制度	卫生部	1999. 3. 15
16	卫生部健康相关产品审批工作人员守则	卫生部	1999. 3. 15
17	全科医师规范化培训试行办法	卫生部	1999. 12. 15
18	食物中毒事故处理办法	卫生部	1999. 12. 24
19	卫生部业务主管社会团体登记管理办法	卫生部	2000. 10. 31
20	放射防护器材与含放射性产品卫生管理办法	卫生部	2002. 1. 4
21	职业卫生技术服务机构管理办法	卫生部	2002. 7. 31
22	建设项目职业病危害分类管理办法	卫生部	2006. 7. 27
23	卫生信访工作办法	卫生部	2007. 2. 16
24	互联网医疗保健信息服务管理办法	卫生部	2009. 5. 1
25	医疗卫生服务单位信息公开管理办法(试行)	卫生部	2010. 6. 3

国家卫生计生委关于修改《外国医师来华短期行医暂行管理办法》等8件部门规章的决定

（2016年1月19日国家卫生和计划生育委员会令第8号公布自公布之日起施行）

为了依法推进行政审批制度改革和政府职能转变，根据国务院关于取消、下放和调整行政审批项目等事项的决定，我委对涉及的部门规章进行了清理。经过清理，决定对以下部门规章的部分条款予以修改。

一、《外国医师来华短期行医暂行管理办法》

（一）将该办法中的“卫生部”统一修改为：“国家卫生计生委”，将“卫生行政部门”统一修改为：“卫生计生行政部门”。

（二）将第十七条修改为：“外国医疗团体来华短期行医的，由邀请或合作单位所在地的设区的市级卫生计生行政部门依照本办法的有关规定进行审批。”

二、《血站管理办法》

（一）将该办法中的“卫生部”统一修改为：“国家卫生计生委”，将“卫生行政部门”统一修改为：“卫生计生行政部门”。

（二）将第二十七条修改为：“血站应当对血站工作人员进行岗位培训与考核。血站工作人员应当符合岗位执业资格的规定，并经岗位培训与考核合格后方可上岗。

“血站工作人员每人每年应当接受不少于75学时的岗位继续教育。

“省级人民政府卫生计生行政部门应当制定血站工作人员培训标准或指南，并对血站开展的岗位培训、考核工作进行指导和监督。”

（三）将第四十一条修改为：“因临床、科研或者特殊需要，需要从外省、自治区、直辖市调配血液的，由省级人民政府卫生计生行政部门组织实施。

“出于人道主义、救死扶伤的目的，需要向中国境外医疗机构提供血液及特殊血液成分的，应当严格按照有关规定办理手续。”

（四）将第六十一条第一款第十三项修改为：“擅自与外省、自治区、直辖市调配血液的。”

三、《单采血浆站管理办法》

（一）将该办法中的“卫生部”统一修改为：“国家卫生计生委”，将“卫生行政部门”统一修改为：“卫生计生行政部门”。

（二）将第三十四条修改为：“单采血浆站应当对关键岗位工作人员进行岗位培训与考核。单采血浆站关键岗位工作人员应当符合岗位执业资格的规定，并经岗位培训与考核合格后方可上岗。

“单采血浆站工作人员每人每年应当接受不少于75学时的岗位继续教育。

“省级人民政府卫生计生行政部门应当制定单采血浆站工作人员培训标准或指南，并对单采血浆站开展的岗位培训、考核工作进行指导和监督。”

四、《放射诊疗管理规定》

删去第二十七条第二款、第三款、第四款。

五、《医疗美容服务管理办法》

（一）将第十二条修改为：“不具备本办法第十一条规定的主诊医师条件的执业医师，可在主诊医师的指导下从事医疗美容临床技术服务工作。”

（二）删去第十四条、第二十五条。

六、《公共场所卫生管理条例实施细则》

（一）将该实施细则中的“卫生部”统一修改为：“国家卫生计生委”，将“卫生行政部门”统一修改为：“卫生计生行政部门”。

（二）将第二十二条修改为：“国家对除公园、体育场馆、公共交通工具外的公共场所实行卫生许可证管理。

“公共场所经营者取得工商行政管理部门颁发的营业执照后，还应当按照规定向县级以上地方人民政府卫生计生行政部门申请卫生许可证，方可营业。

“公共场所卫生监督的具体范围由省、自治区、直辖市人民政府卫生计生行政部门公布。”

七、《消毒管理办法》

（一）将该办法中的“卫生部”统一修改为：“国家卫生计生委”，将“卫生行政部门”统一修改为：“卫生计生行政部门”。

（二）将第二十条修改为：“消毒剂、消毒器械和卫生用品生产企业取得工商行政管理部门颁发的营业执照后，还应当取得所在地省级卫生计生行政部门发放的卫生许可证，方可从事消毒产品的生产。”

（三）将第二十二条第二款修改为：“消毒产品生产企业卫生许可证的生

产项目分为消毒剂类、消毒器械类、卫生用品类。”

（四）删去第二十三条第一款中的“每年复核一次。”

（五）删去第二十六条、第二十七条。

（六）将第二十八条修改为：“生产、进口利用新材料、新工艺技术和新杀菌原理生产消毒剂和消毒器械（以下简称新消毒产品）应当按照本办法规定取得国家卫生计生委颁发的卫生许可批件。

“生产、进口新消毒产品外的消毒剂、消毒器械和卫生用品中的抗（抑）菌制剂，生产、进口企业应当按照有关规定进行卫生安全评价，符合卫生标准和卫生规范要求。产品上市时要将卫生安全评价报告向省级卫生计生行政部门备案，备案应当按照规定要求提供材料。”

（七）将第二十九条修改为：“生产企业申请新消毒产品卫生许可批件、在华责任单位申请进口新消毒产品卫生许可批件的，应当按照国家卫生计生委新消毒产品卫生行政许可管理规定的要求，向国家卫生计生委提出申请。国家卫生计生委应当按照有关法律法规和相关规定，作出是否批准的决定。”

“国家卫生计生委对批准的新消毒产品，发给卫生许可批件，批准文号格式为：卫消新准字（年份）第XXXX号。不予批准的，应当说明理由。”

（八）删去第三十条。

（九）将第三十一条修改为：“新消毒产品卫生许可批件的有效期为四年。”

（十）在第三十一条后增加一条：“国家卫生计生委定期公告取得卫生行政许可的新消毒产品批准内容。公告发布之日起，列入公告的同类产品不再按新消毒产品进行卫生行政许可。”

（十一）将第三十二条第一款第二项修改为：“（二）产品卫生安全评价报告或者新消毒产品卫生许可批件复印件。”

（十二）将第三十四条修改为：“禁止生产经营下列消毒产品：（一）无生产企业卫生许可证或新消毒产品卫生许可批准文件的；（二）产品卫生安全评价不合格或产品卫生质量不符合要求的。”

（十三）删去第三十五条、第三十六条第五项。

（十四）将第四十条修改为：“有下列情形之一的，国家卫生计生委可以对已获得卫生许可批件的新消毒产品进行重新审查：（一）产品原料、杀菌原理和生产工艺受到质疑的；（二）产品安全性、消毒效果受到质疑的。”

（十五）将第四十一条修改为：“新消毒产品卫生许可批件的持有者应当在接到国家卫生计生委重新审查通知之曰起30日内，按照通知的有关要求提交材料。超过期限未提交有关材料的，视为放弃重新审查，国家卫生计生委可以注销产品卫生许可批件。”

（十六）将第四十二条修改为：“国家卫生计生委自收到重新审查所需的全部材料之日起30日内，应当作出重新审查决定。有下列情形之一的，注销产品卫生许可批件：（一）产品原料、杀菌原理和生产工艺不符合利用新材料、新工艺技术和新杀菌原理生产消毒剂和消毒器械的判定依据的；（二）产品安全性、消毒效果达不到要求的。”

（十七）将第四十七条修改为：“消毒产品生产经营单位违反本办法第三十一条、第三十二条规定的，由县级以上地方卫生计生行政部门责令其限期改正，可以处5000元以下罚款；造成感染性疾病暴发的，可以处5000元以上20000元以下的罚款。”

（十八）删去第四十八条第二项。

八、《人间传染的高致病性病原微生物实验室和实验活动生物安全审批管理办法》

（一）将该办法中的“卫生部”统一修改为：“国家卫生计生委”，将“卫生行政部门”统一修改为：“卫生计生行政部门”。

（二）将第十八条修改为：“实验室申报或者接受与高致病性病原微生物有关的科研项目，应当符合科研需要和生物安全要求，具有相应的生物安全防护水平。按照本办法第十二条和第十三条规定，科研项目涉及到应由国家卫生计生委审批的实验活动的，承担单位应当将立项结果报国家卫生计生委；科研项目涉及到应由省级卫生计生行政部门审批的实验活动的，承担单位应当将立项结果报省级卫生计生行政部门。

“科研项目立项后所从事的实验活动，应当按照本办法第十四条、第十五条、第十六条的规定报批。”

（三）删去第十九条。

（四）删去附件3。

此外，相关部门规章的条文顺序根据本决定作相应的调整。

本决定自公布之日起施行。

司法解释

人民检察院提起公益诉讼试点工作实施办法

（2015年12月16日最高人民检察院第十二届检察委员会第四十五次会议通过　2015年12月24日最高人民检察院公告公布　自发布之日起施行）

为了加强对国家和社会公共利益的保护，促进行政机关依法行政、严格执法，根据《全国人民代表大会常务委员会关于授权最高人民检察院在部分地区开展公益诉讼试点工作的决定》和《检察机关提起公益诉讼试点方案》，结合检察工作实际，制定本办法。

第一章　提起民事公益诉讼

第一条　人民检察院履行职责中发现污染环境、食品药品安全领域侵害众多消费者合法权益等损害社会公共利益的行为，在没有适格主体或者适格主体不提起诉讼的情况下，可以向人民法院提起民事公益诉讼。

人民检察院履行职责包括履行职务犯罪侦查、批准或者决定逮捕、审查起诉、控告检察、诉讼监督等职责。

第二条　人民检察院提起民事公益诉讼的案件，一般由侵权行为地、损害结果地或者被告住所地的市（分、州）人民检察院管辖。

有管辖权的人民检察院由于特殊原因，不能行使管辖权的，应当由上级人民检察院指定本区域其他试点地区人民检察院管辖。

上级人民检察院认为确有必要，可以办理下级人民检察院管辖的案件。下级人民检察院认为需要由上级人民检察院办理的，可以报请上级人民检察院办理。

有管辖权的人民检察院认为有必要将本院管辖的民事公益诉讼案件交下级人民检察院办理的，应当报请其上一级人民检察院批准。

第三条　人民检察院提起民事公益诉讼案件的办理，由民事行政检察部门负责。

第四条 人民检察院各业务部门在履行职责中,发现可能属于民事公益诉讼案件范围的案件线索,应当将有关材料移送民事行政检察部门。

第五条 经审查认为污染环境、食品药品安全领域侵害众多消费者合法权益等行为可能损害社会公共利益的,应当报请检察长批准决定立案,并到案件管理部门登记。

人民检察院决定立案的民事公益诉讼案件,应当制作《立案决定书》。

第六条 人民检察院可以采取以下方式调查核实污染环境、侵害众多消费者合法权益等违法行为、损害后果涉及的相关证据及有关情况:

(一)调阅、复制有关行政执法卷宗材料;

(二)询问违法行为人、证人等;

(三)收集书证、物证、视听资料等证据;

(四)咨询专业人员、相关部门或者行业协会等对专门问题的意见;

(五)委托鉴定、评估、审计;

(六)勘验物证、现场;

(七)其他必要的调查方式。

调查核实不得采取限制人身自由以及查封、扣押、冻结财产等强制性措施。

人民检察院调查核实有关情况,行政机关及其他有关单位和个人应当配合。

第七条 民事行政检察部门在办理民事公益诉讼案件过程中,发现国家工作人员涉嫌贪污贿赂、渎职侵权等职务犯罪线索的,应当及时移送职务犯罪侦查部门;发现其他刑事犯罪线索的,应当及时移送侦查监督部门。

第八条 人民检察院提起民事公益诉讼案件审查终结,承办人应当制作审查终结报告。审查终结报告应当全面、客观、公正地叙述案件事实,依据法律规定提出处理建议。

第九条 办理民事公益诉讼案件应当经集体讨论。参加集体讨论的人员应当对案件事实、适用法律、处理建议等发表明确的意见并说明理由。集体讨论意见应当在全面、客观地归纳讨论意见的基础上形成。

集体讨论形成的处理意见,由民事行政检察部门负责人提出审核意见后报检察长批准。检察长认为必要的,可以提请检察委员会讨论决定。

第十条 人民检察院对审查终结的民事公益诉讼案件,应当区分情况作出下列决定:

(一)终结审查;

（二）依法督促或者支持法律规定的机关和有关组织提起民事公益诉讼；

（三）提起民事公益诉讼。

第十一条 人民检察院办理民事公益诉讼案件，拟作出第十条第一项、第二项决定的，应当自决定立案之日起三个月内办理终结；拟作出第十条第三项决定的，应当自决定立案之日起六个月内办理终结。有特殊情况需要延长的，报经检察长批准。

第十二条 有下列情形之一的，人民检察院应当终结审查：

（一）经审查不存在损害社会公共利益需要追究民事法律责任情形的；

（二）损害社会公共利益的情形在依法督促或者支持法律规定的机关和有关组织提起民事公益诉讼之前已经消除且社会公共利益已经获得有效救济的；

（三）其他应当终结审查的情形。

终结审查的，应当制作《终结审查决定书》。

第十三条 人民检察院在提起民事公益诉讼之前，应当履行以下诉前程序：

（一）依法督促法律规定的机关提起民事公益诉讼；

（二）建议辖区内符合法律规定条件的有关组织提起民事公益诉讼。有关组织提出需要人民检察院支持起诉的，可以依照相关法律规定支持其提起民事公益诉讼。

法律规定的机关和有关组织应当在收到督促起诉意见书或者检察建议书后一个月内依法办理，并将办理情况及时书面回复人民检察院。

第十四条 经过诉前程序，法律规定的机关和有关组织没有提起民事公益诉讼，或者没有适格主体提起诉讼，社会公共利益仍处于受侵害状态的，人民检察院可以提起民事公益诉讼。

第十五条 人民检察院以公益诉讼人身份提起民事公益诉讼。民事公益诉讼的被告是实施损害社会公共利益行为的公民、法人或者其他组织。

第十六条 人民检察院可以向人民法院提出要求被告停止侵害、排除妨碍、消除危险、恢复原状、赔偿损失、赔礼道歉等诉讼请求。

第十七条 人民检察院提起民事公益诉讼应当提交下列材料：

（一）民事公益诉讼起诉书；

（二）被告的行为已经损害社会公共利益的初步证明材料。

第十八条 人民检察院提起民事公益诉讼，被告没有反诉权。

第十九条 人民检察院提起民事公益诉讼，对提出的诉讼请求所依据的事实或者反驳对方意见所依据的事实，以及履行诉前程序的事实，应当提供证据加以证明,法律另有规定的除外。

第二十条 对于可能因被告一方的行为或者其他原因,使判决难以执行或者造成与社会公共利益相关的其他损害情形,人民检察院可以向人民法院建议对被告财产进行保全、责令其作出一定行为或者禁止其作出一定行为。

根据人民检察院建议,人民法院采取保全措施的,人民检察院无需提供担保。

第二十一条 人民法院开庭审理人民检察院提起的民事公益诉讼案件,人民检察院应当派员出席法庭。

第二十二条 检察人员出席法庭的任务是:

(一)宣读民事公益诉讼起诉书;

(二)对人民检察院调查核实的证据予以出示和说明,对相关证据进行质证;

(三)参加法庭调查,进行辩论并发表出庭意见;

(四)依法从事其他诉讼活动。

检察人员发现庭审活动违法的,应当待休庭或者庭审结束之后,以人民检察院的名义提出检察建议。

第二十三条 民事公益诉讼案件,人民检察院可以与被告和解,人民法院可以调解。和解协议、调解协议不得损害社会公共利益。

第二十四条 在民事公益诉讼审理过程中,人民检察院诉讼请求全部实现的,可以撤回起诉。

第二十五条 地方各级人民检察院认为同级人民法院未生效的第一审判决、裁定确有错误,应当向上一级人民法院提出抗诉。

第二十六条 地方各级人民检察院对同级人民法院未生效的第一审判决、裁定的抗诉,应当通过原审人民法院提出抗诉书,并且将抗诉书抄送上一级人民检察院。

上级人民检察院认为抗诉不当的,可以向同级人民法院撤回抗诉,并且通知下级人民检察院。

第二十七条 对人民检察院提出抗诉的二审案件或者人民法院决定开庭审理的上诉案件,同级人民检察院应当派员出席第二审法庭。

第二章 提起行政公益诉讼

第二十八条 人民检察院履行职责中发现生态环境和资源保护、国有资产保护、国有土地使用权出让等领域负有监督管理职责的行政机关违法行使职权或者不作为，造成国家和社会公共利益受到侵害，公民、法人和其他社会组织由于没有直接利害关系，没有也无法提起诉讼的，可以向人民法院提起行政公益诉讼。

人民检察院履行职责包括履行职务犯罪侦查、批准或者决定逮捕、审查起诉、控告检察、诉讼监督等职责。

第二十九条 人民检察院提起行政公益诉讼的案件，一般由违法行使职权或者不作为的行政机关所在地的基层人民检察院管辖。

违法行使职权或者不作为的行政机关是县级以上人民政府的案件，由市（分、州）人民检察院管辖。

有管辖权的人民检察院由于特殊原因，不能行使管辖权的，应当由上级人民检察院指定本区域其他试点地区人民检察院管辖。

上级人民检察院认为确有必要，可以办理下级人民检察院管辖的案件。下级人民检察院认为需要由上级人民检察院办理的，可以报请上级人民检察院办理。

第三十条 人民检察院提起行政公益诉讼案件的办理，由民事行政检察部门负责。

第三十一条 人民检察院各业务部门在履行职责中，发现可能属于行政公益诉讼案件范围的案件线索，应当将有关材料移送民事行政检察部门。

第三十二条 经审查认为生态环境和资源保护、国有资产保护、国有土地使用权出让等领域负有监督管理职责的行政机关违法行使职权或者不作为可能损害国家和社会公共利益的，应报请检察长批准决定立案，并到案件管理部门登记。

人民检察院决定立案的行政公益诉讼案件，应当制作《立案决定书》。

第三十三条 人民检察院可以采取以下方式调查核实有关行政机关违法行使职权或者不作为的相关证据及有关情况：

（一）调阅、复制行政执法卷宗材料；

（二）询问行政机关相关人员以及行政相对人、利害关系人、证人等；

（三）收集书证、物证、视听资料等证据；

（四）咨询专业人员、相关部门或者行业协会等对专门问题的意见；

（五）委托鉴定、评估、审计；

（六）勘验物证、现场；

（七）其他必要的调查方式。

调查核实不得采取限制人身自由以及查封、扣押、冻结财产等强制性措施。

人民检察院调查核实有关情况，行政机关及其他有关单位和个人应当配合。

第三十四条 民事行政检察部门在办理行政公益诉讼案件过程中，发现国家工作人员涉嫌贪污贿赂、渎职侵权等职务犯罪线索的，应当及时移送职务犯罪侦查部门；发现其他刑事犯罪线索的，应当及时移送侦查监督部门。

第三十五条 人民检察院提起行政公益诉讼案件审查终结，承办人应当制作审查终结报告。审查终结报告应当全面、客观、公正地叙述案件事实，依据法律规定提出处理建议。

第三十六条 办理行政公益诉讼案件应当经集体讨论。参加集体讨论的人员应当对案件事实、适用法律、处理建议等发表明确的意见并说明理由。集体讨论意见应当在全面、客观地归纳讨论意见的基础上形成。

集体讨论形成的处理意见，由民事行政检察部门负责人提出审核意见后报检察长批准。检察长认为必要的，可以提请检察委员会讨论决定。

第三十七条 人民检察院对审查终结的行政公益诉讼案件，应当区分情况作出下列决定：

（一）终结审查；

（二）提出检察建议；

（三）提起行政公益诉讼。

第三十八条 人民检察院办理行政公益诉讼案件，拟作出第三十七条第一项、第二项决定的，应当自决定立案之日起三个月内办理终结；拟作出第三十七条第三项决定的，应当自决定立案之日起六个月内办理终结。有特殊情况需要延长的，报经检察长批准。

第三十九条 有下列情形之一的，人民检察院应当终结审查：

（一）经审查不存在行政机关违法行使职权或者不作为，造成国家和社会公共利益受到侵害情形的；

（二）行政机关在人民检察院向其提出检察建议前已纠正行政违法行为或依法履行职责的；

（三）其他应当终结审查的情形。

终结审查的，应当制作《终结审查决定书》。

第四十条 在提起行政公益诉讼之前，人民检察院应当先行向相关行政机关提出检察建议，督促其纠正违法行为或者依法履行职责。行政机关应当在收到检察建议书后一个月内依法办理，并将办理情况及时书面回复人民检察院。

第四十一条 经过诉前程序，行政机关拒不纠正违法行为或者不履行法定职责,国家和社会公共利益仍处于受侵害状态的,人民检察院可以提起行政公益诉讼。

第四十二条 人民检察院以公益诉讼人身份提起行政公益诉讼。行政公益诉讼的被告是生态环境和资源保护、国有资产保护、国有土地使用权出让等领域违法行使职权或者不作为的行政机关,以及法律、法规、规章授权的组织。

第四十三条 人民检察院可以向人民法院提出撤销或者部分撤销违法行政行为、在一定期限内履行法定职责、确认行政行为违法或者无效等诉讼请求。

第四十四条 人民检察院提起行政公益诉讼应当提交下列材料:

(一)行政公益诉讼起诉书;

(二)国家和社会公共利益受到侵害的初步证明材料。

第四十五条 人民检察院提起行政公益诉讼,对下列事项承担举证责任:

(一)证明起诉符合法定条件;

(二)人民检察院履行诉前程序提出检察建议且行政机关拒不纠正违法行为或者不履行法定职责的事实;

(三)其他应当由人民检察院承担举证责任的事项。

第四十六条 人民法院开庭审理人民检察院提起的行政公益诉讼案件,人民检察院应当派员出席法庭。

第四十七条 检察人员出席法庭的任务是:

(一)宣读行政公益诉讼起诉书;

(二)对人民检察院调查核实的证据予以出示和说明,对相关证据进行质证;

(三)参加法庭调查,进行辩论并发表出庭意见;

(四)依法从事其他诉讼活动。

检察人员发现庭审活动违法的,应当待休庭或者庭审结束之后,以人民检察院的名义提出检察建议。

第四十八条 行政公益诉讼案件不适用调解。

第四十九条 在行政公益诉讼审理过程中,被告纠正违法行为或者依法履行职责而使人民检察院的诉讼请求全部实现的,人民检察院可以变更诉讼请求,请求判决确认行政行为违法,或者撤回起诉。

第五十条 地方各级人民检察院认为同级人民法院未生效的第一审判决、裁定确有错误,应当向上一级人民法院提出抗诉。

第五十一条 地方各级人民检察院对同级人民法院未生效的第一审判决、裁定的抗诉,应当通过原审人民法院提出抗诉书,并且将抗诉书抄送上一级人民检察院。

上级人民检察院认为抗诉不当的，可以向同级人民法院撤回抗诉，并且通知下级人民检察院。

第五十二条 对人民检察院提出抗诉的二审案件或者人民法院决定开庭审理的上诉案件，同级人民检察院应当派员出席第二审法庭。

第三章 其他规定

第五十三条 地方各级人民检察院拟决定向人民法院提起公益诉讼的，应当层报最高人民检察院审查批准。

人民检察院审查批准公益诉讼案件，应当自收到案件请示之日起一个月内办理终结。有特殊情况需要延长的，报经检察长批准。

第五十四条 省级人民检察院向最高人民检察院报送审批的材料包括：

（一）公益诉讼案件层报审批表；

（二）省级人民检察院请示；

（三）省级人民检察院民事行政检察部门案件审查终结报告和集体讨论记录；

（四）公益诉讼起诉书；

（五）案件证据目录和主要证据材料。

第五十五条 提起公益诉讼，人民检察院免缴诉讼费。

第五十六条 本办法未规定的，分别适用民事诉讼法、行政诉讼法以及相关司法解释的规定。

第四章 附 则

第五十七条 本办法仅适用于北京、内蒙古、吉林、江苏、安徽、福建、山东、湖北、广东、贵州、云南、陕西、甘肃等省、自治区、直辖市。

第五十八条 本办法自发布之日起施行。本院之前发布的司法解释和规范性文件，与本办法规定不一致的，适用本办法。

最高人民检察院关于印发《人民检察院制作使用电子卷宗工作规定(试行)》的通知

(2015 年 12 月 28 日)

各省、自治区、直辖市人民检察院,军事检察院,新疆生产建设兵团人民检察院:

《人民检察院制作使用电子卷宗工作规定(试行)》已经 2015 年 12 月 16 日最高人民检察院第十二届检察委员会第四十五次会议审议通过,现印发你们,请认真贯彻执行。执行中的应用和技术问题请分别报告最高人民检察院案件管理办公室和检察技术信息研究中心。

人民检察院制作使用电子卷宗工作规定(试行)

第一章　总　　则

第一条　为了规范人民检察院制作、使用电子卷宗工作,有效利用电子卷宗提高办案效率,加强办案监督管理,保障律师依法执业,依照法律和其他相关规定,制定本规定。

第二条　本规定所称电子卷宗,是指在案件受理前或者案件受理过程中,将装订成卷的纸质案卷材料,依托数字影像技术、文字识别技术、数据库技术等媒介技术制作而成的具有特定格式的电子文档和相关电子数据。

案件办理过程中产生的材料所形成的诉讼档案,需要进行电子化处理的,依照档案管理的有关规定办理。

第三条　人民检察院应当使用统一业务应用系统电子卷宗管理子系统制作、存储、交换、使用电子卷宗。

人民检察院应当创造条件,积极推动统一业务应用系统与诉讼档案管理系统对接工作,有效发挥统一业务应用系统中的电子卷宗、文书在生成诉讼档案电子版中的作用。

第四条 人民检察院制作、使用电子卷宗,应当坚持以下原则:

(一)客观真实。制作、提供使用的电子卷宗,应当与纸质卷宗的内容、形式、顺序等保持一致。

(二)规范高效。相关人员应当依照规定及时制作、规范使用电子卷宗,确保各环节顺畅衔接、高效运行。

(三)安全保密。相关人员应当严格遵守保密规定,做好电子卷宗的安全保密工作,严防失密、泄密事件发生。

第五条 人民检察院办案部门负责监督、管理、指导本部门工作人员和下级人民检察院对口部门依照规定开展电子卷宗相关工作;案件管理部门负责将统一受理的案件材料制作成电子卷宗并上传到统一业务应用系统,接收、上传随案同步移送的电子卷宗,并对电子卷宗应用情况进行监督、管理;技术信息部门负责技术保障;保密部门负责保密检查管理。相关部门应当分工负责,相互配合。

第二章 电子卷宗的制作

第六条 下列案件应当制作电子卷宗:

(一)侦查机关移送的审查起诉、申请强制医疗、申请没收违法所得案件;

(二)人民检察院侦查部门移送审查起诉、不起诉的案件;

(三)报请上级人民检察院决定逮捕的案件;

(四)提请上级人民检察院批准延长羁押期限的案件;

(五)提请上级人民检察院提出抗诉的案件;

(六)报请最高人民检察院核准追诉的案件。

审查起诉案件退查后补充形成的卷宗材料,应当扫描、摄制并上传到相应案件电子卷宗区。

人民检察院根据工作需要和实际条件,经检察长批准,可以扩大本院或者下级人民检察院制作电子卷宗的案件范围。

人民检察院收到人民法院送达的判决书、裁定书以及侦查机关送达的执行回执等材料后,应当参照电子卷宗的制作要求,扫描、摄制并上传到相应案件文书卷宗区。

第七条 在统一业务应用系统以外流转的绝密级案件,不得制作电子卷宗。

第八条 电子卷宗应当通过以下方式生成:

(一)对纸质原始卷宗进行扫描、摄制;

（二）上传侦查机关、人民法院移送的符合要求的电子文档；

（三）其他可以生成符合要求的电子卷宗的方式。

第九条 案件管理部门应当在决定受理后的一个工作日内完成电子卷宗的制作、上传；案件材料特别多的，应当在两个工作日内完成电子卷宗的制作、上传。在规定时间内不能完成制作、上传的，应当将案件先移送办案部门，并在不影响办案的情况下继续完成电子卷宗的制作、上传。

第十条 制作电子卷宗应当由专门人员承担，并在安装有监控设施的场所进行。

制作电子卷宗的具体标准和程序，依照《人民检察院电子卷宗制作规程》执行。

第三章 电子卷宗的使用

第十一条 办案人员和检察长、副检察长、检察委员会委员以及从事案件监督管理工作的其他人员，在履行案件办理、审核、审批、监督、管理等职责时，可以依照权限设置，在统一业务应用系统查阅、使用电子卷宗。

电子卷宗的查阅、使用权限设置，依照《全国检察机关统一业务应用系统使用管理办法（试行）》关于查阅、使用个案内容的有关规定执行。

第十二条 办案人员在办理案件时，可以在统一业务应用系统上复制、摘录或者以其他方式使用电子卷宗。

因出庭支持公诉等工作需要，办案人员可以将本人承办案件的电子卷宗从统一业务应用系统中导入到符合保密要求的设备中使用，并记录存档，使用后应当删除导入设备中的电子卷宗。

因开展其他工作，需要从统一业务应用系统中导出电子卷宗的，应当经办案部门审核同意，报分管院领导批准后，由案件管理部门将电子卷宗从统一业务应用系统中导入到符合保密要求的设备中使用，并记录存档，使用后应当删除导入设备中的电子卷宗。

第十三条 律师和经过许可的其他辩护人、诉讼代理人申请查阅电子卷宗的，案件管理部门应当在审核认证后，将电子卷宗从统一业务应用系统中导入到独立的阅卷终端，供其查阅。

案件管理部门依照法律规定向律师和经过许可的其他辩护人、诉讼代理人提供电子卷宗的，应当使用光盘方式复制，并加载防护措施。

第十四条 人民法院、侦查机关以及不具有隶属关系的人民检察院因办案需要使用人民检察院制作的电子卷宗的，应当经办案部门审核同意，报分管院领导批准后，由办案部门使用光盘方式复制、提供，并记录存档。

人民检察院与人民法院、侦查机关、刑事执行机关之间拟建立协同办案平台共享电子卷宗的，应当将实施方案报省级人民检察院审核批准。

第四章　责任追究

第十五条　人民检察院应当对电子卷宗的制作、使用工作建立健全严格的安全保密机制，责任落实到具体部门和具体人员。发生失密、泄密情况的，应当立即采取补救措施并报告本院保密部门。保密部门应当及时处理，依照规定报告。

第十六条　在制作、使用电子卷宗过程中，具有下列情形之一的，应当依照有关规定，给予警示、通报；情节严重的，对单位给予通报批评，对负有直接责任的主管人员和其他直接责任人员给予纪律处分；构成犯罪的，依法追究刑事责任：

（一）不依照规定制作电子卷宗的；

（二）因故意或者重大过失造成卷宗损毁、灭失的；

（三）违反规定查阅、复制、导出、存储、使用电子卷宗的；

（四）将存储电子卷宗的系统、设备与互联网连接的；

（五）丢失电子卷宗设施、设备的；

（六）泄露在制作、使用过程中了解的电子卷宗信息的；

（七）其他违反本规定的行为。

第五章　附　　则

第十七条　地方各级人民检察院可以根据本规定，结合本地实际情况，制定具体实施细则。

第十八条　本规定由最高人民检察院负责解释。

第十九条　本规定自 2016 年 1 月 1 日起试行。

最高人民法院印发《关于依法切实保障律师诉讼权利的规定》的通知

（2015年12月29日　法发〔2015〕16号）

各省、自治区、直辖市高级人民法院，解放军军事法院，新疆维吾尔自治区高级人民法院生产建设兵团分院：

现将《最高人民法院关于依法切实保障律师诉讼权利的规定》予以印发，请认真贯彻执行。

最高人民法院关于依法切实保障律师诉讼权利的规定

为深入贯彻落实全面推进依法治国战略，充分发挥律师维护当事人合法权益、促进司法公正的积极作用，切实保障律师诉讼权利，根据中华人民共和国刑事诉讼法、民事诉讼法、行政诉讼法、律师法和《最高人民法院、最高人民检察院、公安部、国家安全部、司法部关于依法保障律师执业权利的规定》，作出如下规定：

一、依法保障律师知情权。人民法院要不断完善审判流程公开、裁判文书公开、执行信息公开“三大平台”建设，方便律师及时获取诉讼信息。对诉讼程序、诉权保障、调解和解、裁判文书等重要事项及相关进展情况，应当依法及时告知律师。

二、依法保障律师阅卷权。对律师申请阅卷的，应当在合理时间内安排。案卷材料被其他诉讼主体查阅的，应当协调安排各方阅卷时间。律师依法查阅、摘抄、复制有关卷宗材料或者查看庭审录音录像的，应当提供场所和设施。有条件的法院，可提供网上卷宗查阅服务。

三、依法保障律师出庭权。确定开庭日期时，应当为律师预留必要的出庭准备时间。因特殊情况更改开庭日期的，应当提前三日告知律师。律师因正当理由请求变更开庭日期的，法官可在征询其他当事人意见后准许。律师带助理出庭的，应当准许。

四、依法保障律师辩论、辩护权。法官在庭审过程中应合理分配诉讼各方发问、质证、陈述和辩论、辩护的时间，充分听取律师意见。除律师发言过于重复、与案件无关或者相关问题已在庭前达成一致等情况外，不应打断律师发言。

五、依法保障律师申请排除非法证据的权利。律师申请排除非法证据并提供相关线索或者材料，法官经审查对证据收集合法性有疑问的，应当召开庭前会议或者进行法庭调查。经审查确认存在法律规定的以非法方法收集证据情形的，对有关证据应当予以排除。

六、依法保障律师申请调取证据的权利。律师因客观原因无法自行收集证据的，可以依法向人民法院书面申请调取证据。律师申请调取证据符合法定条件的，法官应当准许。

七、依法保障律师的人身安全。案件审理过程中出现当事人矛盾激化，可能危及律师人身安全情形的，应当及时采取必要措施。对在法庭上发生的殴打、威胁、侮辱、诽谤律师等行为，法官应当及时制止，依法处置。

八、依法保障律师代理申诉的权利。对律师代理当事人对案件提出申诉的，要依照法律规定的程序认真处理。认为原案件处理正确的，要支持律师向申诉人做好释法析理、息诉息访工作。

九、为律师依法履职提供便利。要进一步完善网上立案、缴费、查询、阅卷、申请保全、提交代理词、开庭排期、文书送达等功能。有条件的法院要为参加庭审的律师提供休息场所，配备桌椅、饮水及其他必要设施。

十、完善保障律师诉讼权利的救济机制。要指定专门机构负责处理律师投诉，公开联系方式，畅通投诉渠道。对投诉要及时调查，依法处理，并将结果及时告知律师。对司法行政机关、律师协会就维护律师执业权利提出的建议，要及时予以答复。

最高人民检察院关于印发《最高人民检察院关于案例指导工作的规定》的通知

（2015 年 12 月 30 日）

各省、自治区、直辖市人民检察院，军事检察院，新疆生产建设兵团人民检察院：

《最高人民检察院关于案例指导工作的规定》已经 2015 年 12 月 9 日最高

人民检察院第十二届检察委员会第四十四次会议修订,现印发你们,请结合实际,认真贯彻落实。

最高人民检察院关于案例指导工作的规定

(2010 年 7 月 29 日最高人民检察院第十一届检察委员会第四十次会议通过 2015 年 12 月 9 日最高人民检察院第十二届检察委员会第四十四次会议修订)

第一条 为了加强和规范检察机关案例指导工作,充分发挥指导性案例规范司法办案的作用,促进检察机关严格公正司法,保障法律统一正确实施,结合检察工作实际,制定本规定。

第二条 检察机关指导性案例由最高人民检察院统一发布。指导性案例应当符合以下条件:

(一)案件处理结果已经发生法律效力;

(二)案件办理具有良好法律效果与社会效果;

(三)在事实认定、证据采信、法律适用、政策掌握等方面对办理类似案件具有指导意义。

第三条 人民检察院参照指导性案例办理案件,可以引述相关指导性案例作为释法说理根据,但不得代替法律或者司法解释作为案件处理决定的直接法律依据。

第四条 检察机关指导性案例一般由标题、关键词、基本案情、诉讼过程、要旨、法理分析、相关法律规定等组成。

根据不同指导性案例的特点,发布指导性案例时可以对上述内容作适当调整。

第五条 最高人民检察院设立案例指导工作委员会。

案例指导工作委员会由最高人民检察院分管副检察长、检察委员会专职委员、各业务部门负责人和部分法学专家组成。

第六条 案例指导工作委员会设立工作机构,在案例指导工作委员会领导下,开展备选指导性案例的征集、遴选和其他日常工作。

案例指导工作委员会工作机构设在最高人民检察院法律政策研究室。

第七条 最高人民检察院各业务部门负责与其业务工作有关的备选指导性案例的收集、审查和推荐工作。

省级人民检察院负责本地区各级人民检察院对备选指导性案例的收集、审查和推荐工作。

最高人民检察院各业务部门和地方各级人民检察院应当确定专人负责案例指导相关工作。

第八条 最高人民检察院各业务部门推荐的备选指导性案例,应当经分管副检察长批准。

省级人民检察院向最高人民检察院推荐的备选指导性案例,应当经本院检察长批准或者检察委员会审议决定。

第九条 案例指导工作委员会工作机构应当广辟案例征集渠道。根据案例指导工作的需要,可以定期向最高人民检察院各业务部门和省级人民检察院发布重点征集的案例类型。

第十条 人大代表、政协委员、人民监督员、专家咨询委员以及社会各界人士对认为符合本规定第二条要求的案例,可以建议办理案件的人民检察院按照相关程序向最高人民检察院案例指导工作委员会工作机构推荐。

第十一条 最高人民检察院各业务部门和省级人民检察院推荐案例,应当提交以下材料:

(一)《指导性案例推荐表》;

(二)按照规定体例撰写的案例文本及说明材料;

(三)有关法律文书。

上述材料以纸质和电子介质两种形式一并报送。

第十二条 案例指导工作委员会工作机构对征集的案例进行研究,认为可以作为备选指导性案例的,送有关业务部门、案例指导工作委员会专家委员征求意见。必要时,可以征求其他有关单位、专家学者意见或者召开专家论证会。

第十三条 案例指导工作委员会工作机构根据征求意见情况,提出备选指导性案例的意见,提请案例指导工作委员会讨论。

第十四条 案例指导工作委员会实行民主集中制原则,对备选指导性案例进行集体讨论。多数委员认为可以作为指导性案例发布的,由案例指导工作委员会报经检察长同意,提请最高人民检察院检察委员会审议。

第十五条 最高人民检察院检察委员会审议通过的指导性案例,应当在《最高人民检察院公报》《检察日报》和最高人民检察院网站公布。

第十六条 最高人民检察院在开展案例指导工作中,应当加强与有关机关的沟通。必要时,可以商有关机关共同发布指导性案例。

第十七条 指导性案例具有下列情形之一的,最高人民检察院应当及时宣告失效,并在《最高人民检察院公报》《检察日报》和最高人民检察院网站公布:

（一）案例援引的法律或者司法解释废止的；

（二）与新颁布的法律或者司法解释相冲突的；

（三）与最高人民检察院新发布的指导性案例相冲突的；

（四）其他应当宣告失效的情形。

人民检察院在办理案件过程中，发现有关指导性案例具有前款规定应当宣告失效情形的，应当层报最高人民检察院案例指导工作委员会工作机构。

最高人民检察院宣告指导性案例失效，应当经检察委员会审议决定。

第十八条 最高人民检察院加强指导性案例编纂工作，建立指导性案例数据库，为各级人民检察院和社会公众检索、查询、适用指导性案例提供便利。

第十九条 各级人民检察院应当加强对指导性案例的学习培训，将指导性案例纳入培训课程，以提高适用指导性案例的准确性和规范性。

第二十条 本规定由最高人民检察院负责解释，自公布之日起施行。《最高人民检察院关于案例指导工作的规定》（高检发研字〔2010〕3号）同时废止。

最高人民检察院关于印发《人民检察院案件请示办理工作规定（试行）》的通知

（2015年12月30日）

各省、自治区、直辖市人民检察院，军事检察院，新疆生产建设兵团人民检察院：

《人民检察院案件请示办理工作规定（试行）》已经2015年12月16日最高人民检察院第十二届检察委员会第四十五次会议审议通过，现印发你们，请结合实际，认真贯彻落实。

人民检察院案件请示办理工作规定（试行）

第一章 总 则

第一条 为了落实人民检察院司法责任制要求，完善人民检察院司法办案指导决策机制，规范人民检察院案件请示办理工作，根据有关法律、司法解释和检察工作规定，制定本规定。

第二条 下级人民检察院在办理具体案件时，对涉及法律适用、办案程序、司法政策等方面确属重大疑难复杂的问题，经本级人民检察院研究难以决定的，应当向上级人民检察院请示。

上级人民检察院认为必要时，可以要求下级人民检察院报告有关情况。

第三条 各级人民检察院依法对案件事实认定、证据采信独立承担办案责任，下级人民检察院不得就具体案件的事实认定问题向上级人民检察院请示。

第二章 请 示

第四条 下级人民检察院依据本规定第二条向上级人民检察院请示的，应当经本院检察委员会审议决定。

下级人民检察院未经本院检察委员会审议决定向上级人民检察院请示的，上级人民检察院不予受理。

第五条 案件请示应当遵循逐级请示原则。对重大紧急的突发案件，下级人民检察院必须越级请示的，应当说明理由，接受请示的上级人民检察院认为理由不能成立的，应当要求其逐级请示。

上级人民检察院对下级人民检察院请示的案件，经本院检察委员会审议决定，可以逐级向更高层级人民检察院请示。

第六条 下级人民检察院应当以院名义向上级人民检察院请示。

下级人民检察院业务部门向上级人民检察院对口业务部门请示，上级人民检察院业务部门认为请示问题属于重大疑难复杂的，应当要求下级人民检察院业务部门报请本院检察委员会讨论后，以院名义请示。

第七条 下级人民检察院请示案件，应当以书面形式提出。请示文书包括以下内容：

（一）案件基本情况；

（二）需要请示的具体问题；

（三）下级人民检察院检察委员会讨论情况、争议焦点及倾向性意见；

（四）下级人民检察院检察长的意见。

下级人民检察院有案卷材料的，应当一并附送。

第八条 下级人民检察院对正在办理的案件向上级人民检察院请示的，应当在办案期限届满十日之前报送上级人民检察院；法律规定的办案期限不足十日的，应当在办案期限届满三日之前报送。

第九条 下级人民检察院请示案件，应当由本院案件管理部门通过统一业务应用系统，报送上级人民检察院案件管理部门，同时报送书面请示一式三份。

第三章 答 复

第十条 人民检察院案件管理部门收到案件请示材料后应当立即进行审查，对符合请示条件的，根据案件性质及诉讼环节，移送相关业务部门办理；认为不符合请示条件的，应当退回下级人民检察院并说明理由；认为请示材料不符合要求的，应当要求下级人民检察院补送或者重新报送。

第十一条 对案件管理部门移送的下级人民检察院请示，承办部门经审查认为不属于本部门职责范围的，应当报分管副检察长批准后，退回案件管理部门重新提出分办意见。承办部门不得自行移送其他部门办理。

下级人民检察院请示的问题，上级人民检察院曾经作出过规定、明确过意见或者针对特定检察院请示作过答复的，应当告知下级人民检察院按照有关规定、意见和答复办理。

第十二条 承办部门应当指定专人办理答复工作。承办人应当全面审查请示内容和案卷材料，研究提出处理意见，经部门负责人审查后报分管副检察长审批。

分管副检察长认为必要时，可以报检察长或者提请检察委员会审议决定。检察委员会开会时，可以根据情况要求下级人民检察院有关负责人和办案人员列席。

第十三条 请示内容涉及本院其他部门业务的，承办部门应当商请有关部门共同研究，或者征求相关部门意见。需要征求院外机关意见或者组织专家咨询的，应当报分管副检察长批准。

第十四条 上级人民检察院对案件请示应当及时办理并答复下级人民检察院。对在诉讼程序内案件的请示，应当在办案期限届满之前答复下级人民检察院。对不在诉讼程序内案件的请示，应当在一个月以内答复下级人民检察院；特别重大复杂案件，经分管副检察长批准，可以延长一个月。

因特殊原因不能在规定的办理期限内答复的，承办部门应当在报告检察长后，及时通知下级人民检察院，并抄送本院案件管理部门。

第十五条 上级人民检察院办理请示的案件，应当严格依据法律、司法解释和检察工作规定，对请示问题提出明确的答复意见，并阐明答复依据和理由。

第十六条　对下级人民检察院的请示，上级人民检察院应当以院发文件进行答复。紧急情况下，经分管副检察长批准，上级人民检察院承办部门可以先通过其他方式向下级人民检察院告知答复意见，并立即制发公文进行正式答复。正式答复应当与其他方式答复内容一致。

第十七条　上级人民检察院对下级人民检察院正式答复后，承办部门应当在三个工作日以内将答复意见抄送本院案件管理部门和法律政策研究部门。对于案件已经办结并且不涉密的答复意见，上级人民检察院可以通过适当方式在检察机关内部公布，所属各级人民检察院办理类似案件或者处理类似问题，可以参照适用。

第四章　相关责任

第十八条　故意隐瞒、歪曲事实或者因重大过失错报漏报重要事实或者情节，导致上级人民检察院作出错误答复意见的，下级人民检察院有关人员应当承担相应纪律责任和法律责任。

第十九条　故意违反办理程序或者严重不负责任，导致作出的答复意见违反法律、司法解释或者检察工作规定的，上级人民检察院有关人员应当承担相应纪律责任和法律责任。

第二十条　对上级人民检察院的答复意见，下级人民检察院应当执行，并在执行完毕后十日以内将执行情况报送上级人民检察院。

下级人民检察院因特殊原因对答复意见不能执行的，应当书面说明有关情况和理由，经本院检察长批准后报送上级人民检察院。

第二十一条　对上级人民检察院的答复意见，下级人民检察院应当执行而不执行，无正当理由拖延执行以及因故意或者重大过失错误执行，对办案工作造成不利影响的，应当追究相关人员纪律责任和法律责任。

第五章　附　　则

第二十二条　本规定适用于人民检察院对具体案件的请示与答复工作。下级人民检察院就某一类案件如何适用法律的问题向上级人民检察院请示的，依照其他相关规定办理。

第二十三条　人民检察院在案件请示办理工作中应当遵守保密工作规定。

第二十四条　本规定由最高人民检察院负责解释，自发布之日起施行。

最高人民检察院关于印发《最高人民检察院司法解释工作规定》的通知

（2015年12月31日）

各省、自治区、直辖市人民检察院，军事检察院，新疆生产建设兵团人民检察院：

《最高人民检察院司法解释工作规定》已经2015年12月16日最高人民检察院第十二届检察委员会第四十五次会议修订，现印发你们，请结合实际，认真贯彻执行。

最高人民检察院司法解释工作规定

（2006年4月18日最高人民检察院第十届检察委员会第五十三次会议通过　2015年12月16日最高人民检察院第十二届检察委员会第四十五次会议修订）

第一条　为了加强和规范司法解释工作，统一法律适用标准，维护司法公正，根据《中华人民共和国立法法》《中华人民共和国各级人民代表大会常务委员会监督法》《全国人民代表大会常务委员会关于加强法律解释工作的决议》等法律规定，结合检察工作实际，制定本规定。

第二条　人民检察院在检察工作中具体应用法律的问题，只能由最高人民检察院作出司法解释。

第三条　司法解释应当以法律为依据，不得违背和超越法律规定。

第四条　司法解释工作应当主动接受全国人民代表大会及其常务委员会的监督。

在研究制定司法解释过程中，对于法律的规定需要进一步明确具体含义，或者法律制定后出现新的情况，需要明确适用法律依据的，最高人民检察院应当向全国人民代表大会常务委员会提出法律解释的要求或者提出制定、修改有关法律的议案。

第五条　最高人民检察院制定并发布的司法解释具有法律效力。人民检察院在起诉书、抗诉书、检察建议书等法律文书中，需要引用法律和司法解释的，应当先援引法律，后援引司法解释。

第六条　司法解释采用"解释""规则""规定""批复""决定"等形式，统一编排最高人民检察院司法解释文号。

对检察工作中如何具体应用某一法律或者对某一类案件、某一类问题如何应用法律制定的司法解释，采用"解释""规则"的形式。

对检察工作中需要制定的办案规范、意见等司法解释，采用"规定"的形式。

对省级人民检察院（包括解放军军事检察院、新疆生产建设兵团人民检察院）就检察工作中具体应用法律问题的请示制定的司法解释，采用"批复"的形式。

修改或者废止司法解释，采用"决定"的形式。

第七条　最高人民检察院法律政策研究室具体承办司法解释工作的有关事宜，统一负责司法解释的立项、起草、审核、协调、清理等工作。最高人民检察院其他有关业务部门和地方人民检察院、专门人民检察院应当配合最高人民检察院法律政策研究室共同做好司法解释工作。

第八条　最高人民检察院于每年年初制定本年度司法解释工作计划。

司法解释工作计划由最高人民检察院法律政策研究室负责研究起草，并征求省级人民检察院和最高人民检察院有关业务部门意见。

司法解释工作计划应当提请最高人民检察院检察委员会审议通过。根据检察工作实践需要，经检察委员会或者检察长决定，可以对司法解释工作计划进行补充或者调整。

第九条　制定司法解释按照以下程序进行：

（一）立项；

（二）调查研究并起草司法解释意见稿；

（三）论证并征求有关方面意见，提出司法解释审议稿；

（四）提交分管副检察长审查，报请检察长决定提交检察委员会审议；

（五）检察委员会审议通过；

（六）核稿；

（七）签署发布；

（八）报送全国人民代表大会常务委员会备案。

第十条　制定司法解释，应当立项。最高人民检察院制定司法解释的立项来源包括：

（一）最高人民检察院检察委员会关于制定司法解释的决定、要求；

（二）最高人民检察院领导关于制定司法解释的批示；

（三）最高人民检察院法律政策研究室和其他有关业务部门提出制定司法解释的建议；

（四）省级人民检察院向最高人民检察院提出制定司法解释的请示、报告或者建议；

（五）全国人大代表、全国政协委员提出制定司法解释的建议或者提案；

（六）有关机关、社会团体或者其他组织以及公民提出制定司法解释的建议；

（七）最高人民检察院认为需要制定司法解释的其他情形。

第十一条 省级人民检察院报请最高人民检察院制定司法解释的请示、报告或者建议，应当由本院法律政策研究室归口办理，并由本院检察委员会审议决定。在报请最高人民检察院制定司法解释的请示、报告或者建议中，应当载明报请解释的问题、本院检察委员会意见，并附送有关案例和材料。

省级以下人民检察院认为需要制定司法解释的，应当层报省级人民检察院，由省级人民检察院审查决定是否向最高人民检察院提出请示、报告或者建议。

第十二条 最高人民检察院检察委员会关于制定司法解释的决定、要求，由最高人民检察院法律政策研究室直接立项。其他制定司法解释的批示、请示、报告、建议或者提案，由最高人民检察院法律政策研究室研究提出是否立项的意见，经分管副检察长批准并报检察长决定。

决定立项的，应当列入司法解释工作计划。

第十三条 已经立项的司法解释，最高人民检察院法律政策研究室应当在立项后一个月以内研究提出司法解释意见稿。对于省级人民检察院向最高人民检察院提出的具体应用法律问题的请示、报告或者建议，最高人民检察院法律政策研究室应当在立项后十五日以内研究起草司法解释意见稿。

对于重大、疑难、复杂的司法解释项目或者情况特殊的，研究提出司法解释意见稿的时间可以适当延长。

第十四条 经分管副检察长或者检察长决定，可以由最高人民检察院有关业务部门负责相关司法解释的起草工作，研究提出司法解释意见稿。

经分管副检察长批准，最高人民检察院法律政策研究室可以委托地方人民检察院或者有关高等院校、科研机构研究提出司法解释建议稿。

第十五条 司法解释意见稿应当报送全国人民代表大会相关专门委员会或者全国人民代表大会常务委员会相关工作机构征求意见。

司法解释意见稿应当征求有关机关以及地方人民检察院、专门人民检察院、最高人民检察院有关业务部门以及相关专家学者的意见。

涉及广大人民群众切身利益的司法解释,经检察长决定,可以在互联网、报纸等媒体上公开征求社会各界和人民群众的意见。

第十六条 最高人民检察院法律政策研究室或者经批准承办相关司法解释的其他有关业务部门,应当在征求意见后对司法解释意见稿进行修改完善,提出司法解释审议稿并起草说明,由分管副检察长审查后报请检察长决定提交检察委员会审议。对于较为重大的司法解释,在提请检察委员会审议前,可以征求有关检察委员会委员的意见。

第十七条 司法解释审议稿的说明应当包括以下内容:

(一)立项来源和背景;

(二)研究起草和修改过程;

(三)征求有关机关、地方人民检察院、专门人民检察院、最高人民检察院有关业务部门以及专家学者、社会各界意见的情况;

(四)司法解释审议稿的逐条说明,包括各方面意见、争议焦点、承办部门研究意见和理由。

第十八条 最高人民检察院发布的司法解释应当经最高人民检察院检察委员会审议通过。

检察委员会审议认为制定司法解释的条件尚不成熟的,可以决定进一步研究论证或者撤销立项。

第十九条 最高人民检察院检察委员会审议通过的司法解释审议稿,承办部门应当根据检察委员会审议意见进行修改完善,经最高人民检察院法律政策研究室核稿后,报分管副检察长审核,由检察长签发。

第二十条 最高人民检察院的司法解释以最高人民检察院公告的形式在《最高人民检察院公报》《检察日报》和最高人民检察院门户网站上公开发布。

第二十一条 司法解释以最高人民检察院发布公告的日期为生效时间,但司法解释另有规定的除外。

第二十二条 司法解释应当自公布之日起三十日以内报送全国人民代表大会常务委员会备案。

第二十三条 最高人民检察院应当对地方人民检察院和专门人民检察院执行司法解释和制定规范性文件的情况进行检查、监督。

最高人民检察院法律政策研究室可以组织对有关司法解释的执行情况和施行效果进行评估。评估情况应当报告分管副检察长或者检察长,必要时可以向检察委员会报告。

第二十四条 法律制定、修改、废止后,相关司法解释与法律规定相矛盾的内容自动失效;最高人民检察院对相关司法解释应当及时予以修改或者废止。

制定新的司法解释,以往司法解释不再适用或者部分不再适用的,应当在新的司法解释中予以明确规定。

第二十五条 最高人民检察院应当定期对司法解释进行清理,并对现行有效的司法解释进行汇编。司法解释清理参照司法解释制定程序的相关规定办理。

司法解释清理情况应当及时报送全国人民代表大会常务委员会。

第二十六条 对于同时涉及检察工作和审判工作中具体应用法律的问题,最高人民检察院应当商请最高人民法院联合制定司法解释;对最高人民法院商请最高人民检察院联合制定司法解释的,最高人民检察院应当共同研究、联合制定。

最高人民检察院与最高人民法院联合制定的司法解释需要修改、补充或者废止的,应当与最高人民法院协商。

第二十七条 最高人民检察院的司法解释同最高人民法院的司法解释有原则性分歧的,应当协商解决。通过协商不能解决的,依法报请全国人民代表大会常务委员会解释或者决定。

第二十八条 本规定自2016年1月12日起施行。《最高人民检察院司法解释工作规定》(高检发研字〔2006〕4号)同时废止。

最高人民法院关于印发《关于审理抢劫刑事案件适用法律若干问题的指导意见》的通知

(2016年1月6日 法发〔2016〕2号)

各省、自治区、直辖市高级人民法院,解放军军事法院,新疆维吾尔自治区高级人民法院生产建设兵团分院:

现将《关于审理抢劫刑事案件适用法律若干问题的指导意见》印发给你们,请认真贯彻执行。执行中有何问题,请及时报告我院。

最高人民法院关于审理抢劫刑事案件适用法律若干问题的指导意见

抢劫犯罪是多发性的侵犯财产和侵犯公民人身权利的犯罪。1997年刑法修订后,最高人民法院先后发布了《关于审理抢劫案件具体应用法律若干问题的解释》(以下简称《抢劫解释》)和《关于审理抢劫、抢夺刑事案件适用法律问题的意见》(以下简称《两抢意见》),对抢劫案件的法律适用作出了规范,发挥了重要的指导作用。但是,抢劫犯罪案件的情况越来越复杂,各级法院在审判过程中不断遇到新情况、新问题。为统一适用法律,根据刑法和司法解释的规定,结合近年来人民法院审理抢劫案件的经验,现对审理抢劫犯罪案件中较为突出的几个法律适用问题和刑事政策把握问题提出如下指导意见:

一、关于审理抢劫刑事案件的基本要求

坚持贯彻宽严相济刑事政策。对于多次结伙抢劫,针对农村留守妇女、儿童及老人等弱势群体实施抢劫,在抢劫中实施强奸等暴力犯罪的,要在法律规定的量刑幅度内从重判处。

对于罪行严重或者具有累犯情节的抢劫犯罪分子,减刑、假释时应当从严掌握,严格控制减刑的幅度和频度。对因家庭成员就医等特定原因初次实施抢劫,主观恶性和犯罪情节相对较轻的,要与多次抢劫以及为了挥霍、赌博、吸毒等实施抢劫的案件在量刑上有所区分。对于犯罪情节较轻,或者具有法定、酌定从轻、减轻处罚情节的,坚持依法从宽处理。

确保案件审判质量。审理抢劫刑事案件,要严格遵守证据裁判原则,确保事实清楚,证据确实、充分。特别是对因抢劫可能判处死刑的案件,更要切实贯彻执行刑事诉讼法及相关司法解释、司法文件,严格依法审查判断和运用证据,坚决防止冤错案件的发生。

对抢劫刑事案件适用死刑,应当坚持"保留死刑,严格控制和慎重适用死刑"的刑事政策,以最严格的标准和最审慎的态度,确保死刑只适用于极少数罪行极其严重的犯罪分子。对被判处死刑缓期二年执行的抢劫犯罪分子,根据犯罪情节等情况,可以同时决定对其限制减刑。

二、关于抢劫犯罪部分加重处罚情节的认定

1. 认定"入户抢劫",要注重审查行为人"入户"的目的,将"入户抢劫"与

"在户内抢劫"区别开来。以侵害户内人员的人身、财产为目的,入户后实施抢劫,包括入户实施盗窃、诈骗等犯罪而转化为抢劫的,应当认定为"入户抢劫"。因访友办事等原因经户内人员允许入户后,临时起意实施抢劫,或者临时起意实施盗窃、诈骗等犯罪而转化为抢劫的,不应认定为"入户抢劫"。

对于部分时间从事经营、部分时间用于生活起居的场所,行为人在非营业时间强行入内抢劫或者以购物等为名骗开房门入内抢劫的,应认定为"入户抢劫"。对于部分用于经营、部分用于生活且之间有明确隔离的场所,行为人进入生活场所实施抢劫的,应认定为"入户抢劫";如场所之间没有明确隔离,行为人在营业时间入内实施抢劫的,不认定为"入户抢劫",但在非营业时间入内实施抢劫的,应认定为"入户抢劫"。

2."公共交通工具",包括从事旅客运输的各种公共汽车,大、中型出租车,火车,地铁,轻轨,轮船,飞机等,不含小型出租车。对于虽不具有商业营运执照,但实际从事旅客运输的大、中型交通工具,可认定为"公共交通工具"。接送职工的单位班车、接送师生的校车等大、中型交通工具,视为"公共交通工具"。

"在公共交通工具上抢劫",既包括在处于运营状态的公共交通工具上对旅客及司售、乘务人员实施抢劫,也包括拦截运营途中的公共交通工具对旅客及司售、乘务人员实施抢劫,但不包括在未运营的公共交通工具上针对司售、乘务人员实施抢劫。以暴力、胁迫或者麻醉等手段对公共交通工具上的特定人员实施抢劫的,一般应认定为"在公共交通工具上抢劫"。

3. 认定"抢劫数额巨大",参照各地认定盗窃罪数额巨大的标准执行。抢劫数额以实际抢劫到的财物数额为依据。对以数额巨大的财物为明确目标,由于意志以外的原因,未能抢到财物或实际抢得的财物数额不大的,应同时认定"抢劫数额巨大"和犯罪未遂的情节,根据刑法有关规定,结合未遂犯的处理原则量刑。

根据《两抢意见》第六条第一款规定,抢劫信用卡后使用、消费的,以行为人实际使用、消费的数额为抢劫数额。由于行为人意志以外的原因无法实际使用、消费的部分,虽不计入抢劫数额,但应作为量刑情节考虑。通过银行转账或者电子支付、手机银行等支付平台获取抢劫财物的,以行为人实际获取的财物为抢劫数额。

4. 认定"冒充军警人员抢劫",要注重对行为人是否穿着军警制服、携带枪支、是否出示军警证件等情节进行综合审查,判断是否足以使他人误以为是军警人员。对于行为人仅穿着类似军警的服装或仅以言语宣称系军警人员但未携带枪支、也未出示军警证件而实施抢劫的,要结合抢劫地点、时间、暴力或威胁的具体情形,依照常人判断标准,确定是否认定为"冒充军警人员抢劫"。

军警人员利用自身的真实身份实施抢劫的,不认定为"冒充军警人员抢劫",应依法从重处罚。

三、关于转化型抢劫犯罪的认定

根据刑法第二百六十九条的规定,"犯盗窃、诈骗、抢夺罪,为窝藏赃物、抗拒抓捕或者毁灭罪证而当场使用暴力或者以暴力相威胁的",依照抢劫罪定罪处罚。"犯盗窃、诈骗、抢夺罪",主要是指行为人已经着手实施盗窃、诈骗、抢夺行为,一般不考察盗窃、诈骗、抢夺行为是否既遂。但是所涉财物数额明显低于"数额较大"的标准,又不具有《两抢意见》第五条所列五种情节之一的,不构成抢劫罪。"当场"是指在盗窃、诈骗、抢夺的现场以及行为人刚离开现场即被他人发现并抓捕的情形。

对于以摆脱的方式逃脱抓捕,暴力强度较小,未造成轻伤以上后果的,可不认定为"使用暴力",不以抢劫罪论处。

入户或者在公共交通工具上盗窃、诈骗、抢夺后,为了窝藏赃物、抗拒抓捕或者毁灭罪证,在户内或者公共交通工具上当场使用暴力或者以暴力相威胁的,构成"入户抢劫"或者"在公共交通工具上抢劫"。

两人以上共同实施盗窃、诈骗、抢夺犯罪,其中部分行为人为窝藏赃物、抗拒抓捕或者毁灭罪证而当场使用暴力或者以暴力相威胁的,对于其余行为人是否以抢劫罪共犯论处,主要看其对实施暴力或者以暴力相威胁的行为人是否形成共同犯意、提供帮助。基于一定意思联络,对实施暴力或者以暴力相威胁的行为人提供帮助或实际成为帮凶的,可以抢劫共犯论处。

四、具有法定八种加重处罚情节的刑罚适用

1. 根据刑法第二百六十三条的规定,具有"抢劫致人重伤、死亡"等八种法定加重处罚情节的,处十年以上有期徒刑、无期徒刑或者死刑,并处罚金或者没收财产。应当根据抢劫的次数及数额、抢劫对人身的损害、对社会治安的危害等情况,结合被告人的主观恶性及人身危险程度,并根据量刑规范化的有关规定,确定具体的刑罚。判处无期徒刑以上刑罚的,一般应并处没收财产。

2. 具有下列情形之一的,可以判处无期徒刑以上刑罚:

(1)抢劫致三人以上重伤,或者致人重伤造成严重残疾的;

(2)在抢劫过程中故意杀害他人,或者故意伤害他人,致人死亡的;

(3)具有除"抢劫致人重伤、死亡"外的两种以上加重处罚情节,或者抢劫次数特别多、抢劫数额特别巨大的。

3. 为劫取财物而预谋故意杀人,或者在劫取财物过程中为制服被害人反抗、抗拒抓捕而杀害被害人,且被告人无法定从宽处罚情节的,可依法判处死刑立即执行。对具有自首、立功等法定从轻处罚情节的,判处死刑立即执行应当慎重。对于采取故意杀人以外的其他手段实施抢劫并致人死亡的案件,要从犯罪的动机、预谋、实行行为等方面分析被告人主观恶性的大小,并从有无前科及平时表现、认罪悔罪情况等方面判断被告人的人身危险程度,不能不加区别,仅以出现被害人死亡的后果,一律判处死刑立即执行。

4. 抢劫致人重伤案件适用死刑,应当更加慎重、更加严格,除非具有采取极其残忍的手段造成被害人严重残疾等特别恶劣的情节或者造成特别严重后果的,一般不判处死刑立即执行。

5. 具有刑法第二百六十三条规定的"抢劫致人重伤、死亡"以外其他七种加重处罚情节,且犯罪情节特别恶劣、危害后果特别严重的,可依法判处死刑立即执行。认定"情节特别恶劣、危害后果特别严重",应当从严掌握,适用死刑必须非常慎重、非常严格。

五、抢劫共同犯罪的刑罚适用

1. 审理抢劫共同犯罪案件,应当充分考虑共同犯罪的情节及后果、共同犯罪人在抢劫中的作用以及被告人的主观恶性、人身危险性等情节,做到准确认定主从犯,分清罪责,以责定刑,罚当其罪。一案中有两名以上主犯的,要从犯罪提意、预谋、准备、行为实施、赃物处理等方面区分出罪责最大者和较大者;有两名以上从犯的,要在从犯中区分出罪责相对更轻者和较轻者。对从犯的处罚,要根据案件的具体事实、从犯的罪责,确定从轻还是减轻处罚。对具有自首、立功或者未成年人且初次抢劫等情节的从犯,可以依法免除处罚。

2. 对于共同抢劫致一人死亡的案件,依法应当判处死刑的,除犯罪手段特别残忍、情节及后果特别严重、社会影响特别恶劣、严重危害社会治安的外,一般只对共同抢劫犯罪中作用最突出、罪行最严重的那名主犯判处死刑立即执行。罪行最严重的主犯如因系未成年人而不适用死刑,或者因具有自首、立功等法定从宽处罚情节而不判处死刑立即执行的,不能不加区别地对其他主犯判处死刑立即执行。

3. 在抢劫共同犯罪案件中,有同案犯在逃的,应当根据现有证据尽量分清在押犯与在逃犯的罪责,对在押犯应按其罪责处刑。罪责确实难以分清,或者不排除在押犯的罪责可能轻于在逃犯的,对在押犯适用刑罚应当留有余地,判处死刑立即执行要格外慎重。

六、累犯等情节的适用

根据刑法第六十五条第一款的规定,对累犯应当从重处罚。抢劫犯罪被告人具有累犯情节的,适用刑罚时要综合考虑犯罪的情节和后果,所犯前后罪的性质、间隔时间及判刑轻重等情况,决定从重处罚的力度。对于前罪系抢劫等严重暴力犯罪的累犯,应当依法加大从重处罚的力度。对于虽不构成累犯,但具有抢劫犯罪前科的,一般不适用减轻处罚和缓刑。对于可能判处死刑的罪犯具有累犯情节的也应慎重,不能只要是累犯就一律判处死刑立即执行;被告人同时具有累犯和法定从宽处罚情节的,判处死刑立即执行应当综合考虑,从严掌握。

七、关于抢劫案件附带民事赔偿的处理原则

要妥善处理抢劫案件附带民事赔偿工作。审理抢劫刑事案件,一般情况下人民法院不主动开展附带民事调解工作。但是,对于犯罪情节不是特别恶劣或者被害方生活、医疗陷入困境,被告人与被害方自行达成民事赔偿和解协议的,民事赔偿情况可作为评价被告人悔罪态度的依据之一,在量刑上酌情予以考虑。

附：

2016年1月份报国务院备案的地方性法规和地方政府规章目录

地方性法规

北京市

北京市实施《中华人民共和国工会法》办法
（2015年11月27日）

北京市统计条例
（2015年11月27日）

天津市

天津市人大常委会关于修改《天津市海洋环境保护条例》的决定
（2015年11月27日）

中国（天津）自由贸易试验区条例
（2015年12月24日）

内蒙古自治区

内蒙古自治区水土保持条例
（2015年7月30日）

内蒙古自治区人大常委会关于修改《内蒙古自治区人民代表大会代表建议、批评和意见办理办法》的决定
（2015年9月23日）

内蒙古自治区城镇基本医疗保险条例
（2015年11月25日）

内蒙古自治区国有土地上房屋征收与补偿条例
（2015年11月25日）

内蒙古自治区人大常委会关于修改《内蒙古自治区人民代表大会常务委员会盟工作委员会工作条例》的决定
（2015年11月25日）

呼和浩特市人大常委会关于废止《呼和浩特市传染病防治条例》的决定
（2015年7月9日）

呼和浩特市人大常委会关于废止《呼和浩特市私营企业权益保护条例》的决定
（2015年7月9日）

呼和浩特市人大常委会关于废止《呼和浩特市职业病防治监督条例》的决定
（2015年7月9日）

呼和浩特市人大常委会关于修改《呼和浩特市全民义务植树条例》的决定
（2015年7月9日）

呼和浩特市爱国卫生工作条例
（2015年12月28日）

呼和浩特市人大常委会关于修改《呼和浩特市城市道路设施管理条例》的决定
（2015 年 12 月 28 日）

包头市义务教育条例
（2015 年 6 月 24 日）

包头市人大常委会关于废止《包头市动物诊疗管理条例》的决定
（2015 年 10 月 28 日）

鄂温克族自治旗森林草原防火条例
（2015 年 6 月 1 日）

莫力达瓦达斡尔族自治旗达斡尔民族民间传统文化保护条例
（2015 年 9 月 21 日）

鄂伦春自治旗人民代表大会关于修改《鄂伦春自治旗民族教育条例》的决定
（2015 年 9 月 22 日）

辽宁省

辽宁省渔业管理条例
（2015 年 11 月 27 日）

辽宁省动物防疫条例
（2015 年 11 月 27 日）

沈阳市生活垃圾管理条例
（2015 年 12 月 17 日）

沈阳市城市公共汽车客运管理条例
（2015 年 12 月 17 日）

鞍山市水土保持条例
（2015 年 12 月 10 日）

抚顺市人大常委会关于废止《抚顺市有线电视管理条例》的决定
（2015 年 11 月 27 日）

抚顺市动物及动物产品检疫监督条例
（2015 年 11 月 27 日）

黑龙江省

黑龙江省消费者权益保护条例
（2015 年 12 月 18 日）

黑龙江省历史文化建筑保护条例
（2015 年 12 月 18 日）

哈尔滨市人大常委会关于修改《哈尔滨市应用散装水泥和预拌混凝土管理条例》的决定
（2015 年 12 月 24 日）

齐齐哈尔市机动车排气污染防治条例
（2015 年 12 月 23 日）

齐齐哈尔市城市房屋安全管理条例
（2015 年 12 月 23 日）

上海市

上海市禁毒条例
（2015 年 12 月 30 日）

上海市供用电条例
（2015 年 12 月 30 日）

上海市非物质文化遗产保护条例
（2015 年 12 月 30 日）

上海市人民代表大会常务委员会关于开展“证照分离”改革试点在浦东新区暂时调整实施本市有关地方性法规规定的决定
（2015 年 12 月 30 日）

上海市烟花爆竹安全管理条例（修订）
（2015 年 12 月 30 日）

江苏省

江苏省养老服务条例
（2015 年 12 月 4 日）

江苏省公共文化服务促进条例
（2015 年 12 月 4 日）

江苏省旅游条例
（2015年12月4日）
南京市未成年人保护条例
（2015年12月16日）
苏州市献血条例（修订）
（2015年12月8日）
无锡市公共信用信息条例
（2015年12月4日）
无锡市人大常委会关于修改《无锡市社会医疗机构管理条例》的决定
（2015年12月4日）
徐州市集中供热条例
（2015年12月9日）
镇江市金山焦山北固山南山风景名胜区保护条例
（2015年12月10日）

浙 江 省

浙江省绿色建筑条例
（2015年12月4日）
浙江省劳动人事争议调解仲裁条例
（2015年12月4日）
浙江省人大常委会关于修改《浙江省海洋环境保护条例》的决定
（2015年12月4日）
浙江省人大常委会关于修改《浙江省人民代表大会常务委员会关于政府规章设定罚款限额的规定》的决定
（2015年12月4日）
浙江省人大常委会关于修改《浙江省海塘建设管理条例》等五件地方性法规的决定
（2015年12月4日）
浙江省农村集体资产管理条例
（2015年12月30日）

安 徽 省

安徽省乡镇人民代表大会工作条例（修订）
（2015年12月22日）
安徽省实施《中华人民共和国老年人权益保障法》办法（修订）
（2016年1月15日）
安徽省人大常委会关于修改《安徽省人口与计划生育条例》的决定
（2016年1月15日）
淮南市消防条例
（2016年1月4日）
宿州市城镇绿化条例
（2015年12月29日）

福 建 省

厦门市人大常委会关于修改《厦门市预算审查批准监督条例》的决定
（2015年12月28日）
厦门经济特区历史风貌保护条例
（2015年12月29日）

江 西 省

江西省各级人民代表大会常务委员会规范性文件备案审查条例
（2015年11月20日）
江西省学校学生人身伤害事故预防与处理条例
（2015年11月20日）
江西省各级人民代表大会常务委员会讨论、决定重大事项的规定
（2015年11月20日）

南昌市轨道交通条例
(2015年12月4日)

河 南 省

河南省辐射污染防治条例
(2015年12月1日)

郑州市人大常委会关于修改《郑州市城乡规划管理条例》的决定
(2015年12月11日)

郑州市人大常委会关于废止部分地方性法规的决定
(2015年12月28日)

洛阳市燃气管理条例
(2015年12月15日)

湖 北 省

武汉市文明行为促进条例
(2015年12月26日)

湖 南 省

湖南省实施《中华人民共和国城乡规划法》办法
(2015年12月4日)

湖南省农村扶贫开发条例
(2015年12月4日)

广 东 省

广东省人口与计划生育条例(修订)
(2015年12月30日)

广东省人大常委会关于修改《广东省实施〈中华人民共和国海洋环境保护法〉办法》和《广东省渔业管理条例》个别条款的决定
(2015年12月30日)

广东省人民代表大会常务委员会关于落实电信用户真实身份信息登记制度的决定
(2015年12月30日)

广州市人大常委会关于因行政区划调整修改《广州市建筑条例》等六十六件地方性法规的决定
(2015年12月23日)

广州市人大常委会关于修改《广州市城市轨道交通管理条例》等四件地方性法规的决定
(2015年12月23日)

广州市科学技术普及条例(修订)
(2015年12月24日)

珠海市人大常委会关于修改《珠海市授予荣誉市民称号办法》的决定
(2015年12月25日)

珠海经济特区地下综合管廊管理条例
(2015年12月25日)

珠海经济特区民营经济促进条例
(2015年12月25日)

珠海经济特区土地管理条例
(2016年1月8日)

汕头经济特区电信设施建设与保护条例
(2015年12月29日)

广西壮族自治区

广西壮族自治区实施《中华人民共和国招标投标法》办法(修订)
(2015年12月10日)

广西壮族自治区海域使用管理条例
(2015年12月10日)

南宁市五象岭保护条例
（2015年12月30日）
隆林各族自治县自治条例（修订）
（2015年12月10日）

四川省

成都市人大常委会关于修改《成都市公共场所治安管理规定》的决定
（2015年12月24日）

云南省

昆明市残疾人保障条例
（2015年12月22日）

陕西省

西安市机动车和非道路移动机械排气污染防治条例（修订）
（2015年12月10日）
西安市城市房屋使用安全管理条例（修订）
（2015年12月10日）

宁夏回族自治区

宁夏回族自治区枸杞产业促进条例
（2015年11月26日）
宁夏回族自治区安全生产条例（修订）
（2015年11月26日）
宁夏回族自治区人大常委会关于修改《宁夏回族自治区实施〈中华人民共和国全国人民代表大会和地方各级人民代表大会选举法〉细则》的决定
（2015年11月26日）

新疆维吾尔自治区

新疆维吾尔自治区民族团结进步工作条例
（2015年12月29日）
和布克赛尔蒙古自治县湿地保护条例
（2015年12月18日）

地方政府规章

河北省

河北省基本医疗保险服务监督管理办法
（2015年12月21日）
邯郸市行政执法过错责任追究实施细则
（2015年12月29日）

内蒙古自治区

内蒙古自治区行政执法证件管理办法
（2015年9月30日）

辽宁省

辽宁省公共信用信息管理办法
（2015年12月12日）
沈阳市献血管理办法
（2015年12月24日）
沈阳市商品住房交付使用管理办法
（2015年12月29日）
沈阳市棋盘山风景名胜区管理办法
（2015年12月29日）
大连市地名管理若干规定
（2015年12月21日）

本溪市人民政府关于公布政府规章和规范性文件清理结果的决定
(2015 年 12 月 29 日)

吉 林 省

吉林省房屋建筑和市政基础设施工程项目招标投标管理办法
(2015 年 12 月 22 日)

长春市发展应用新型墙体材料管理规定
(2016 年 1 月 20 日)

黑龙江省

黑龙江省人民政府关于清理规范省政府部门行政审批中介服务事项的决定
(2015 年 12 月 29 日)

上 海 市

上海市公共信用信息归集和使用管理办法
(2015 年 12 月 30 日)

江 苏 省

江苏省测绘地理信息基础设施管理规定
(2015 年 12 月 28 日)

苏州市生活垃圾分类促进办法
(2016 年 1 月 7 日)

无锡市重大行政决策程序规定
(2015 年 12 月 15 日)

徐州市公众移动通信基站管理办法
(2015 年 12 月 15 日)

徐州市警务和城管辅助人员管理办法
(2015 年 12 月 17 日)

浙 江 省

浙江省人民政府关于废止《浙江省行政赔偿程序规定》等 7 件规章的决定
(2015 年 12 月 24 日)

宁波市人民政府关于废止部分政府规章的决定
(2016 年 1 月 7 日)

宁波市电梯安全管理办法
(2016 年 1 月 11 日)

宁波市机关事务管理办法
(2016 年 1 月 11 日)

宁波市人民政府关于修改部分政府规章的决定
(2016 年 1 月 11 日)

福 建 省

福建省土壤污染防治办法
(2015 年 12 月 3 日)

福州市人民政府规章制定程序规定
(2015 年 12 月 31 日)

厦门市人民政府关于废止和修改部分市政府规章的决定
(2015 年 12 月 30 日)

厦门市电梯安全管理办法
(2015 年 12 月 30 日)

厦门市人民政府关于修改《厦门市建筑废土管理办法》的决定
(2015 年 12 月 31 日)

江 西 省

江西省民用建筑节能和推进绿色建筑发展办法
(2015 年 12 月 16 日)

江西省人民政府关于废止《江西省蚕种管理办法》等 4 件省政府规章的决定
（2015 年 12 月 16 日）
江西省人民政府关于修改《江西省城市建设管理监察规定》等 19 件省政府规章的决定
（2015 年 12 月 16 日）
江西省行政执法证件管理办法
（2015 年 12 月 16 日）
江西省石油天然气管道建设和保护办法
（2016 年 1 月 9 日）

山 东 省

青岛市民用机场净空和电磁环境保护管理办法
（2015 年 12 月 24 日）
青岛市餐饮服务业环境污染防治监督管理办法
（2015 年 12 月 24 日）

河 南 省

河南省小型水库管理办法
（2015 年 12 月 22 日）
郑州市禁止燃放烟花爆竹规定
（2015 年 12 月 24 日）

湖 北 省

湖北省自然灾害救助办法
（2016 年 1 月 8 日）

湖 南 省

湖南省政府法律顾问工作规定
（2015 年 12 月 1 日）
湖南省实施《校车安全管理条例》办法
（2015 年 12 月 28 日）

广 东 省

广州市海上丝绸之路史迹保护规定
（2015 年 12 月 24 日）
广州空港经济区管理试行办法
（2015 年 12 月 30 日）
深圳市城市建设档案管理规定
（2015 年 12 月 26 日）
香港特别行政区和澳门特别行政区会计专业人士担任深圳经济特区会计师事务所合伙人办法（试行）
（2015 年 12 月 29 日）
汕头经济特区地价管理规定
（2015 年 12 月 10 日）

海 南 省

海口市餐厨废弃物管理办法
（2015 年 12 月 25 日）

重 庆 市

重庆市地票管理办法
（2015 年 12 月 25 日）
重庆市机关事务管理办法
（2015 年 12 月 28 日）
重庆市消火栓管理办法
（2016 年 1 月 4 日）
重庆市消防安全责任制实施办法
（2016 年 1 月 4 日）
重庆市停车场管理办法
（2016 年 1 月 4 日）

四 川 省

成都市人民政府关于废止《成都市居住证管理规定》的决定
（2015 年 12 月 30 日）

贵 州 省

贵州省有线广播电视网建设维护管理办法
（2015 年 12 月 30 日）

贵州省耕地占用税实施办法
（2016 年 1 月 4 日）

云 南 省

云南省报废机动车回收拆解管理办法
（2016 年 1 月 14 日）

西藏自治区

西藏自治区地震监测设施和地震观测环境保护办法
（2015 年 12 月 9 日）

陕 西 省

陕西省消防水源管理规定
（2016 年 1 月 8 日）

青 海 省

西宁市户外广告设置管理办法
（2015 年 12 月 28 日）

宁夏回族自治区

宁夏回族自治区工程建设标准化管理办法
（2015 年 12 月 8 日）

宁夏回族自治区个体经营场所消防安全管理办法
（2015 年 12 月 8 日）

宁夏回族自治区人民政府关于废止《宁夏回族自治区非经营性政府投资项目代建制管理办法》的决定
（2015 年 12 月 17 日）

宁夏回族自治区机关事务管理办法
（2015 年 12 月 17 日）

新疆维吾尔自治区

新疆维吾尔自治区电梯安全监督管理办法
（2015 年 12 月 31 日）

图书在版编目(CIP)数据

中华人民共和国新法规汇编. 2016 年. 第 2 辑:总第 228 辑/国务院法制办公室编. —北京:中国法制出版社, 2016. 2

ISBN 978 - 7 - 5093 - 7255 - 5

Ⅰ. ①中… Ⅱ. ①国… Ⅲ. ①法规-汇编-中国-2016 Ⅳ. ①D920. 9

中国版本图书馆 CIP 数据核字(2016)第 033011 号

中华人民共和国新法规汇编

ZHONGHUA RENMIN GONGHEGUO XIN FAGUI HUIBIAN

(2016 年第 2 辑)

编者/国务院法制办公室

经销/新华书店

印刷/涿州市新华印刷有限公司

开本/850 毫米 × 1168 毫米 32　　印张/9. 75　字数/280 千

版次/2016 年 3 月第 1 版　　2016 年 3 月第 1 次印刷

中国法制出版社出版

书号 ISBN 978 - 7 - 5093 - 7255 - 5　　定价:18. 00 元

北京西单横二条 2 号　　值班电话:66026508

邮政编码 100031　　传真:66031119

网址:http://www. zgfzs. com　　**编辑部电话:66066621**

市场营销部电话:66033393　　**邮购部电话:66033288**

(如有印装质量问题,请与本社编务印务管理部联系调换。电话:010 - 66032926)